30인 엄마들이 실천한
AMI 0~3세 가정 몬테소리 교육 매뉴얼

괜찮아,
우리도 몬테소리가
처음이야

괜찮아, 우리도 몬테소리가 처음이야
30인 엄마들이 실천한
AMI 0~3세 가정 몬테소리 교육 매뉴얼
정이비

2022년 10월 17일 초판 1쇄 발행
2023년 4월 10일 초판 2쇄 발행

지은이 정이비
발행인 조동욱
편집인 조기수
디자인 김민영
교 정 이선주
펴낸곳 헥사곤 Hexagon Publishing Co.
등 록 제 2018-000011호 (2010. 7. 13)
주 소 경기도 성남시 분당구 성남대로 51, 270
전 화 070-7743-8000
팩 스 0303-3444-0089
이 메 일 joy@hexagonbook.com
웹사이트 www.hexagonbook.com

ISBN 979-11-89688-97-4 03370

30인 엄마들이 실천한
AMI 0~3세 가정 몬테소리 교육 매뉴얼

괜찮아,
우리도 몬테소리가
처음이야

정이비

HEXAGON

"0~3세 몬테소리 공부를 하면서 아이를 키웠는데 정말 큰 도움을 받았어요. 아이와 함께 하는 평생에 갖춰야 할 소양을 배운 것 같았습니다. 이 가르침이 가정과 사회에도 자연스럽게 전해지길 바랍니다." 김소희

"몬테소리 교육의 목표는 개인의 행복 추구를 넘어서 내 아이뿐만 아니라 지금 자라고 있는 아이들이 세상에서 자신의 역할을 수행하도록 돕는 것이 중요하다는 말씀이 기억에 남습니다." 김민영

"아이에게 몬테소리 교육을 해주고 싶어서 시작했던 오리엔테이션 강의, 그 후 디플로마 이수를 하며 더 많은 가정에서 몬테소리를 했으면 좋겠다는 생각을 합니다. 이게 우리나라 주류 문화가 되면 더 행복한 아이들이 많아질 것 같다는 생각을 합니다. 아이보다는 부모교육이 우선이 되는 세상이 오길 희망합니다!" 김보라

"아이가 0~3세 시기를 행복하게 보냈으면 하는 바람으로 디플로마 코스를 시작하였지만, 배울수록 더 많은 아이들과 부모님들이 함께할 수 있는 기회를 가지면 좋겠다는 생각을 합니다. 작은 사례들을 모아 누군가에게는 큰 도움이 되는 의미 있는 프로젝트를 꿈꾸어 봅니다." 문지영

"몬테소리 교육은 사교육 중에서 가장 비싼 교육이라고 생각하는 부모님들이 많습니다. 그 이유는 교구가 비싸고 센터나 방문수업이 비싸기 때문이죠. 그래서 보통 "엄마표 몬테소리" 교육을 하는 가정이 많아졌습니다. 그런데 엄마표 몬테소리 또한 교구에 집중된 케이스가 많습니다. 비싼 교구 없이도 실천할 수 있는 진짜 몬테소리 교육을 다른 부모님들에게도 알려주고 싶습니다." 송영주

괜찮아, 우리도 몬테소리가 처음이야

나는 AMI 0~3세 몬테소리 교육 트레이너로 부모님들과 교사들에게 아이의 양육에 있어서 하인의 삶이 아닌 교육자의 삶에 대한 Dr. 몬테소리의 철학과 실천을 전달하는 사람이다. AMI (Association Montessori Internationale)는 Dr. 몬테소리 여사가 1929년 네덜란드에 본부를 두고 몬테소리 교육의 순수성을 지키고 이를 세상에 보급하기 위해 만든 국제 몬테소리 협회이다. 이 협회는 전 세계 200여 군데의 몬테소리 지부를 두고 몬테소리 교육 운동을 주관하고 있다. AMI 본부에서 지정한 한국에 있는 몬테소리 교육 센터는 3~6세 교육을 담당하는 AMI 한국 몬테소리 연구소와 0~3세 교육을 주관하는 Montessori Center Korea가 있다. 0~3세 교육 센터에서는 오리엔테이션 코스와 디플로마 코스를 진행하고 있다.

오리엔테이션 코스는 태아의 순간부터 0~3세 시기의 어린아이에게 어떻게 집중력과 의지력, 독립심을 키워 줄 것인가에 대해 몬테소리 교육의 이론, 실천, 아이 관찰, 토론을 한 달 동안 진행한다. 그 과정을 마치면 몬테소리 철학에 대한 기본 개념이 형성되고 몬테소리 교실에서 보조교사로 취업할 수 있는 자격증을 AMI에서 수여받게 된다. 디플로마 코스는 2년 과정으로 자신의 아이뿐 만 아니라 공동체 환경에서 몬테소리 담임 교사로서의 역할을 수행할 수 있도록 아이에 관한 모든 지식, 즉 의학적 지식을 바탕으로 가정과 공동체에서 실천할 수 있는 몬테소리 교육 이론과 실천, 소아 정신의학 등을 공부한다.

처음 0~3세 오리엔테이션 몬테소리 교육을 접한 부모님들은 코스 과정 동안 "이 교육을 조금이라도 더 일찍 알았더라면 사랑하는 나의 아이에게 좀 더 좋은 부모가 되었을 텐데…"라고 지금까지의 자신의 아이에게 실행했던 양육에 대한 많은 성찰을 하며 후회와 아쉬움을 토로한다. 그러나 한국의 엄마들은 위대하다! 아이를 위한 배움을 놓지 않는다. 오리엔테이션 코스를 마치고 또다시 2년 과정의 디플로마 코스를 신청해서 공부하는 수많은 엄마들이 있다. 그리고 그 엄마들 30인이 모였다. 이 엄마들은 모두 한 명에서 세 명까지 유아기의 자녀를 둔 현직 유치원 교사, 주부, 초등 교사, 회계사, 은행원, 공무원, 디자이너 등 다양한 직업의 엄마들이다. 아이와 직장과 그리고 디플로마 코스까지 병행하고 있는 이 바쁜 엄마들이지만 그들은 하나같이 같은 목소리로 전하고 싶은 말이 있다고 한다.

Dr. 몬테소리는 1907년 로마 산 로렌조에서 최초의 어린이집 Casa dei bambini 를 세웠다. 가난한 도시빈민의 방치된 아이들을 모아 "몬테소리 교육"이라고 불리는 과학적 교육학을 실천했다. 과학적 교육학은 기존의 교육처럼 교사가 교육프로그램을 주도하는 것이 아니라 아이들을 관찰하고 아이들이 흥미와 관심을 가질 수 있는 환경을 마련해서 아이 주도로 수업을 이끌어 가는 것이다. 이렇게 진행된 교육의 성과가 눈부신 효과를 발휘해서 1907년 이후 이 교육은 전 세계 많은 학교 교육 현장으로 확산된다. 그리고 점차 이 교육은 공동체 교육 현장뿐만 아니라 각 나라의 가정환경의 교육에도 많은 변화를 가져왔다. 세계의 많은 몬테소리 교육을 실천하는 가정에서도 정신적 존재인 아이의 무한한 잠재력을 믿고 아이를 관찰하고 아이의 발달 단계에 맞는 가정환경을 준비해 주고 0세부터 이미 아이의 자신감, 집중력, 독립심을 지원할 수 있는 교육을 실시하고 있다.

그런데 우리나라의 가정환경은 어떠한가? 아직까지도 몬테소리 교육을 몬테소리 교구만을 가르치는 교육이라고 생각하고 그 교구를 학습시키기 위해 몰두하고 있다. 몬테소리 교육은 가정과 공동체가 함께 이루어져야 한다. 그러나 가정의 환경과 공동체의 환경이 다르듯 가정에서의 몬테소리 교육은 달라져야 한다. 이제 앞서 몬테소리 교육을 공부한 30인의 엄마들이 모여서 자신들이 실천한 가정환경에서의 몬테소리 교육을 펼쳐 보이고자 한다. 그것이 고해성사와 같은 안타까운 실패담이든 소소한 성공담이든 직접 배우고 적용한 실천 사례이기 때문에 더욱 값지고 소중하다.

이 책의 구성은 30인의 엄마들의 글이 중심으로 구성되며
1장에서는 가정에서 몬테소리 교육을 실천하게 되는 근거가 될 기본적 몬테소리 이론을 제시하고
2장에서는 아이를 위한 준비된 가정환경 만들기의 이론적 배경과 적용 사례
3장에서는 이 책의 핵심이라고 할 수 있는 가정에서 실천한 몬테소리 교육 활동 매뉴얼 순으로 구성되며
4장은 30인 AMI 엄마들이 생각하는 몬테소리 교육에 대한 다양한 관점과 아이디어들을 제시한다.

처음 오리엔테이션 코스를 마치고 가정에서의 적용을 막막해하는 후배 엄마들을 위해, 혹은 몬테소리의 "몬"자도 모를지라도 자신의 아이를 능력 있고 자율적인 아이로 성장시키기를 원하는 엄마라면 누구나 실천해 볼 수 있는 실전 가정환경 몬테소리 교육 활동 매뉴얼을 소개한다.

이 교육 활동 매뉴얼은 가정의 실내, 실외 모든 곳에서 진행된다. 즉 언제 어디서나 어떤 형태로든 아이의 성장을 위해 스스로 할 수 있도록 기회를 주며 아이의 내적 의지와 집중력, 독립심을 키워주는 활동이라면 그것이 진짜 몬테소리 교육 활동임을 알려준다.

이러한 교육 매뉴얼을 통해 많은 실천 사례가 공유된다면 아이들은 가정에서 할 수 있는 일이 보다 많아지게 되고 이것은 아이들의 잠재된 능력을 마음껏 꽃 피게 할 것이다. Dr. 몬테소리 여사는 항상 어른들이 아이들의 손발이 되고 개입하고 간섭해서 아이의 문제를 해결하는 하인의 삶을 염려해왔다. 그리고 아이들이 스스로의 삶을 살아가는 데 도움을 주는 교육자가 되어야 한다고 강조했다. 진심으로 아이들이 스스로의 힘을 길러 보다 더 많은 능력을 갖추고 자신감 있게 이 세상을 살아갈 수 있는 독립적인 인간이 되길 소망했다. 어릴 때부터 이렇게 자란 아이들은 가족과 함께 지내는 일상생활을 소중하게 생각하고 이웃을 배려하고 항상 공동체를 위해 기여하는 행복한 아이로 성장할 것이다.

> "우리는 흔히 아이들이 꼭두각시 같다고 믿는다. 어른들은 아이들을 씻기고 마치 아이들을 인형처럼 먹인다. 그러나 행동을 하지 않는 아이는 행동하는 법을 배워야 하고 아이가 행동을 해야 하는 것은 당연한 것으로 생각해야 한다. 자연은 행동하는 법을 배우기 위한 모든 수단을 아이에게 부여하였다. 아이를 향한 우리의 주요 의무는 아이가 유용한 행동을 수행하도록 돕는 것이다. 숟가락이나 입을 찾는 법을 가르치기 위해 최소한의 노력도 기울이지 않고 아이에게 먹이를 주는 어머니, 아이 자신이 먹을 때, 그것이 어떻게 행해지는지 지켜보도록 권유하지 않는 어머니는 좋은 어머니가 아니다. 본질적으로 아이의 보살핌을 위임받은 사람이지만 그러한 어머니는 아이를 꼭두각시로 취급함으로써 아이의 인간으로서의 존엄성을 무시하는 것이다. 모든 사람들은 아이가 스스로 먹고 씻고 입는 것은 아이를 먹이고 씻기고 입히는 것보다 더 많은 시간과 인내가 필요하다는 것을 알고 있다. 전자를 하는 사람은 교육자이고, 후자는 하인의 직분을 수행하는 것이다." - 마리아 몬테소리, 어린이의 발견

정이비
AMI 0~3세 트레이너

실천2: 몬테소리 교육 활동 매뉴얼

30인 엄마가 생각하는 몬테소리 교육

"괜찮아, 우리도 몬테소리가 처음이야"

내가 생각한 몬테소리 교육이란? / 내가 생각한 몬테소리 교구란? /
내가 아이를 양육하면서 후회가 되는 것은? / 몬테소리 교육을 실천하면서 변화된 아이의 모습 /
내가 몬테소리 교육을 실천하면서 소개하고 싶은 아이템 혹은 활동

내가 생각한 몬테소리 교육이란?

몬테소리 교육이란 무엇일까? 5년째 몬테소리 교육으로 아이를 키우는 나에게,
주변의 많은 부모들이 묻는 질문이다. 나는 몇 초 동안 고민을 하다가
'독립' 이라는 대답을 한다. 엄마 몸에서 분리되어 신체적인 독립을 얻고,
부모와 밀착된 심리에서 점차 분리되어 정신적인 독립을 얻는 일. 그리고
그것을 '잘' 해내도록 아이를 '잘' 돕는 일이 어린 아이를 키우는 부모가
해야 할 도리라고 생각한다. 그러려면 어른은 아이에게 귀 기울여야 하고
아이를 잘 살펴보아야 한다. 아이 안에 길이 있기 때문이다. 아이를 살펴보면
아이에게 어떻게 잘 할 수 있을지 보인다. 그것을 실천하는 것이 몬테소리 교육이다.
몬테소리 교육을 통해서 아이는 스스로에게 집중하여 자신의 몸과 마음을
가지고 스스로를 얻게 된다. 그것이 바로 독립이다.

- 김소희

몬테소리 교육

이해하기

1

아이의 정신

| 추교진

몬테소리 교육을 이해하기 위해서는 가장 먼저 아이 정신인 흡수 정신을 이해해야 한다. 그렇다면 흡수 정신이란 무엇인가? 흡수 정신은 Dr. 몬테소리가 관찰한 '6세 이하의 아이들이 지닌 특별한 정신 능력'을 의미한다. 아이들은 환경 안에 있는 것들을 이용해 자신만의 정신적 근육을 만든다. 우리가 아이의 흡수하는 정신의 힘을 직접 확인하기는 어렵지만, 아이의 정신이 특별한 형태의 정신이라는 점만은 모두가 수긍할 것이다.

그렇다면 어른의 정신과 아이의 흡수 정신을 비교하여 살펴보도록 하자. 어른이 의식적 정신에 따른다면, 아이는 아이만의 특별한 정신인 흡수 정신에 따른다. 아이는 미숙하게 태어나므로, 정신적으로 무에서 유를 창조해야만 한다. 그런데 아이들은 어른과 달리 애쓰고 노력하지 않으면서도 자연스럽게 모든 것을 창조해낸다. 0~6세 아이의 성장을 보면, 아이는 언어만이 아니라 말을 가능하게 하는 신체 기관까지 창조한다. 인간 정신이 갖춰야 할 지성의 모든 면, 운동 등 모든 것들을 창조해 내는 대단한 성취인 것이다. 그 힘의 원천이 바로 어른과는 다른 아이의 정신, 즉 흡수 정신이라고 할 수 있겠다. 흡수 정신은 어른의 의식적 정신으로는 이해할 수 없는 아이들만의 특별한 정신인 것이다. 이 성취는 의식적인 정신에 의해 이뤄지는 것이 아니다. 어른은 의식적이고, 의지를 갖고 있으며, 무엇인가를 배우기를 원한다면 반드시 의지를 발휘하면서 노력해야 한다. 반면 아이들에게는 의식 및 의지와 같은 것이 없다. 왜냐하면 의식과 의지 자체가 앞으로 아이가 창조해 내야 할 것들이기 때문이다. 어른이 지닌 유형의 정신을 의식적인 정신이라고 부른다면, 아이의 정신은 무의식적인 정신이라고 부를 수 있을 것이다. 아이는 이 무의식적 지능을 가지고 있는 동안 경이로운 성취를 수행하게 된다.

이렇게 아이들이 무의식적으로 엄청난 성취를 해내게 하는 흡수 정신은, 시기에 따라 두 가지로 분류할 수 있다. 그것은 바로 0-3세에 해당하는 무의식적 흡수 정신과 3-6세에 해당하는 의식적 흡수 정신이다.

먼저 0-3세에 해당하는 무의식적 흡수 정신에 대해 살펴보도록 하자. 이 시기는 주위 시야에 닿는 것은 의식하지 않고 자기 것으로 만드는 시기로 아이는 주어진 환경을 그대로 흡수한다. 잠재의식에 의해 단지 노출되는 것만으로 환경의 특성을 흡수하는 독특한 능력을 지닌 시기이며 창조의 작업이 이루어지는 시기이다. 즉 이 시기에는 주변 환경에 대해 걸러내는 것 없이 전체를 다 흡수해 버리는 것이다. 따라서 아이의 건강한 성장을 위해 주변의 어른은 아이에게 어떤 환경을 제공할 것인가 가장 세심하게 생각해 보아야 한다.

그렇다면 무의식적 흡수 정신의 시기에는 가정환경을 어떻게 구성해야 할까?

첫째, 실제적, 현실적인 것을 제공해야 한다. 즉 이 시기의 아이들에게는 정확하고 구체적인 정보를 제공해야 한다. 이 시기의 아이들은 삶에서 대부분을 경험한 적이 없기 때문에 모든 것이 새로운 상태이다. 따라서 무에서 유를 창조하는 삶의 기반을 구축하는 시기이기 때문에 삶과 관련된 정확한 정보를 제공할 수 있는 것으로 환경을 준비해야 한다. 그렇기 때문에 이 시기의 아이에게 현실에 기반을 둔 것이 아닌 환상과 상상을 위한 책을 읽어주는 것은 적합하지 않다. 동물을 의인화한 책이 여기에 해당될 수 있다. 또한 현실 세계가 아닌 스크린 속 세계에 몰두하는 것으로 시간을 보내는 것도 적절하지 않다.

둘째, 질서 있는 환경을 제공해야 한다. 여기에서 말하는 질서라는 것은 물리적인 질서뿐 아니라 일상생활의 루틴이나 사람과의 관계의 일관성 같은 것도 포함되는 것이다. 질서 있는 환경에서 자란 아이는 외적인 환경을 자연스럽게 흡수해서 내면의 질서를 확립할 수 있기에 이 시기에는 일관된 생활습관과 환경을 준비해 주는 것이 중요하다.

셋째, 애착을 형성할 수 있는 사람이 필요하다. 0-3세 교육에서 가장 중요한 것은 교구가 아닌 사람이다. 따라서 애착을 형성할 수 있는 사람과의 관계가 매우 중요하다. 그 관계 속에서 아이들은 모든 것을 배우기 때문이다.

무의식적 흡수 정신에 이어, 3-6세에 나타나는 의식적 흡수 정신에 대해 살펴보도록 하자.

이 시기는 이전 시기인 무의식적 흡수 정신의 시기에 흡수했던 것들을 의식 속으로 집어넣는 시기이다. 아이는 환경 안에서 경험을 통해 자신이 받아들인 사물과 인상을 비교, 분류, 통합하면서 발달하게 된다. 의식은 인간의 정신을 실현하는 것이지만, 의식적 존재가 되는 순간 아이에게는 새로운 수고로움이 요구된다. 0~3세 까지는 그저 환경에 머무르는 것만으로도 흡수할 수 있었기에 놀면서도 배울 수 있었지만, 이제 의식이 발달하면서부터 모든 습득은 고된 노력과 수고를 요구하게 되기 때문이다.

이러한 흡수 정신의 특징은 무엇일까? 흡수 정신은 6세 이하의 모든 아이에게 있는 보편적인 것이며, 모든 것을 흡수하기에 가능성이 무한하지만 0~6세까지만이라는 시기적인 제한이 있다. 또한 흡수 정신은 아이들로 하여금 주변의 것을 어려움 없이 흡수하도록 한다. 예민한 감수성인 민감기가 이를 인도하기 때문에 아무리 많은 것을 한다 할지라도 소모적이지 않은 것이다. 흡수 정신은 의식적으로 이유를 묻거나 걸러내지 않고 그대로 흡수를 해버린다. 즉 환경을 그대로 반영하는 것이다. 이는 환경에 있는 지적인 활동과 경험을 통해 이루어지며 자아실현과 적응을 돕는다.

개인적으로 흡수 정신이라는 용어에 신비로우면서도 강렬한 끌림을 느끼면서, 동시에 두렵다는 감정이 올라왔다. 아이가 주변 환경의 모든 것을 다 빨아들일 듯 흡수해 버린다면 부모로서 너무나 많은 것들을 완벽하게 준비해야 할 것 같은 부담감이 올라왔기 때문이다. 하지만 아이가 내면에 이미 가지고 있는 흡수 정신과 아이의 발달과정을 생각해 본다면, 아이의 가능성과 잠재력을 두려워하기보단 부모로서 제대로 알고, 상황을 직면하여, 지혜롭게 아이의 성장을 도와주는 것이 중요하겠다는 결심을 하게 됐다.

결국 아이에게 가장 중요하면서도 강력한 환경이 되는 것은 부모 그 자신이다. 부모로서 내가 안정적인 모습으로 아이를 대한다면, 그런 태도와 마음만으로도 아이에게 긍정적인 환경을 마련해 줄 수 있게 된다. 아이들의 자연스러운 본성이 발현되는 데 있어서 부모인 내가 적어도 장애물이 되어서는 안 되는 것이 아니겠는가? 더군다나 아이들의 흡수 정신에 대해 제대로 이해하지 못했을 경우, 부모는 부모 대로 애쓰지만 오히려 그 애씀이 아이의 자연적인 성장을 방해할 수도 있다는 것을 생각해 보면, 흡수 정신에 대한 이해와 환경의 구성이 아이의 성장에 얼마나 핵심적인지에 관해 생각해 보게 된다.

나는 부모가 된 지는 얼마 되지 않았지만, 초등학교에서 교사로서 10년 넘게 아이들과 함께하며 느낀 것은 교육에 있어 너무 세세한 활동과 도구에 집착하지 않아도 된다는 것이었다. 오히려 교육적인 철학이 바로 서고 그에 대한 일관성을 유지하기 위해 노력하며, 아이들에 대한 존중의 마음과 태도를 지니고 함께 하다 보면 그리 애쓰지 않아도 잘 굴러가는 교실 공동체를 꾸릴 수 있었다. 물론 그런 과정을 위해서는 꽤 많은 시간을 연구하고 공부했던 의식적 노력의 과정들이 있었기에 가능한 부분이기도 하다. 이제 교사로서는 스스로가 만족하는 전문성을 갖추었다고 생각하지만, 부모로서는 아직 초보의 상태에 머물러 있다. 지금 이 시기에 몬테소리 교육과 흡수 정신에 대해 이해하고 아이들의 자연스러운 성장을 방해하지 않는 지혜를 얻고 있다는 점에서 몬테소리 교육을 공부한 것이 참 만족스럽다. 더 많은 부모님들이 몬테소리 교육과 아이들의 흡수 정신에 대해 접할 수 있기를 바라본다.

민감기

| 박이슬

민감기하면 나는 아이가 스스로 신발을 신을 수 있게 된 과정이 생각난다. 14개월 때 아이는 처음으로 신발에 관심을 가졌다. 아이 스스로 신발장에 갔는데 신발장에는 아빠. 엄마 신발, 아이 신발 3켤레 총 5켤레가 놓여 있었다. 아이는 자기 신발을 들고 아빠에게 갔다가 가져갔던 신발을 다시 가지고 신발장에 가서 다른 신발을 만졌다. 그러고는 아빠 신발도 만져보고 아빠 신발을 입으로 가져가보다가 신발을 내려놓고, 3켤레의 본인 신발을 다 만진 뒤 그 중 향기 나는 신발을 골라 냄새 맡고 아빠의 코에도 대어본 뒤 아빠 신발 옆에 본인 신발 3켤레를 하나씩 갖다 놓았다. 다시 본인 발에 가져가서 신으려 하고 신발 벨크로 부분을 계속 뗐었다 붙였다를 반복했다. 19개월 때부터 우리 아이는 혼자 신발장에 가서 문에 손을 짚고 벨크로가 풀어진 신발에 발을 혼자 이리저리 넣고 있었다. 늘 오른발을 먼저 넣고 잘 넣어지면 다시 왼발을 넣었다. 그렇게 신다가 안되면 안 된다며 발을 흔들면서 신발을 빼기도 했었다. 그렇게 한 달 정도를 언제나 신발장에 가서 본인 신발도 신어봤다가 엄마 신발도 신어보고, 아빠 신발도 신어보고 신발장에 나와있는 신발은 죄다 신어봤던 것 같다. 어느 날 어린이집에서 장화를 신고 등원 해달라는 부탁에 장화를 신고 등원했는데 그날 이후로 아이가 계속 장화만 신고 벗고 하면서 장화에 관심을 둬서 비도 안 오고 더운데도 장화를 신고 어린이집을 등원했다. 그리고 이제 여름이 와서 샌들을 신어야 할 것 같아서 아이에게 샌들을 보여주고 신는 방법도 알려줬다. 처음에는 신기해하고 어려워했지만 엄마가 천천히 샌들 신는 방법을 알려주니 샌들도 곧잘 신게 됐다. 다양한 신발을 신어보면서 아이는 집에 있는 모든 신발을 신게 됐다.

아이가 처음 신발을 신고 나서 벨크로를 스스로 붙이지 못해서 한 발씩 내 앞으로 내밀며 도와 달라는 몸짓을 했었고, 스스로 신발을 잘 벗지 못할 때도 으으 하며 나에게 발을 내밀었다. 그때마다 도와주면서 이렇게 하는 것이라고 알려주고 어느 정도 시간이 지나서 "한쪽은 엄마가 신겨 줄게 반대쪽은 네가 해보자" 권유해 보니 22개월이 되어서는 이제 혼자서도 곧잘 신는다……. 나는 이것을 보며 아이의 민감기가 이것이구나 라는 생각을 하게 됐다. 맨 처음에 민감기라는 단어 만 들었을 때는 잘 이해되지 않고 막연히 어렵다는 생각이 있었는데 민감기에 대해 공부해 보니, 민감기는 모든 아이들이 가지고 있는 특징이며 기간이 짧을 수도 있고 길 수도 있는 일시적인 현상임을 알았다. 실제로 나의 아이는 14개월부터 24개월까지 약 10개월 가까이 되는 시간 동안 신발 신는 활동을 매일매일 했던 것이 아니라 어떤 날은 신발을 신으려 하고 어떤 날은 또 별로 신고 싶지 않아 하는 것들이 반복됐다. 한참 신발 신기를 좋아했던 날들은 신발장에서만 한 30분 정도 있었던 거 같다. 많이 바쁠 때는 아이를 기다려주는 것이 힘들었지만 그간의 경험을 토대로 외출을 좀 더 일찍 서두르거나, 아니면 그냥 기다려주는 쪽을 택하니 아이가 스스로 신발을 신고 뿌듯해하는 얼굴을 볼 수 있었다.

민감기는 발달 초기에 어떤 능력을 얻기 위해 주변의 특정 요소를 파악하는 감수성이 예민해지는 시기이다. 민감기는 흡수 정신과도 연결된다. 왜냐하면 흡수 정신은 예민한 감수성의 시기인 민감기에 의해 이끌어 지고 민감기 시기에 주로 나타난다. 예를 들어 아이가 신발 신는 것에 관심이 생기면 자신 내부의 호르메에 의해 계속 신발을 신으려 하고 그것을 반복하다 보면 아이는 어느새 신발을 잘 신게 되고 외출할 때는 신발을 신어야 한다는 것을 아이 스스로 알게 된다. 따라서 나는 아이를 도와주려는 어른들은 아이들의 민감기의 특징을 알고 그 시기를 놓치지 않도록 노력하는 것이 무엇보다 중요하다고 생각한다. 왜냐하면 그 시기를 놓치면 다시는 그와 같은 아이의 예민한 감수성은 돌아오지 않기 때문이다.

그렇다면 민감기의 특징은 무엇일까? 민감기의 일반적인 특징은 모든 아이들이 다 가지고 있다는 것이다. 그 시기는 일시적이고 기간이 일정하지 않다. 이것은 민감기의 가장 큰 특징인데 아이들이 어떠한 것에 관심을 가지게 되면 호르메에 의해서 반복하지만 이러한 감수성의 시기는 아이들마다 다르고 일정하지 않기 때문에 특정한 시기에 폭발적으로 완성된다. 민감기의 시기에는 아이로 하여금 지식이나 기술을 습득하도록 이끈다. 아이가 특정한 지식, 기술을 습득하기 위해 열심히 집중하도록 동기를 부여한다. 처음에는 사물을 관찰하고 그 관찰에 초점을 맞추고 사물을 이용하도록 시도한다. 아이는 그 이용방법을 터득하기 위해 반복하고 그 기술이 아이의 일부가 된다. 민감기는 때때로 겹쳐서 동시에 발달하고 반복을 특징으로 한다. 민감기의 순환 과정은 어떤 행동에 대해 끊임없이 반복하고 아이가 그 기술을 습득하면 이제 시들 해지고 민감기는 사라지게 된다. 한 가지 행동이 끝나고 바로 다음 민감기가 오지 않고 중복되거나 서로 영향을 준다. 그렇기 때문에 아이들을 관찰할 때 어떤 민감기가 복합적으로 오는지 세심하게 파악해야 한다. 민감기 시기에는 감수성이 너무 강렬하기 때문에 아이는 다른 것보다 그 행위에만 특히 몰두한다. 민감기는 아이 내부에 발생하므로 아이 내면에서 내적 동기가 생겨서 그 지시가 아이를 이끄는 것이다. 민감기 동안 아이는 특정한 환경에 집중해서 관심을 보인다. 이때 호르메의 힘으로 아이들은 탐색한다. 이 탐색은 어른의 의지력과는 다르다. 만일 아이들이 민감기 없이 어떤 기술을 습득하려고 노력한다면 아이는 무척 힘들 것이다. 그렇지만 호르메에 이끌려 행동한다면 아이 스스로 선택한 행동이기 때문에 지치지도 피곤해 하지도 않는다.

사실 민감기가 온 아이들은 호르메에 의해 그 행동을 반복하기 때문에 때로는 부모는 기다려 주기 지겨울 수 있고 힘들 수 있다. 하지만 이 민감기를 통해 아이는 더 많은 지식과 능력을 습득하게 되고 자기 자신이 어떤 일을 스스로 해낸다는 것에 큰 뿌듯함을 느낀다. 부모는 그것을 인지하고 아이가 계속 반복하는 행동을 관찰하다 보면 아이들이 어떻게 발달하는지 더 잘 알게 되고 부모는 그것을 지켜보며 부모 스스로 뿌듯함을 느끼고 양육 효능감을 느끼게 된다는 생각이 들었다. 언제나 아이를 관찰하고 민감기가 온 아이에게 환경과 잘 연결시켜주면 아이들은 더 많은 발달을 할 수 있다는 생각이 들었다. 만일 아직 내 아이에게 민감기가 오지 않았다고 생각된다면 아이에게 질서가 있는 매력적인 환경을 만들어준다면 민감기를 이끌어 낼 수 있다고 생각한다.

인간의 경향성

| 박이슬

아이가 어떤 사회에 적응하는 것은 특정한 기본적인 요소가 있다 한다. 이것을 심리학자들은 인간의 경향성이라 한다. 인간의 경향성은 누구에게나 있고 인간의 경향성은 인간이 인간이 되도록 이끄는 행동들이다. 한 사람이 성숙한 인간으로 완성되기까지 인간의 경향성은 일생 동안 존재하지만 나타나는 특징은 시기마다 다르다. 인간의 경향성은 인간이 변화하고 특정한 환경에 적응하도록 돕는다.

0~3세 나타나는 인간의 경향성은 탐색, 질서, 의사소통, 수학적 사고, 방향성, 상상, 추상, 손으로 작업하려는 욕구, 반복, 정확성, 자기완성 등이다. 지금 와서 생각해 보니 나의 아이에게 나타났던 특별한 행동들이 바로, 아이 스스로 인간이 되기 위한, 인간의 경향성을 나타낸 것은 아닐까 생각해 본다.

이것은 의사소통의 경향성에 대한 실례이다. 아이를 키우면서 눈 맞춤이 중요하다는 이야기를 참 많이 들었다. 어떤 유튜버 분께서 수유가 끝이 나면 아이를 침대에 눕혀서 아이와 수유할 때 실제로 있었던 일을 이야기하면서 눈 맞춤을 해주라 한 것이 기억나서 나는 수유가 끝이 나면 배부르게 먹었는지? 기분이 좋은지? 등을 이야기하거나, 밖에 다녀온 뒤 아기 띠에서 아기를 매트에 내려놓으면서 아이가 나의 눈을 가만히 보고 있으면 나도 한참 가만히 보다가 천천히 오늘 있었던 일들을 이야기해 줬다. 그때 아이가 나에게 옹알이로 답을 해줬다. 그렇게 나도 아이의 옹알이의 끝음으로 대화를 계속해 주니 어떤 날은 아이가 10분 이상 말할 때도 있었다. 아이가 20개월쯤에는 아이 방에서 "잘 자" 하고 나오는데 아이가 한참 나를 쳐다보길래 아이에게 나의 머리 위로 크게 하트를 그리고 "잘 자 사랑해" 말해주니 아이가 나의 행동을 따라 하며 나와 의사소통을 했다.

또 다른 경험은 질서의 경향성이다. 평소 기저귀를 갈 때 아이를 눕혀서 기저귀를 가는 것이 많이 힘들었는데 아이 아빠가 아이가 좋아하는 토끼 인형을 베고 기저귀를 가니까 아이가 잘 한다며 그렇게 해보라고 했다. 그래서 조언한 대로 그렇게 해보니 효과가 좋았다. 매번 그렇게 했지만 하루는 너무 바빠서 급하게 그냥 아이를 눕힌 적이 있었는데 아이는 엄청 자지러지게 울면서 기저귀 가는 것을 거부하고 일어나서 방안을 돌아다녔다. 옹알거리면서 자꾸 주변을 배회하는데 나는 너무 바빠서 속이 탔지만 아이가 왜 저럴까 생각하며 화를 낼 수 없어서 답답한 마음으로 쳐다만 보고 있었다. 그러자 아이는 울면서 천천히 자기 침대에 있는 토끼 인형을 가져와서 기저귀 가는 곳에 인형을 두고 스스로 누웠다. 그제서야 아이는 울음을 그치고 다시 기저귀를 갈았다. 그때 나는 아이가 질서를 얼마나 사랑하는지 느끼게 되었다.

이렇게 아이들은 의사소통의 경향성과 질서의 경향성이 있다. 아이들은 질서를 매우 사랑한다. 질서가 있는 곳에서 주변 환경도 잘 기억하고 아이들은 질서가 있는 곳의 사물을 만지고 싶고 사용하고 싶어 한다. 질서는 삶에 대한 욕구 중 하나이고 이 욕구가 충족되면 아이들은 즐겁고 행복해한다. 이렇게 0~3세 어린 시기에 질서가 중요한 것은 자신이 살고 있는 외부의 질서가 아이 내면의 질서를 체계화하기 때문이다. 아이들은 또한 탐색하려는 경향성이 있다. 자신의 환경을 궁금해하고 이 궁금증이 아이의 주변 환경을 이해하도록 아이들을 이끌어 간다.

이와 함께 내가 아이에게 경험한 또 다른 경향성은 틀림의 정정의 경향성이다. 잘못된 것을 스스로 고치려는 경향성이다. 아이들은 손으로 무엇인가를 하는 것 즉 손을 사용해서 작업을 하는 것을 좋아한다. 그러나 실수를 하면 자기 스스로 실수를 고치고 싶어 한다.

아이가 맨 처음 바지에 관심을 가질 때는 한참 자기 혼자 바지를 이리저리 만져보다가 다리에 넣어보듯 했다. 아이에게 바지는 이렇게 입는 것이라고 알려주자 아이는 바지를 받아 들고 또 한참을 만졌다. 그러다 자기 스스로 입어보고 안되면 자꾸 "안 된다"고 소리 지르듯이 말을 했다. 나는 속으로 왜 한 번에 안 되는 것에 이렇게 화를 낼까? 생각했다. 계속 아이를 관찰하면서 안된다고 할 때마다 도와줬지만 아이가 습관처럼 "안 된다" 라고 말을 하는 건지 도와 달라 외치는 것인지 판단이 안돼서 나는 아이가 아직 "도와줘"라고 말은 못 하기 때문에 아이에게 엄마의 도움이 필요하면 "엄마"라고 말을 하라고 했다. 그렇게 매일 반

괜찮아, 우리도 몬테소리가 처음이야

복하고 일주일 정도 지났을 때 아이를 기다려 봤다. 그때 아이는 "안 된다" 하면서 스스로 잘못 넣은 발을 빼면서 다른 구멍에 발을 넣으며 옷을 입었다. 아이가 "안 된다" 말을 하면서 스스로 고쳐 입는 것을 보고 아이의 "안 된다"는 정말 아이가 할 수 없다는 것이 아니라 단순히 그냥 "안 된다"라고 습관처럼 표현하는 말이라는 것을 알게 되었다. 그때부터 나는 아이가 스스로 틀림의 정정을 할 수 있다는 것을 알게 되었다. 그렇다.! 아이가 성장하려면 스스로 실수를 관리하고 스스로 해결해야 한다. 그러려면 나는 무엇보다 아이의 실수를 허용해야 한다. 그래서 기다려야 한다…….

운동 발달

| 추교진

몬테소리 교육에서 말하는 운동 발달에 대해 살펴보도록 하자. **몬테소리 교육에서는 운동이 정신 발달과 연결되어 있다는 것을 강조**한다. 일반적으로 운동은 그저 체력을 강화시키는 것일 뿐이라고 단순하게 생각하는 경우도 있지만, 운동과 정신 발달의 연결성은 현대 의학에 의해 이미 증명된 사실이 되었다. Dr. 몬테소리는 운동과 정신 활동은 연관되어 있기에, 아이에게 적절한 환경이 마련된다면 아이는 두뇌와 감각 근육의 협력 관계를 통해 발달의 목표에 도달할 수 있다고 이야기하셨다. 즉, 아이들의 **운동은 단순한 신체 기능의 발달이 아니라, 지능 발달과 직결**되어 있다는 것을 이해해야 한다.

그렇다면 운동 발달의 단계를 하나씩 살펴보도록 하자.

첫째, 진화 과정의 흐름에 따른 운동 발달은 미끄러지기, 기어가기, 걷기의 순서로 이루어진다. 배를 지면에 댄 체 몸 전체로 공간을 이동하는 것은 전형적인 파충류의 움직임이다. 이는 몸 전체를 지탱할 수 없고 단지 앞으로 나가는 데만 사용된다. 공간에서 몸과 머리를 든 채로 움직이는 것은 네 다리로 걷는 전형적인 포유동물이다. 몸과 머리를 든 채로 움직이는 것은 그들을 매우 빨리 움직일 수 있게 하고 훨씬 더 큰 공간을 통제할 수 있게 한다. 네 다리로 움직이는 운동과 인간의 직립 자세 사이의 어딘가에, 단지 짧은 기간만 스스로 뒷다리로 몸을 일으킬 수 있는 형태가 있다. 인간에 이르러 뇌의 세 번째 부분이 완전히 발달하게 될 때, 직립 자세의 균형이 완벽해짐에 따라 바른 운동이 가능하게 된다. 이렇게 되면 손은 신체 균형을 이루는 데 자유롭게 된다.

둘째, 반사적 운동에서 시작하여 자발적 운동으로 나아간다. 태어나자마자 나타나는 아기의 운동은 반사운동이다. 반사 운동은 생존을 위해 즉각적 위험을 회피하는 과정에서 진화된 것이다. 반사적 움직임에서 아이들은 움직임의 반응을 경험하기 시작하고, 연결을 이해하고 점차 자신의 의지대로 움직일 수 있는 능력을 발달시킨다. 반사적 운동에는 빨기 반사, 젖 찾기 반사, 잡기 반사, 모로 반사, 걷기 반사, 정위 반사 등이 있다.

반사적인 움직임에서 아이들은 움직임의 반응을 경험하고 차차 자발적인 움직임, 의도적인 움직임을 만들어 간다. 이 의도적인 움직임이 아이들에게 중요하다. 자발적 운동은 크게 대근육 운동과 소근육 운동이 있는데, 대근육 운동은 전신을 움직이고 필요한 균형을 잡는 것과 관련된 것이며, 소근육 운동은 손의 움직임을 의미한다. 아기 때에는 협응력이 중요한데, 협응력이란 감각, 신경, 근육이 함께 상호 협력하여 이루어지는 운동으로 생후 3개월 동안의 아이 두뇌 발달의 성과를 보여준다. 자발적인 운동은 아이 두뇌의 신경망을 연결하여 지능의 발달을 돕는다.

시기별 대근육 발달 상황을 살펴보면 아래 표와 같이 정리해 볼 수 있다.

시기	대근육 발달(신체 균형 발달)
탄생 후	탄생 후 아기에게 충분한 공간이 주어지면 아기는 미끄러지듯 움직인다. 처음에는 누워있는 상태로 지내고, 배꼽이 떨어진 후에는 엎드려 눕는 환경이 필요하다.
2-3개월	아기는 머리를 통제하는 것이 이미 숙달되었다.
3-4개월	아기는 몸통을 등에서 앞으로 또 그 반대로 뒤집기를 하게 된다.
4-5개월	엉덩이로 기어가기 엎드려 누워있는 상태에서 용수철과 같이 움직임(스쿠팅)
6개월	도와주면 앉기
7개월	혼자서 앉기
8개월	기기
9-10개월	잡고 서기
10-11개월	까치발로 걷기
12개월	걷기
18개월	최대 노력을 통해서 올라갈 때 무거운 물건을 들고 걷거나 운반함 계단 오르내리기
24개월	물건을 들고 안정적으로 뛰어갈 수 있음 체육활동이 가능함(평균대 위에 올라가 균형잡기 등) 오랜 시간 걸을 수 있음

아이의 운동 발달 과정에서도 손의 발달은 매우 중요한 부분이기에, 손의 발달, 즉 소근육 발달에 대해서도 살펴보도록 하자. Dr. 몬테소리는 흡수 정신에서 "아이의 지능은 손을 사용하지 않을 경우에도 어느 선까지 이를 것이지만, 손을 이용한 아이가 보다 강한 인격을 키우게 된다"라고 이야기했다. 이는 아주 완벽해 보이는 인격의 발달까지도 손을 사용하는 기회를 얻지 못할 경우엔 초보적인 수준에 그칠 수 있다는 것을 의미하는 것이다.

아이가 안정적으로 걷게 되면 손은 몸의 균형을 잡는데 자유롭게 되며, 손의 움직임도 점차 세련된다. 특히 자발적인 운동을 통제하는 두뇌 피질 영역의 거대한 부분을 입과 손에 할애하고 있기 때문에 신체의 부피에 비례하여 입과 손에 신경의 공급이 엄청나게 크다는 점을 생각하면 손의 움직임이 두뇌 발달에 얼마나 매우 큰 영향을 준다는 것을 알 수 있다. 따라서 아이들이 안정적으로 걷고 손이 자유롭게 되면 아이들이 손을 사용하는 일을 어른과 함께 할 수 있도록 기회를 주어야 한다. 아이들은 일상생활의 일을 어른과 함께 하는 과정을 매우 기쁜 마음으로 참여한다.

시기별 소근육 발달 사항은 아래 표와 같이 정리해 볼 수 있다.

이렇게 운동 발달이 이루어질 수 있는 것은, 운동을 좌우하는 신경계가 발달하기 때문이다. 신경계 발달과 관련하여 부모가 알아 두면 좋을 핵심적인 내용 두 가지를 살펴보도록 하자.

먼저 수초화에 대해 살펴보자. 수초화란 신경 세포가 수초에 쌓여 있어서 신경 자극이 신체 특정 부위로 빠르게 이동하도록 하는 것을 의미한다. 수초화가 되면 신경 세포에서 생성된 전기 자극이 손실되는 것을 막아서 정보를 정확히 전달해 목적지에 빨리 도착하기 때문에 아이의 운동 기술이나 능력이 개선될 수 있다.

시기	소근육 발달 (손 발달)
1개월	본능적 잡기
2개월	손을 관찰하기 시작
4개월	목적의식적으로 잡기
5-6개월	의식적으로 손 움직이기
6-7개월	손에서 손으로 전달
7-8개월	손가락 통제
8-9개월	선택하여 잡기
9-10개월	엄지와 네 손가락을 맞잡을 수 있음
10-11개월	팔을 사용해서 물건 잡기
12개월	엄지, 검지, 중지 사용 작업, 반복, 훈련
12-13개월	양손을 함께 하기
14-15개월	작업을 목적으로 하는 직접적인 활동
18개월	무거운 물건을 들기 손을 사용하여 오르기 최대로 노력하기 위한 기회를 찾음
21개월	손을 통한 작업 독립을 위한 작업 목적을 가지고 물건을 옮기기 청소하기, 먼지 털기, 테이블 닦기
24개월	물건 스스로 닦기 모방 행동
28개월	스스로 할 수 있도록 도와 주기

몬테소리 교육에서 말하는 운동 발달에 대해 공부하며 Dr. 몬테소리의 교육 철학과 관점은 시대를 한참 앞서갔다는 것에 놀라움을 금할 수 없었다. 현대에 들어와 뇌 과학이 발달하면서 운동과 지능 발달의 연관성이 자세히 밝혀졌지만, 그 이전만 하더라도 운동과 정신, 지능의 발달은 별개의 것이라고 보는 관점이 많았다. 그래서 아이들에게 공부는 강조하고, 학업성취를 위해 운동은 시간 남으면 하는 정도로 소홀히 하는 경우가 많았다. 그러한 관점은 현재에도 아직 남아있기도 하다. 나 또한 영유아의 정신 발달과 운동 발달의 연관성에 대해 잘 인지하지 못했다 보니, 아기의 운동 발달은 때가 되면 알아서 이루어지는 것이라고 생각하고, 그저 정신 발달에만 집중해왔다는 것을 인식하게 됐다. 이제 운동 발달과 정신, 지능의 발달이 서로 연결되어 있음에 대해 이해했으니 그 둘이 서로 자연스럽게 연결될 수 있는 환경을 마련해야겠다고 다짐해 본다.

이를 위해 아이의 움직임에 방해가 되는, 걸림돌이 없는 환경을 마련해야 할 것이다. 보통 부모들은 아이의 신체 움직임에 미숙함이 명확히 보이기에, 아이를 보호하겠다는 명분 하에 가정 내에서도 아이들을 묶어두는 경우가 발생하고는 한다. 아이들의 자유로운 움직임을 방해하는 아기 침대, 베이비룸, 쏘서 등의 아기용품들이 모두 여기에 속한다. 이런 공간에 아기들을 둘 경우, 아기는 자신의 의지에 따라 자발적으로 몸을 움직일 수 없기에 신체 발달은 물론 정신 발달에도 좋지 않은 영향을 미치게 된다. 아이가 스스로 자신의 몸을 인식하고 자발적으로 움직일 수 있도록, 기존에 나와있는 다양하고 화려한 상업용 장난감이 아닌, 아기 스스로 자유롭게 나오고 들어갈 수 있는 공간, 그리고 짚고 일어설 수 있는 물건들을 주변 환경에 준비하려 한다. 신체적 움직임의 자율성을 확보할 수 있을 때 정신적인 발달도 자연의 흐름에 거슬리지 않게 이루어질 수 있다는 것을 기억하자.

내 아이의 운동 발달 관찰

| 김소희

2018년 6월 12일 아기가 태어났다. 갓 태어난 아기는 신체검사와 반사 검사를 바로 받았다. 손을 잡고 당겨서 잡기 반사와 모로 반사 검사를 했는데, 손을 잡고 당기니 아기의 상체가 들렸고 손을 놓자 허공을 향해서 손바닥과 팔을 활짝 벌렸다. 아기는 눈을 뜨거나 혀를 날름거리는 모습을 보였고 속싸개를 풀어주면 팔을 자연스럽게 머리 쪽을 향해서 들어 올리곤 했다. 모유 수유를 시도하면 아기가 빨려는 모습을 보였다. 눈을 뜨고 있지만 무언가에 초점을 맞추어서 보는 것은 아니었다.

생후 5일 정도가 되자 엄마의 얼굴에 초점을 맞추려는 모습이 보였고 초점책을 보여주면 열심히 쳐다봤다. 생후 10일 정도가 되자 팔과 다리를 움직이며 꿈틀댔는데 특히 발차기를 많이 했다. 생후 15일에는 배냇짓이 눈에 띄게 보였는데 입을 O 모양으로 오물거리는 표정을 많이 보였다. 생후 3주부터는 팔 움직임이 많아져서 팔을 혼자 꺼내서 휘젓고 있는 시간이 많은데 그 모습이 마치 봉산탈춤을 추는 것 같았다. 생후 4주가 되자 팔을 흔들다 보니 손이 침대에 걸어둔 초점 그림에 닿아 바삭거리는 소리가 들려왔다. 아기의 손은 항상 그림을 향해 닿아 있었다. 팔과 다리의 움직임이 확연히 많아졌고 나비처럼 팔을 위로만 하는 것이 아니고 아래로 내리기도 하고 다리를 오므려 위로 들어 올리기도 했다. 생후 5주가 되어 목 튜브를 끼워 욕조에 둥둥 띄워주었더니 발바닥으로 욕조의 바닥을 차서 유영하듯이 물 위를 둥둥 떠다녔다. 일주일 후에는 더 힘찬 발길로 욕조를 떠다녔다. 생후 8주에 처음으로 연필 두께의 딸랑이를 손으로 쥐었다. 9주에는 들어 올려서 입까지 닿았다. 그리고 손에 치발기를 껴주면 치발기를 입으로 가져가 빨기 시작했다. 비슷한 무렵에 항상 쥐고 있던 주먹이 펴지고 손을 펴고 있는 시간이 늘어났다. 아기는 모빌을 바라보며 팔과 다리를 항상 열심히 움직였고 터미타임을 조금씩 늘려갔다.

3개월 정도가 되자 엎드리면 30초 이상 고개를 들 수 있게 되었고 팔과 다리의 힘도 강해지고 허리를 움직여 몸통을 뒤척일 수 있게 되었다. 4개월 가까이 되자 아기는 혼자 힘으로 뒤집어서 머리를 들었다. 뒤집은지 2주 만에 아기는 몇 분 정도는 계속해서 엎드릴 수 있게 되었고 곧 여유가 생겨 발을 구르며 주위를 둘러보게 되었다. 5개월이 되자 손가락으로 모빌을 잡아서(전손 잡기) 입으로 가져갈 수 있게 되었고 엎드려서 방향을 바꿀 수 있게 되었다. 6개월에는 손가락 세 개를 사용해서(요골 잡기) 물건을 능숙하게 잡았다. 그리고 공 형태의 물건을 떨어뜨리지 않고 잡을 수 있게 되었다. 그리고 발끝으로 바닥을 밀며 앞으로 전진했다. 7개월에는 홀로 앉을 수 있을 정도로 허리 힘이 생겼고 30cm 정도 높이의 가구를 손으로 잡고 허리를 일으켜서 기어올라갔다. 또한 무릎을 꿇고 앉을 수 있게 되었으며 잡고 서서 버틸 수 있게 됐다. 7개월 반이 되자 한 손으로 잡고 설 수 있게 됐고 엄지와 검지를 이용해서 물건을 잡았다(핀셋 잡기). 8개월엔 서 있다 앉을 때 힘을 조절해서 안정감 있게 앉을 수 있게 됐다. 8개월이 되자 사다리를 무릎과 발바닥을 이용해서 타고 올라갈 수 있게 됐다. 혼자 내려 오기까지에는 2주 정도가 더 걸렸다. 8개월 반에는 스스로 발을 한발씩 아래로 디디고 내려올 수 있게 됐다. 핀셋 잡기는 점점 발달해서 바닥에 있는 머리카락도 집을 수 있는 수준이 됐다. 9개월부터는 집안의 가구를 잡고 돌아다니는 크루징을 시작했으며, 10개월 가까이 되자 수레를 끌고 혼자 걷기 시작했다.

언어 발달

| 추교진

몬테소리 교육에서는 언어를 아이들에게 가르치는 것이 아니라, 아이 스스로 발달시키는 것이라는 관점을 가지고 있다. 언어는 생각이나 느낌을 음성 또는 문자로 전달하는 수단 및 체계를 말하는 것으로, 아이들은 언어를 환경을 통해 흡수하면서 스스로 창조한다. 따라서 어른이 의식적으로 무엇을 배우는 것처럼, 의도적으로 언어를 가르치려고 해서는 아이들이 언어를 익히기 어렵다. 아이 내면의 선생님으로 인해 의식적인 노력이 아닌 환경에서의 흡수를 통해 자기 것으로 만드는 것이다. 따라서 아이들이 언어를 창조하고자 하는 자연적 본성이 나타나도록 적절한 환경을 마련해 주는 것이 중요하다. 그 환경 속에서 아이들은 주변의 언어를 흡수하고, 스스로 훈련하고 연습하면서 언어를 창조해 나갈 것이다.

그렇다면 0-3세 시기 말하기의 특징을 살펴보도록 하자.

첫째, 아이들은 언어의 음악성을 먼저 흡수한다는 것이다. 아이들은 태내에서 엄마의 숨소리, 목소리, 심장박동소리를 들으면서 자라왔다. 따라서 아기에게 말하기의 창조를 도우려면, 구체적으로 어떤 말을 해줄 것인가보다는 반응을 해주는 것 그 자체가 더 중요하다고 할 수 있다. 즉, 아기가 옹알이를 하면 그에 대해 반응을 해주고 표정을 지어주는 것을 통해 대화는 주고받는 것이라는 언어의 리듬감을 흡수하게 되고, 이것이 말하기의 근거가 되는 것이다.

둘째, 환경과의 상호작용이 언어 발달에 절대적인 영향을 미친다. 아기는 주변의 환경을 흡수하여 언어를 발달시킨다. 언어는 상호작용이 이루어지는 것이므로, 아기에게 소리를 들려주는 것이 중요하다. 6개월 이전까지는 본능적으로 옹알이를 하지만 그 이후에는 듣지 못한 소리는 흉내 내지 않는다는 것을 생각하면 생애 초기부터 언어적 자극이 필요하다는 것을 이해할 수 있을 것이다.

셋째, 아직 말을 못 하는 아기도 생각할 수 있다. 생각하는 능력과 말하는 능력이 일치하는 것이 아니기에, 아기가 말할 수 없다고 이해하지 못하는 것이 아니라는 것을 기억해야 한다. 아기는 발화할 수 있는 시점까지 그동안 흡수했던 것들을 쌓아 두었다가 일정 지점이 되면 표출하게 된다. 따라서 아기들이 자신이 표현하고자 하는 것을 정확하게 소리로 나타내지 못한다고 할지라도 그것이 어떤 의미인지 어른이 세심하게 이해하려고 노력해야 한다.

넷째, 아이는 소리 만들기 연습을 해야 한다. 운동을 배우는 것처럼 소리를 만들고 표현하는 것 또한 끊임없이 반복하거나 연습하는 과정이 필요하다. 이를 위해 주변의 어른이 소리 만들기에 대해 동기를 부여하고 반응해 주고 연습할 수 있도록 이끌어주어야 한다.

다섯째, 운동과 언어 모두 엄청난 양의 신경학적 통합이 필요하다. 운동과 언어는 서로 독립적으로 발달한다. 말하기를 배우려면 너무나 많은 신경학적 노력이 필요하며, 운동과 언어 중 하나에 몰입하게 되면 나머지 하나에 소홀할 수 있기에 이를 인지하고 아이들의 속도를 기다려줄 필요가 있다.

아이들의 언어 발달은 어떻게 이루어질까? 언어 발달 단계에 대해 살펴보도록 하자.

언어 발달 단계는 크게 두 단계로 나뉠 수 있다. 첫 번째 단계는 언어 전 단계로 출생 전부터 생후 10-12개월까지 지속된다. 두 번째 단계는 언어 단계로 12-36개월까지 지속된다. 언어 단계는 다시 일어문 단계, 이어문 단계 혹은 단어결합의 단계로 구분된다.

우선 언어 전단계(태내 7개월-생후 12개월)에서 일어나는 과정을 살펴보도록 하자.

1-3개월은 청각기로 소리가 나는 방향으로 얼굴을 돌릴 수 있는 시기이다. 목과 입에 수초화가 시작되면서 아기는 옹알이를 할 수 있게 된다. 이때에는 주로 모음 소리를 낸다. 옹알이가 시작되면 다른 사람의 소리를 듣는 것뿐 아니라 자신의 소리를 듣고 만들면서 배운다. 따라서 스스로 소리를 내고 성대와 근육을 강화시킬 수 있도록 고무젖꼭지를 사용하지 않아야 한다.

4개월은 시각기이다. 시각기에는 한 음절의 소리를 발음할 수 있다. 또한 말하는 사람의 입술을 자세히 관찰하고 그 움직임을 모방하려고 노력한다.

6개월은 운동기이다. 이 시기에는 똑같은 음절을 반복하고 두 개의 음절을 하나로 발음하게 된다. 이때 아기의 옹알이의 질을 높이려면 부모가 어떻게 반응해 주느냐에 따라 달라지게 된다. 즉 아기가 옹알이를 할 때 부모가 곁에서 살펴보고 상호작용을 하며 피드백을 해주고, 책을 읽어주거나, 스킨십 등을 통해 아기의 옹알이에 대해 함께 소통하면 아이의 언어 창조에 더 많은 도움이 된다.

괜찮아, 우리도 몬테소리가 처음이야

10개월이 되면 의도성을 이해하게 된다. 이 시기가 되면 아기는 사람의 입에서 나온 언어가 목적을 가진다는 것을 발견한다.

12개월이 되면 의도적인 단어를 발화할 수 있다. 12개월에 들어서면 같은 옹알이지만 의도적으로 단어를 말하기 시작한다. 주변 환경에 지칭하는 언어가 있다는 것을 알아차리며, 자신이 소통하려고 하는 노력이 가로막히면 분노를 표현한다.

이어서 언어 단계(12-36개월)에서 일어나는 과정을 살펴보도록 하자.

18개월이 되면 명사를 사용하게 된다. 이 시기가 되면 모든 것들이 나름의 이름을 가지고 있다는 사실을 발견한다. 또한 어른의 말을 이해하게 되지만, 이해한 만큼 스스로 잘 표현하지는 못한다. 따라서 아이가 부정확한 발음으로 말을 할 때 놀리기보다 더 표현할 수 있도록 격려해 주는 것이 중요하다. 또한 이 시기에는 하나의 단어로 많은 의미를 표현하는 한 단어 문장을 사용하게 되는데, 어른이 이것을 이해하는 것은 쉽지 않다. 하지만 아이의 표정이나 아이가 지칭하는 쪽을 살핌으로 인해 아이가 표현하고자 하는 것을 이해하기 위해 노력해야 한다.

20개월은 어휘 폭발기, 문장의 사용 시기이다. 이 시기가 되면 아이는 명사, 동사, 기타 품사를 사용하여 전보식 문장을 구성한다.

24개월은 어휘의 완성기로 접두사 및 접미사, 접속사, 동사의 활용형, 부사의 사용에 따라 어휘의 완성에 도달한다.

24개월 이후, 32~36개월은 문장 폭발기, 구문의 사용 시기이다. 이 시기에는 문장의 폭발, 즉 사고의 폭발이 일어난다. 또한 32~36개월이 되면 나라는 단어를 사용하여 개인의 정체성의 중요한 단계에 도달한다.

부모들은 아이의 언어 발달에 대해 관심도 많고 그만큼 걱정도 많이 하는 편이다. 그래서인지 주변에서 아이의 언어 발달에 대해 고민하는 부모들의 이야기를 종종 들어왔다. 언어는 아이의 발달에 있어 직접적이고 매우 핵심적인 것으로 여겨지기에, 조금이라도 아이의 발화가 늦으면 우리 아이에게 무슨 문제가 있는 것이 아닌지 부모로서 초조하게 느끼게 되는 것 같다. 나 또한 쌍둥이를 키우고 있는 엄마로서, 쌍둥이의 경우 아이 한 명에게 집중적으로 관심을 쏟고 상호작용할 수 있는 기회가 상대적으로 적다는 생각에 언어 발달에 대해 고민이 많았다. 주변에서 쌍둥이는 언어 발달이 늦을 수밖에 없다는 식의 이야기를 들으면 걱정스러운 마음이 들면서도 한편으로는 포기하는 심정으로 그저 기다릴 수밖에 없다는 무기력한 마음이 들기도 했던 것 같다. 하지만 몬테소리 교육에서 이야기하는 언어 발달은 어른이 가르쳐 주는 것이 아니라 아이가 스스로 발달시키고 창조하는 것이라는 관점을 이해하고 나니 아이에게 언어를 학습하듯이, 가르치기 위해 조급한 마음으로 애쓸 필요가 없음을 이해하게 됐다. 그리고 아이들의 발달 단계에 따른 특징과 구체적으로 어떻게 상호작용할 수 있는지에 대한 방법까지 알게 되니 초조함 대신 안도감이 올라왔다. 아이들의 언어발달이 자연스럽게 이루어질 수 있도록, 아이들과 상호작용하는 방법 및 주변 환경 구성에 대한 명확한 가이드라인을 잡고 아이의 속도 대로 언어가 창조되도록 곁에서 머무르려 한다. 몬테소리 철학과 이론을 탐구하고 이해하며, 영유아 교육에 대해 몰라서 불안한 많은 부모들이 이 시기를 현명하게 보내기를, 그리고 아이들의 존재 그 자체를 존중하며, 준비된 환경 설정 및 몬테소리 교육 실천을 통해 아이가 지닌 엄청난 가능성과 창조성이 자유롭게 펼쳐질 수 있기를 바라며! 모든 가정의 부모님과 아이들이 평화로운 일상을 살아가기를 희망한다.

내가 생각한 몬테소리 교구란?

일상생활에 있는 모든 것. 그리고 자연이다.

우리 엄마들이, 그리고 주 양육자가 가정 안에서 몬테소리 교육을 실현하기 위해
사용할 수 있는 교구는 시중의 교구들이 아니라 일상생활의 모든 것들과
자연이라고 생각한다. 인위적으로 어른의 물건을 모방하여 흉내낸 것이 아니라
우리가 생활에서 직접 사용하는 물건으로 생활 속에서 필요한 활동을 하는 것이
아이에게 더 흥미 있고 많은 경험을 쌓는 것이라 생각한다. 일상생활의 모든 물건
중에서도 아이의 각 연령에 맞는 크기와 사이즈를 가진 것이면 적합할 것이다.
어른도 자연에 가면 흔히 힐링 한다고 한다. 이처럼 아이도 자연 속에서
태양의 온기를 느끼고 살랑이는 바람을 느끼고 식물의 성장을 함께 발견하고
자연을 소중히 여기는 것 또한 아이에게 배움을 주는 또 하나의 교구라고 생각한다.

- 고경은

몬테소리
가정환경　꾸미기

1. 몬테소리 가정환경 구성의 필요성

| **정이비** AMI 0~3세 트레이너

아이가 생기게 되면 부부는 기쁘고 설레는 마음으로 가정 환경에 변화를 시도한다. 삶의 패턴도 달라져 부부 중심에서 차차 아이 중심으로 바뀌고 깨끗하게 정돈되어 부부 둘만의 공간으로 충분했던 거실의 공간도 이제 하나 둘씩 아이의 물건으로 채워지면서 어느새 집안은 비좁게 느껴지게 된다. 하루하루 늘어나는 아이 물건으로 가득 찬 가정 환경을 보면서 또 매일매일 치워도 끝도 없는 노동을 일상화하다 보면 이것이 과연 아이에게 최선의 환경인가를 되묻게 된다. 이때 우리는 몬테소리 교육에서 제시하는 "가정 환경"에서 좋은 아이디어를 얻을 수 있겠다. 몬테소리 가정 환경은 아이들만이 중심이 되는 아이들 만의 물건으로 가득 찬 환경이 아니다. 가정 환경은 가정에 사는 모든 사람들이 최적의 기능과 발달을 도와주는 환경이어야 한다. 따라서 그 환경은 엄마, 아빠 그리고 아이가 주인이 되는 다양한 연령대의 요구에 맞는 환경이어야 한다. 부모와 아이의 역할을 자유롭게 실현하며 가족 구성원 개개인이 느끼기에 편안하고 안락한 환경은 모두의 행복한 공존을 위해서 필수적인 일일 것이다.

그렇다면 어떻게 아이에 맞는 환경을 준비할 것인가? 무엇보다 아이 방을 준비할 때는 아이의 시선을 고려해야 한다. 누워있는 신생아라면 부모가 직접 아이처럼 누워서 주위 환경을 둘러 보고, 5~6개월의 아이라면 앉은 자세의 눈높이로 환경을 둘러 보고 무엇이 아이에게 장애물이 될 것인지를 파악하고 준비해야 한다. 그리고 다음의 몬테소리 교육에서 강조하는 기본 원칙들인 질서, 일관성, 독립, 안전을 준수할 필요가 있다.

질서	0~3세 가정 환경에서 가장 중요한 원칙 중 하나는 질서이다. 가정환경을 단순하고 아름답고 질서 있게 유지한다면 아이는 가정의 주변 환경에 대한 깊은 신뢰와 예측 가능성을 배우게 된다. 이것은 아이로 하여금 타고난 질서감을 키울 수 있게 한다. 아이는 잠에서 깨면 벽에 걸려 있는 똑같은 그림을 발견하면서, 기저귀 갈이대에 누워 엄마가 옆에 서 있는 것을 보면서, 가까이에 있는 교구장에서 자신의 놀이감을 보면서 환경의 질서감을 형성한다. 이러한 외부 환경에서 경험한 질서감은 아이의 내부 질서를 확립할 수 있는 기초를 제공한다. 그래서 아직 어려서 어른이 만든 환경의 질서를 유지하지 못할 수도 있지만, 어른들은 아이가 접하는 환경을 항상 질서 있게 원래 모습대로 복원하도록 노력하는 것이 중요하다. 그런 취지에서 아이가 이것저것 놀이감을 꺼내 놓고 마음껏 놀게 한 후 정리하기보다는 새로운 놀이를 선택하려면 앞선 놀이감은 제자리에 정리하게 한 후, 놀게 하는 것이 질서감을 습관화하고 환경의 질서 유지를 위해서 필요하다. 더불어 어른들도 자신이 사용한 물건은 꼭 제자리에 두도록 노력해야 한다. 물론 처음부터 아이들이 사용한 물건을 제자리에 두도록 이끄는 것은 쉽지 않다. 하지만 처음에는 아이와 함께 협력하면서 정리하고 차차 아이 스스로 정리하도록 이끌어 준다. 이렇게 확립된 질서감은 아이가 자신의 환경에 보다 쉽게 접근할 수 있고 자신의 세계를 이해할 수 있도록 도와주며 세상을 신뢰할 수 있는 능력을 향상시켜준다. 이 특성은 아이가 새로운 일에 도전할 때 예측 가능성을 촉진시켜 아이의 자신감을 키워주는데 큰 자산이 될 것이다.
일관성	환경의 물리적 질서가 중요하듯이, 아이가 규칙에 따라 생활하는 일상생활의 루틴의 질서 또한 중요하다. 일상생활을 하면서 아이 자신이 다음에 무슨 일이 일어날지 이해한다면 보다 안정적으로 다음 일을 대비하고 부모의 말에 순종하며 기대감으로 활기찬 생활을 할 수 있다. 그러나 걸음마기 아기와 유아는 아직 시간 감각이 없기 때문에 다음에 무슨 일이 일어날지 예측하거나 이해하기 어렵다. 결국 하루의 시간의 흐름은 어른들의 명령과 지시보다는 함께하는 규칙적인 일과와 단서를 통해서 아이들이 자연스럽게 배우고 흡수하게 된다. 물론 하루의 일과는 각 가정마다 다르다. 어떤 가정은 식사에서 옷 입고 벗기, 그리고 놀이로 이어지는 편안하고 안정감 있는 아침 일상이 시작되고, 어떤 가정은 하루가 정신없이 바쁘게 흘러갈 수도 있다. 가족 상황이 어떻든 안정되고 편안한 일상을 시작하기 위해서는 별도의 노력이 필요하다.

먼저, 차분한 아침을 맞이하기 위해서는 전날 저녁에 아침을 위한 시간을 할애해야 한다. 다음으로, 편안한 일과를 마칠 수 있도록 여유를 갖고 아이에게 충분한 시간을 주며 기다리는 마음의 자세 또한 필요하다.

독립

가정환경을 준비할 때나 아이에게 일상생활의 활동을 제시할 때도 항상 아이가 독립적일 수 있는 기회를 만들도록 노력한다. 아이는 태어난 순간부터 자신을 어머니와 분리된 개인으로 독립적인 존재로 살아가는 법을 배우고 있다. 이러한 본성처럼 아이는 성장 발달 단계에 필요한 독립적인 경험을 통해서만 자신의 능력을 배우고 자신의 인격을 발달시킬 수 있다. 그렇다고 해서 아이를 혼자 내버려 두거나 방임하라는 의미가 아니다. 아이가 자유롭게 탐색하도록 기회를 주지만 아이를 일상생활의 구체적인 활동 속으로 이끌어야 한다는 의미이다. 이때 아이에게 제시하는 방법도 중요하다. 즉 어른들은 아이가 이해할 수 있는 방법으로 제시하며 자신의 사소한 말 한마디, 몸짓 하나라도 집중을 잘하고 있는 아이를 방해하고 있지 않은지 항상 주의 깊게 살펴보아야 한다. 간혹 무심코 한 어른들의 말과 행동이 아이의 집중을 흩뜨려 놓기 때문이다. 이와 같이 독립에 대한 지원은 신생아 때부터 이루어져야 한다. 스스로 몰입할 수 있는 환경을 제공하기 위해서 누워있는 아이일 경우라도 떠다니는 모빌을 보면서 집중하도록 모빌 아래에 아이를 놓아주고 아이의 성장에 따라, 관심도에 따라 놀이감을 자주 교체해 주어야 한다. 어른과의 관계에서나 세심한 환경의 배려 속에서 한 사람의 인격체로서 존중받은 아이는 스스로를 위한 독립심 그뿐만 아니라 차차 자신을 존중하고 타인을 존중하는 법을 배울 수 있다.

안전

가정은 신체적으로나 심리적으로 아이에게 안전한 곳이어야 한다. 물리적 환경은 아이가 입으로 삼킬 수 있는 작은 물건을 제거하고, 콘센트를 덮고, 많은 위험한 물건을 아이 손이 닿지 않는 곳에 두고, 집에 있을 수 있는 다른 위험 요소를 해결함으로써 안전을 유지한다. 그러나 안전을 이유로 아이의 거의 모든 물건을 플라스틱 제품으로 바꾸는 것은 올바른 발달을 지원하는 방법이 아니다. 어린아이라도 아이의 잠재된 능력과 가능성을 신뢰한다면, 깨질 수 있는 실제 어른들이 사용하는 자연 재질의 물건을 제공해서 함부로 다루면 훼손된다는 사실을 알려주는 것이 더 필요하다. 위험하다고 물건을 만지지 못하게 하는 것이 아니라 바르게 사용하는 방법을 알려주는 것이 진정한 부모의 자세일 것이다. 보호라는 이름으로 무분별하게 아이의 무한한 탐색 욕구를 제한하기보다는, 실제로 체험하며 발달적 요구에 적합한 환경을 안전하게 제공할 경우 아이는 자신이 살고 있는 가정에 대한 애정과 믿음이 굳건히 자라게 될 것이다.

이제 위와 같이 질서, 일관성, 독립, 안전의 4가지 원칙을 준수하며 아이를 위한 가정환경을 연령별로 구분해서 제공하고자 한다. 먼저 각 공간은 수면 공간, 옷 갈아입는 공간, 식사 공간 및 운동 공간이라는 네 가지 공간으로 효율적으로 나누어 제공할 수 있다. 이것은 아이가 성장함에 따라 발달적 요구 또한 달라지기 때문에 아이의 발달 수준에 맞춰 최적의 발달을 이끌기 위함이다.

고비 모빌

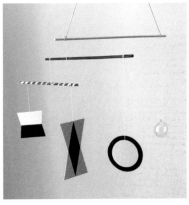

무나리 모빌

1) 0~5개월

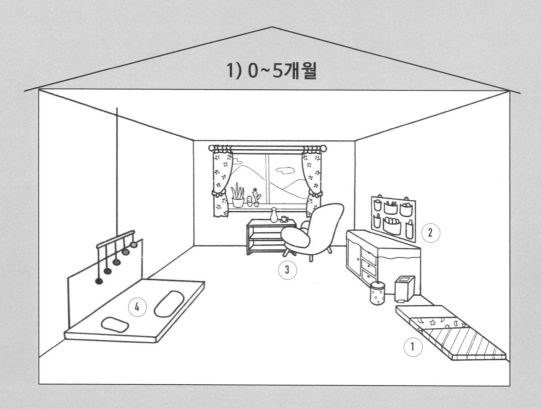

① 수면 공간

② 옷 갈아 입는 공간 (기저귀 가는 공간)

③ 수유 공간

④ 운동 공간

엄마의 몸에서 태어난 순간부터 아이는 새로운 세계를 탐색하기 시작한다. 탄생 후 아이는 태내에서 경험했던 엄마의 익숙한 냄새와 목소리로 위안을 받고 차차 엄마와의 눈 맞춤을 하면서 시각이 발달한다. 이 첫 5개월 동안, 아이의 운동은 반사 운동을 통해서 움직임을 배우고 차차 의도를 갖고 통제되는 목적이 있는 의식적인 운동으로 발달한다. 아이는 첫 두 달 동안 엄마와의 애착 경험을 발판 삼아 새로운 환경에 대한 기본적인 신뢰감이 형성되고, 주변 사람들의 소리에 관심을 가지며 언어발달을 시도한다. 이때 아이의 가정 환경은 온도, 조명, 소리, 냄새 및 촉감을 특별히 배려해야 한다. 신생아가 편하게 느낄 수 있는 환경은 태내 환경과 비슷한 부드러운 조명과 조용한 소리를 제공하는 따뜻한 공간에서 시작된다. 냄새는 아이에게 친숙하고 엄마의 목욕용 비누나 샴푸라도 과도하지 않은 향으로 제한되어야 한다. 또한 부드러운 천연 직물을 제공해서 예민한 아이 피부에 익숙해지도록 배려한다. 양모, 실크, 면 담요와 같은 의류도 중요하지만 무엇보다 신생아는 부모와의 피부 접촉에 가장 큰 편안함을 느낀다. 부모가 아이에게 낯선 세상에 적응하도록 이끌기 위해서는 새로운 경험을 의도적으로 천천히 소개해야 한다. 아이를 움직일 때도 놀랄 때 나타나는 모로 반사를 최소화하고 서서히 아이가 받아들이고 만족할 수 있도록 이끈다. 최대한 놀라지 않게 부드럽게 다루고, 밝은 빛과 시끄러운 소음으로부터 보호하며, 아이의 피부에 닿을 수 있는 가장 부드러운 천연 섬유를 선택하면 이러한 초기 적응이 보다 수월해질 수 있다.

수면 공간

아이의 수면 공간은 처음부터 독립을 염두에 두고 준비한다. 스스로 들고 날 수 있도록 수면 공간은 높은 요람과 같이 침대 살로 둘러싸여 있는 것이 아니라 바닥에 깔려 있는 요가 적당하다. 요의 위치는 방 안의 모퉁이에 배치되어 방 안 전체를 볼 수 있어야 한다. 이렇게 바닥 요에서 잠을 잘 수 있는 기회를 주면 아이는 자유롭게 신체를 움직일 수 있고 시각적 장애물 없이 자신의 공간을 관찰하고 탐색할 수 있다. 이곳은 처음 3년 동안 일관되게 머무르며 불안감 없이 평화롭게 휴식을 취할 수 있는 편안한 공간이 된다. 요는 항상 펼쳐져 준비되어 있기 때문에 언제든지 아이가 원할 때 다가가며 피곤할 때 스스로 누울 수 있다. 이렇게 아이는 일찍부터 스스로 잠자리에 들 수 있는 수면 패턴이 생기고 자신의 움직임의 한계와 가능성을 배우는 신체 발달과 함께 최적의 안전과 편안함을 느낄 수 있다.

옷 갈아입는 공간 (기저귀 가는 공간)

이 공간은 모든 아이 용품을 가까이에 두고 부모가 편리하게 아이 몸을 돌볼 수 있는 공간이다. 이 공간은 아이 몸을 돌보는 동안 아이가 편안해하고 부모 또한 움직이는데 불편함이 없이 기능적이어야 한다. 아이의 몸을 보살피고 옷을 갈아입힐 때 특히 중요한 것은 친숙한 부모의 목소리로 아이와 대화를 나누는 것이다. 보살핌을 받는 아이가 안정감을 느끼도록 엄마의 한 손은 아이 가슴에 얹고 다른 손은 아이 옷을 갈아입혀주면서 말을 건넨다. " 아가야, 엄마는 지금 기저귀를 갈려고 하고 있어요. 자, 이제 옷을 벗어보자" 아이가 무엇인가에 시선이 꽂혀 있거나 집중하는 순간을 제외하고 항상 아이와 이런 대화를 시도하려고 노력하는 것이 중요하다. 이런 노력을 지속한다면 말을 못 하는 어린아이일지라도 빠른 시간 내에 엄마와 의사소통이 가능해짐을 알고 놀라게 될 것이다.

수유 공간

엄마와 아이가 하나가 되어 시간을 보내는 수유공간은 가정에서 가장 아늑하고 편안한 곳으로 정한다. 아이를 안고 편안하게 수유할 수 있는 1인용 소파와 수유 시 엄마 발을 올려놓을 수 있는 스툴, 체형에 맞는 수유 쿠션 그리고 수유하는 동안 필요한 물품을 올려놓을 수 있는 간이 테이블이 필요하다. 이 공간은 태내에 있던 아이가 수유를 통해 다시 엄마와 하나가 되는 특별한 순간을 보내는 중요한 곳이다. 따라서 조명의 빛과 소리도 낮은 수준을 유지하며 엄마와 아이가 밀도 있는 시간을 보내도록 주위 사람들도 최선을 다하며 이 두 사람을 보호해 줘야 한다. 아이는 엄마 젖을 빨면서 엄마의 체형이 빠르게 회복되도록 도와주고 엄마는 아이에게 꼭 필요한 영양과 사랑을 전달한다. 이렇게 아이는 엄마와 애착관계를 형성하고 이것은 이후에 아이가 살아갈 세상에 대한 신뢰감을 형성하도록 돕는다. 항상 똑같은 공간에서 엄마와 아이가 만난다면 아이는 이 영역을 일관된 기준점으로 생각하게 되고 더욱더 안정감을 느낄 수 있을 것이다.

운동 공간

아이의 자유로운 움직임을 통해 신체 발달, 정신 발달이 이루어지는 운동 공간을 마련해야 한다. 아이는 곧 몸을 움직이고 놀 준비가 될 것이다. 이 공간은 거실의 모퉁이에 설치할 수 있고 아이 방의 작은 매트가 될 수 있다. 매트를 따라 벽에는 거울을 달아 준다. 거울은 주위 환경을 보다 더 넓게 비춰줘 시각 발달을 도와주고 또한 거울을 통해 몸을 움직이는 것을 보면서 아이는 자신의 몸에 대한 신체 이미지를 형성할 수 있다. 이렇게 아이는 깨어 있는 활동적인 시간에 매트 위에서 다양한 교구를 탐색할 수 있다. 매트 위에서 교구를 탐색할 때는 아이의 발달 단계에 맞는 지원이 필요하다. 아직 손을 뻗어 딸랑이를 쥘 수 없는 2개월 된 아이에게는 아이 손에 딸랑이를 살짝 쥐여 주지만 스스로 손을 뻗어서 놀이감을 잡을 수 있는 3~4개월 된 아이는 스스로 잡는 동안 기다려 주고 지켜봐야 한다. 스스로의 노력으로 놀이감을 잡는다면 아이는 "나는 내가 원하는 것을 잡을 수 있다. 나는 할 수 있다."라는 자신의 능력에 대한 자신감이 생기지만 아이가 이런 노력을 시도하기도 전에 부모가 아이 손에 놀이감을 쥐여 준다면 아이는 " 나는 할 수 없다."라는 자신의 능력에 대한 부정적인 메시지를 전달받게 된다.

실외 공간 아이에게 천천히 자연의 세계를 소개하고 자연의 아름다움을 경험하도록 배려한다. 아이들은 실내에서 생활하는 것만큼 실제 자연에서 체험하면서 느껴보는 것이 중요하다. 야외 환경에서 혹은 마당에 담요를 펼쳐 놓고 곤충이 바스락거리는 자연의 소리도 듣고 나뭇잎을 바라볼 수 있는 시간도 마련한다. 아이와 함께 규칙적으로 동네를 산책하며 산책 도중 아이와 함께 보고, 듣고, 냄새 맡는 것에 대해 아이에게 말을 건네준다. 이러한 경험은 아이 자신이 누구인지, 세상은 또 얼마나 다양하고 풍부한지 아이의 삶의 초기 몇 달 동안 알게 되는 세상에 대한 흥미진진한 이야기가 될 것이다.

2) 5~12개월

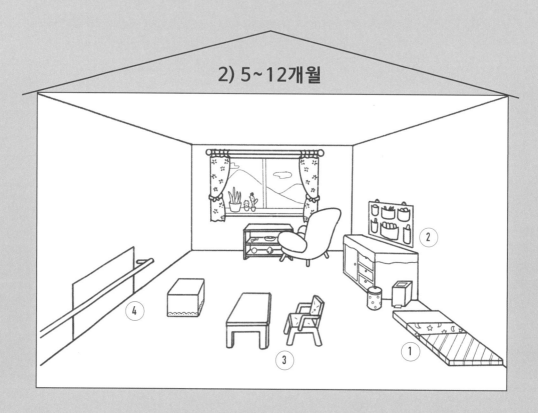

① 수면 공간
② 옷 갈아 입는 공간
③ 이유식 공간
④ 운동 공간

약 6개월부터 아이는 새로운 발달 단계를 시작할 것이다. 아이는 훨씬 더 자신의 환경에 손을 내밀 것이고, 부모와 다른 사람들과 새로운 방식으로 의사소통을 할 것이다. 아이는 지금 뒤집기를 하고 있으며 곧 독립적으로 앉을 것이다. 앉은 자세에서 아이는 새로운 관점으로 세상을 보게 될 것이다. 이 단계에서 아이는 팔과 손을 조절하고, 서서 당기고, 기어가기 시작하고, 마침내 걷기 시작하는 방법을 배운다. 아이는 자신의 환경을 독립적으로 움직일 것이다. 이 기간 동안 아이의 치아가 나오고, 단단한 음식을 먹기 시작하고, 스스로의 손으로 잡고 먹을 수 있게 되고 스스로 옷을 입기를 시도할 것이다. 아이는 많은 것을 할 수 있으며 이 능력을 완전히 획득하기 위해서는 끊임없이 움직이는 연습과 시간이 필요하다.

수면 공간

이 시기 아이의 수면 공간은 이전과 동일하게 유지된다. 일관성 있는 일상생활은 건강한 수면 습관을 만드는 데 도움이 된다. 아이는 취침에 들기 전에 정해진 시간에 정해진 일을 하는 익숙한 일상이 필요하다. 이 루틴은 목욕하기, 잠옷으로 갈아입기, 동화책 읽기, 이야기 나누기 등 일정한 패턴으로 진행되고 이러한 수면 의식이 끝나면 바로 요에 누워 잠들게 된다. 일관되고 규칙적인 일상일수록 아이는 다음에 발생하는 일에 대해 더 안심하고 안전하게 느끼게 되며, 이것이 습관이 되면 부모의 도움 없이도 독립적으로 잠들 수 있게 된다. 부모들은 간혹 우리 아이는 아무리 자라고 해도 자지 않으려고 고집을 피운다고 걱정을 하지만 사실 그럴 경우 대부분의 주된 원인은 아이의 버티는 고집이 아니라 평소의 수면 리듬과 수면 시간이 지켜지지 않은 것이 원인일 수 있다.

옷 갈아 입는 공간

아이가 더 독립적으로 움직일 때, 스스로 옷을 입고 벗을 수 있는 환경을 준비하는 것이 필요하다. 6개월 아이는 스스로 할 수 있는 일이 제한적이지만, 이때부터 서서히 아이를 위한 옷장을 준비하고 스스로 할 수 있는 시기가 되었을 때를 대비한다. 이때 아이 옷장에는 2-3벌의 옷만 걸어 둔다. 옷장 옆에는 낮은 의자인 스툴도 준비한다. 이곳에 앉아서 양말도 벗고 바지도 갈아입도록 유도한다. 아이가 옷을 갈아입고 난 후에 입었던 옷은 세탁물 바구니에 정리하도록 바구니도 준비한다. 이렇게 옷 갈아입는 공간에 있는 모든 아이템들 즉 옷장, 스툴, 세탁물 바구니 등은 모두 같은 장소 가까운 곳에 두어 아이가 옷을 입고 벗고 관리하는 일에 집중할 수 있도록 배려한다. 아이는 이 과정에서 자신의 역할이 점점 더 많아지면서 자신감도 성장할 것이다. 또 다른 준비할 환경은 옷 갈아입는 공간에 아기 변기를 추가하는 것이다. 이곳에 있는 아기 변기는 당장은 변기 용도로 사용하지 않지만 어릴 때부터 아이와 친해지기 위한 조치이다. 이후에 2세경에 아이의 배변 관리를 통제하려면 아이는 무엇보다 아기 변기와 친해져야 한다. 하지만 그때 배변 훈련을 시도하는 부모들은 아이에게 변기에 앉으라고 권하지만 아이들은 습관처럼 "아니야, 싫어!"를 말하고 부모는 당황한다. 그럴 경우 배변 훈련은 당연히 난관에 부딪히게 된다. 그래서 아직 반항과 거부를 강력하게 어필하지 않는 어린 시기인 5~6개월부터 앉을 수 있는 시기부터 변기에 앉히는 시도를 한다. 즉 부모는 아이의 기저귀를 갈아주고 난 후 아기 변기에 아이를 앉혀 준다. "다음에는 여기, 아기 변기에 앉아서 소변을 보는 거예요". 이렇게 아이에게 대소변의 배출에 대한 경험을 자연스럽게 아기 변기와 연결시켜 준다. 이제 막 앉는 능력을 배우는 시기부터 변기에 앉아본 아이는 당연히 아기 변기에 대한 거부감 없이 변기 사용을 당연한 것으로 받아들일 것이다.

이유식 공간

생후 5개월은 이유식의 민감기 시기이다. 이때는 아이가 앉아서 이유식을 할 수 있도록 이유식 의자와 식탁이 필요하다. 이유식 의자와 식탁은 무겁고 튼튼하게 만들어져야 한다. 신체 균형이 잘 잡혀 있지 않은 시기에 제공하기 때문에 아이가 식탁을 잡고 일어설 수도 있어서 넘어지지 않게 만드는 것이 중요하다. 아이는 이곳에서 돌까지 이유식을 진행하다가 점차 스스로 먹을 수 있을 때 가족 테이블이 있는 곳으로 데려온다. 이때 아이는 트레이가 없는 하이 체어에 자유롭게 오르고 내릴 수 있는 능력이 있어야 한다. 같은 테이블에 가족과 함께 있으면 아이는 가족 구성원으로서의 중요한 역할을 느끼고 가족의 식사 예법을 "흡수"할 수 있다. 이유식 시기의 식기류는 아이라고 해서 특별히 깨지지 않는 용기를 주는 것이 아니라 어른들이 일반적으로 사용하는 아이 사이즈에 맞는 도자기류이다. 또한 물을 주기 위해 빨대로 빠는 빨대컵이 아니라 작은 소주잔 크기의 튼튼한 유리 컵을 제공한다. 이것은 아이가 컵이 엎어졌을 때 물이 쏟아진다는 사실을 알게 하고 함부로 다루면 깨진다는 사실도 배우게 한다. 아이는 처음에는 반복해서 컵과 식기를 가지고 장난을 치기도 하지만 함부로 다루면 사용할 수 없게 된다는 사실을 이해하게 되면 곧 그러한 시도는 사라진다. 물론 빨대컵이 아닌 그냥 컵을 주면 아이는 물을 여기저기 흘리고 낭비를 할 수도 있다. 그러나 그것은 인간만이 가진 특별한 능력인 조절력과 통제력을 배우기 위해 치러야 하는 작은 대가일 뿐이다.

운동 공간

운동 공간은 아이의 신체 발달에 맞게 확대되어야 한다. 아이는 지금껏 누워서 천장에 달려있는 링이나 방울의 모빌에 만족하였다면 이제는 몸을 뒤집고 교구장에서 다른 교구를 찾으려고 손을 뻗거나 자신의 얼굴이 비치는 거울 속의 아이를 보고 웃고 있다. 이제 앉고 기고 당겨서 서서 신체 균형을 잡으려고 애를 쓸 때, 거울 근처의 운동 공간에 (발레) 바를 추가할 수 있다. 바는 아이가 서있을 때 가슴 높이의 벽에 단단히 고정되어야 한다. 몇 달 안에, 아이는 다리가 충분히 몸무게를 지탱할 준비가 되었을 때, 바를 잡고 일어서게 될 것이다. 교구장 위의 교구들은 이제 하나 둘 숫자의 개수가 늘고 더 복잡해진다. 앉을 준비가 되어 있는 아이에게 가장 좋은 놀이감은 가정의 물건들을 담아 둔 바구니이다. 아이는 앉아서 바구니 안에 있는 물건을 움켜쥐고 물건 하나하나를 탐색하고 놓기를 반복할 것이다. 점점 신체의 동작을 바꾸고 온몸으로 이동하면서 오뚝이처럼 움직임이 있는 놀이감을 손으로 치기를 반복하거나 상자 속에 있는 공이 눈앞에서 사라지는 것을 보고 대상 영속성 개념을 배울 것이다. 이러한 교구를 통해서 아이는 자연스럽게 눈과 손의 협응력이 발달되고 환경에 대한 구체적인 지식을 얻을 것이다.

실외 활동

아이가 기어 다닐 때, 실외로 나가 다양한 환경을 경험하도록 이끌어준다. 아이가 식물을 보다가 작은 곤충을 발견하고 이 곤충이 움직이는 것을 흥미 있게 지켜보고 있으면 이 생명체를 방해하지 않도록 이끌어 주고, 자연을 존중해야 하는 이유를 들려준다. 아이가 조금씩 신체 균형을 잡을 수 있을 때 식물에 물을 주거나 나뭇잎 닦기 등을 하는 자연을 돌보는 일상생활 활동을 제시한다.

3) 12~36개월

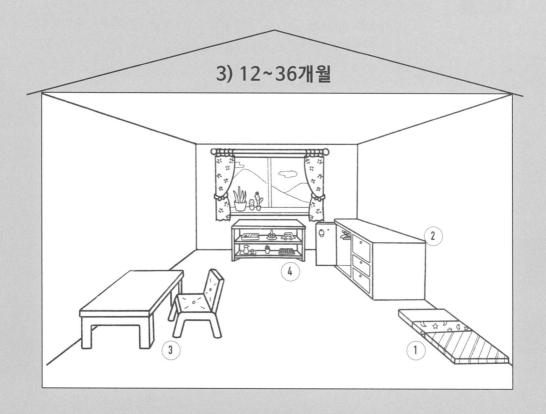

① 수면 공간
② 옷 갈아입는 공간
③ 작업 공간
④ 작업 공간

첫돌이 지나고 아이는 이제 두 발로 세상을 탐색하고 있다. 아이는 서 있는 자세에서 새로운 높이에서 사물을 관찰하고 도전한다. 오르기, 달리기, 흔들기, 깡충깡충 뛰기 등의 운동 능력이 나타나고 모든 새로운 기술과 통제된 움직임을 완벽하게 보여준다. 더 이상 몸을 지탱하기 위해 손을 사용하지 않고 작업을 위해 자유로운 두 손을 사용한다. 아이는 어른과 함께 작업을 하면서 설거지, 식탁 차리기, 세탁물 접기 등 일상적인 일을 완수하는 데 큰 기쁨을 느낀다. 아이는 또한 의사소통의 힘을 점점 더 많이 인식하고 있다. 아이의 어휘력은 늘어나고 있으며 의사소통을 위해 많은 신호를 사용하고 있다. 아이는 기회가 있을 때마다 어려움을 극복하기 위해 도전을 하고 자신의 능력을 향상시키며 자립심을 키운다. 아이는 자신의 능력의 최고치를 사용하려고 노력하며 가족생활에 기꺼이 참여한다. 스스로가 가족의 일원이라는 것을 알고, 소속감을 느끼고 자신의 가치를 실현하는 데 자부심을 느낀다.

수면 공간

태어날 때부터 준비된 수면 공간은 아이에게 편안하고 친숙한 공간을 제공한다. 지금까지, 아이는 스스로 자유롭게 요에 들어가고 나가는 방법을 익혀왔고 이제 새로운 형제자매와 함께 방을 공유하는 방법을 배울 수도 있다. 아이가 꾸준히 걷기 시작하고 스스로 안전하게 오르내리는 능력이 생기면 바닥 요에서 이제는 낮은 침대로 바꿀 수 있다. 침대 옆에 있는 스탠드는 아이의 공간을 개별화하고 아이가 스스로 켜고 끄면서 수면 준비를 스스로 할 수 있다.

옷 갈아 입는 공간

아이의 옷은 어른의 옷장의 아래쪽 아이 손이 닿을 수 있는 곳이나 기저귀 갈이 대 하부 혹은 아이가 다가갈 수 있는 아이 크기의 단독 옷장에 걸려 있다. 계절에 맞는 옷 2~3벌만 걸려 있다. 아이가 옷을 갈아입을 때는 낮은 의자를 사용하고, 세탁물 담는 바구니가 준비되어 있어서 아이 스스로 더러워진 옷을 바구니에 넣을 수 있다. 아이는 건조가 끝난 세탁물을 접는데 참여할 수 있으며, 이렇듯 일상생활의 허드렛일을 함께 할 때 아이는 큰 기쁨을 느낀다. 가족의 일을 함께 하는 것 외에도 아이는 자신의 옷을 스스로 입고 벗을 수 있도록 도와줘야 한다. 부모는 아이가 스스로 옷을 입기 위해 머리 위로 쉽게 벗을 수 있는 셔츠나 찍찍이, 지퍼로 된 잠금장치나 고무줄 바지와 같이 혼자서도 입고 벗기 쉬운 옷을 준비해야 한다. 이러한 연습 속에서 아이의 협응력이 발달함에 따라, 아이는 복잡한 옷도 점차 스스로 입을 수 있다. 아이가 옷을 갈아입을 때 의복에서의 아이의 선택은 개인적인 취향으로 존중되어야 한다.

부모는 언제나 아이에게 예쁜 옷을 잘 입히고 싶다. 그러나 때로는 아이의 욕구는 부모의 요구와 일치하지 않는다. 이럴 경우 아이가 스스로 선택한 결정을 따르는 것이 무엇보다 중요하다. 부모의 욕구는 아이 스스로 선택함으로써 성장하게 될 아이의 내적 자부심과 자신감만큼 중요하지 않기 때문이다.

식사 공간

만약 아이가 이유식 시기부터 아이 크기에 맞는 용기와 집기 등을 사용해왔다면 이제 아이는 이 물건들을 주체적으로 능숙하게 사용할 것이다. 아이가 이러한 용기들을 가지고 지속적으로 사용함으로써 아이의 기술과 능력, 자신감은 발달한다. 이렇게 아이가 스스로 먹는 기술을 익힐 수 있었던 것은 "우리 아이는 스스로 먹을 수 있다"라는 부모님의 굳건한 믿음과 지지가 있어서 가능했던 일이다. 물론 이 능력을 얻기 위해 그동안의 식사 시간은 더 지체되고 더 지저분할 수도 있었지만, 아이의 독립성 획득이 아이의 인격형성에 얼마나 중요한지를 이해하는 부모님이기에 가능한 일이었다. 나아가 "아이 스스로 할 수 있다."라는 자신감과 독립심을 지원하기 위해서 식사 준비 공간은 아이가 다가갈 수 있도록 배려되어야 한다. 아이의 접시는 아이가 다가갈 수 있는 낮은 캐비닛에 보관되어 있고 그것들은 그릇이면 그릇, 접시면 접시, 종류별로 분류되고 숟가락과 포크 또한 두 개의 분리된 바구니에 별도로 관리한다. 이 모든 식기는 아이가 식탁을 차릴 때 필요한 물건들을 쉽게 찾을 수 있도록 항상 같은 곳에 아이가 잘 볼 수 있는 곳에 질서 있게 준비되어 있다.

운동 공간

아이가 걸을 때 신체 균형을 잡기 위해 사용했던 손은 이제 자유로워졌다. 무거운 물건을 들고도 균형 잡힌 자세로 걸을 수 있고 손은 아이의 의도대로 일상생활 작업을 할 수 있게 되었다. 아이는 물건을 가지고 집안 곳곳에 옮겨놓기도 하고 필요하면 나중에 찾도록 숨길 수도 있다. 이렇게 유능해진 1세에서 3세 사이의 아이는 자신의 환경에서 부모와 함께 일하는 데 매우 깊은 관심과 흥미를 가지고 있다. 아이는 가정과 자신, 그리고 가족을 돌보는 일을 기꺼이 즐긴다. 환경에서 아이 사이즈의 일상생활 도구를 제시하면 즐거운 마음으로 부모와 함께 음식을 만들고 청소를 하고 싶어 한다. 따라서 부모는 이 시기 아이들이 행복하게 자신의 에너지를 사용할 수 있도록 일상생활의 많은 활동을 제공해 주어야 한다.

괜찮아, 우리도 몬테소리가 처음이야

"일상생활의 허드렛일은 정확히 이 나이에 아이들이 찾고 있는 것과 일치한다. 근육 에너지를 필요로 하고 자신과 함께 사는 사람들에게 도움을 주고 가시적인 결과를 이끌 수 있는 활동이기 때문이다…… 긍정적인 방법으로 자신의 능력을 사용할 수 있는 아이들은 자신에 대한 기본적인 신뢰감이 형성된다. 자신감, 개인적 가치, 사회적 참여가 향상되며 아이들은 자신이 공동체의 구성원으로 인정받고 있음을 느끼게 된다." – 실바나 몬타나로, 인간의 이해

실외 활동

이 연령의 아이들이 실내에서 작업하고 참여할 수 있는 능력이 증가한 것처럼 이러한 노력은 외부에서도 확대될 수 있다. 계절에 관계없이 항상 할 수 있는 작업이 있다. 아이 사이즈의 정원용품을 준비해 주면 아이는 갈퀴질, 삽질, 땅 파기, 씨앗 심기, 묘목 심기, 풀 뽑기 및 자연을 돌보는 주위의 거의 모든 활동을 즐길 수 있다. 또한 아이에게 자연에 대한 사랑을 알려주기 위해 이웃 동네나 공원을 정기적으로 산책할 수 있다. 몸을 단련하는 놀이터 운동장도 대근육 운동 활동에 필요하지만 아이에게는 자연환경에서의 얻는 경험이 보다 더 값지고 중요할 수 있다. 아이가 더 다양하고 풍부한 감각적 자극을 경험할 수 있도록 수 많은 생명체들이 살고 있는 자연속으로 안내해야 한다.

〈참고문헌〉
Sarah Moudry,(2008) In a Montessori home, Nienhuis
Montanaro, S. Q. (1991). Understanding the Human Being: ABC-Clio Ltd.
Montessori, M. (1995). The Absorbent Mind. NY: Henry Holt and Company,

2. 몬테소리 가정환경 둘러 보기

꾸꾸와 쭈쭈네 집

우리 가정은 엄마와 아빠, 그리고 현재 13개월인 남매 쌍둥이로 이루어진 4인 가족이다. 아기들이 생후 12개월이 넘어가면서 수업 내용을 바탕으로 12-36개월 가정 환경을 구성했다. 생활 공간은 112.4㎡의 방 3개로 구성된 아파트로 아기들 출생 전, 안방, 서재, 드레스 룸으로 사용하던 공간을 아기들과 함께 생활하면서 안방, 아기들의 취침을 위한 공간, 서재 겸 아기들의 신체를 돌보는 공간으로 재정비했다. 아기들의 주요 활동 공간은 거실이며 이곳에 교구장 및 전면 책장 등을 준비했다.

신체를 돌보는 영역 (독립을 위한 영역)

신체를 돌보는 영역에는 아기 옷걸이, 화장대, 모자걸이, 빨래 바구니, 아기 의자, 서랍장 등의 가구가 있고, 아기의 신체를 돌보는데 필요한 각종 물품이 준비되어 있다. 길쭉한 형태의 서재 일부를 서랍장으로 공간을 분리하여 구성했다.

1) 옷걸이

아기 키 높이에 맞는 원목 옷걸이를 준비했다. 이곳에는 아기들의 외출복을 각자 두 벌씩 걸어 두어서 외출 시 아기들이 직접 선택할 수 있도록 한다.
또한 옷걸이 아래 공간에는 바구니 2개를 둬서 아기들이 목욕을 하고 갈아입을 실내복을 넣어 뒀다. 실내복 또한 아기마다 두 벌씩 준비했다. 아기들은 목욕을 하고 나서 바구니 안을 들여다보며 그날 밤에 입고 자고 싶은 옷을 포인팅 하여 직접 고른다.

2) 화장대

아기 키 높이에 맞는 원목 화장대이다. 아기들은 화장대 앞에서 머리를 빗고, 로션을 바르고, 옷을 갈아입는 등의 활동을 한다. 외출 및 기타 활동을 할 때 이외에 잠자기 전 목욕을 하고 마무리 활동을 할 때도 이 공간을 사용한다. 잠자기 20-30분 전부터는 집안 전체 조명을 어둡게 하기 때문에, 이를 위해 화장대 위에 따뜻한 느낌을 주는 전구색 조명 두 개를 부착했다. 따라서 취침

괜찮아, 우리도 몬테소리가 처음이야

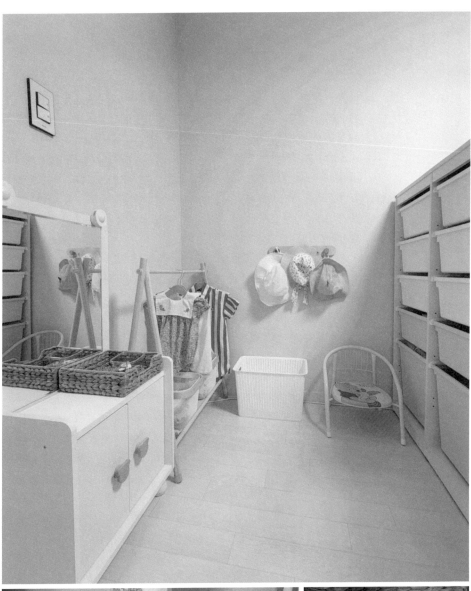

전 목욕 후에는 밝은 형광등을 사용하지 않고, 미니 조명 두 개만 켜서 적당히 어두우면서도 아늑한 분위기 속에서 신체를 돌보며 하루를 마무리하도록 환경을 구성했다.

화장대 위에는 바구니 하나를 두고 머리빗, 머리핀, 로션을 준비했다. 머리빗은 아기가 손에 쥐고 사용하기에 적합한 크기이며, 옆에는 머리핀을 담은 작은 통을 마련해서 아기들이 직접 선택해서 착용하도록 했다.
아기들이 10개월이 된 즈음 처음 머리빗을 제공했는데, 그 시기에는 엄마가 머리빗을 사용하는 것을 보고 어설프지만 스스로 빗을 잡고 머리카락을 빗는 흉내를 내곤 했다. 현재는 머리카락을 빗는 방향에 맞게 빗을 잡고 머리를 빗을 수 있다. 아직 앞과 옆 머리만 빗을 수 있지만 아기들은 머리 빗는 활동을 즐거워한다.
빗 옆의 작은 통에는 아기들이 선택할 수 있는 머리핀이 준비되어 있다. 집에서 또는 외출할 때 하고 싶은 핀을 아기가 손가락으로 포인팅 하여 고르면 엄마가 도와서 머리에 꽂는다.
그 옆에는 작은 통에 로션을 소분해 두어서 아기가 스스로 로션 사용하는 연습을 하도록 했다. 현재는 스스로 로션 뚜껑을 열면, 어른의 도움을 받아 로션 사용을 하고 있다.

화장대 밑 서랍에는 치약과 칫솔, 드라이기를 준비했다. 이 공간에서 양치질을 하는 아기들의 생활 습관에 맞춰 이곳에 치약과 칫솔을 마련해 뒀다. 아기들이 칫솔을 사용하고 제자리에 두면 엄마가 사용한 칫솔을 소독하여 다시 넣어준다.
드라이기는 엄마 아빠가 드라이기를 사용하는 것을 보고 궁금해하는 아기들을 위해 아기들이 잡기에 부담이 없는 사이즈의 것으로 준비했다. 아직은 드라이기의 실제 기능을 사용하지 않지만, 아기들이 관심을 보일 때 부모의 도움을 받아 기능을 탐색하도록 돕고 있다.

3) 모자 걸이, 빨래 바구니, 아기 의자, 서랍장
모자걸이는 아기 손에 닿을 만한 높이에 설치하여 외출 시 아기들이 스스로 모자를 고르도록 한다.
모자걸이 밑에는 빨래 바구니를 준비해서 아기들이 외출 후 세탁할 옷, 목욕하고 젖은 옷, 목욕 수건 등을 담도록 했다.

괜찮아, 우리도 몬테소리가 처음이야

빨래 바구니 옆에 아기 의자를 둬서 쌍둥이 중 한 명이 준비할 때 한 명이 앉아서 기다리거나, 화장대 앞에 앉을 때 사용한다.

서재의 공간을 나누는 역할을 하는 서랍장에는 기저귀, 손수건, 양말, 바디용품 등 아기 물품을 종류별로 구분해서 보관한다.

취침 영역

이곳은 아기들의 취침을 위한 공간이다. 아기들이 태어나기 전 드레스 룸으로 활용하던 공간의 일부를 정리하여 아기들의 취침을 위한 공간으로 구성했다. 이곳에는 옷장, 아기들 바닥 매트 및 이불 등만 준비했다. 취침 공간은 아기들이 편안하게 잠들 수 있도록 물건을 최소화했으며 햇빛이 들어오는 창문에 암막 커튼을 설치하여 낮에도 빛을 조절하여 적당히 어두운 상태에서 잠을 잘 수 있도록 했다. 바닥 매트는 적당한 쿠션감이 있는 두께의 제품으로 준비해서 아기들이 방을 굴러다녀도 다치지 않도록 했다. 아기들은 토끼 인형과 매일 새로 빤 부드러운 이불을 하나씩 품에 안고 잠들 준비를 한다.

식사 영역

1) 트레이 없는 나무 하이 체어

이유식에서 유아식으로 넘어가는 시기를 준비하기 위해 11개월 즈음 나무 재질의 하이 체어를 준비했다. 아기들이 스스로 올라가고 내려갈 수 있도록 트레이는 설치하지 않았다. 하이 체어를 아기 스스로 사용하기 위해서는 의자에서 떨어지지 않도록 아기 자신이 몸을 조절할 수 있어야 하기 때문에 구입 후 바로 사용하기보다는 주방 한쪽

공간에 두어 아기들이 관심을 갖도록 했다. 아기들은 처음엔 손으로 하이 체어를 만져보고, 이후엔 뒤에서 하이 체어를 밀면서 이동해 보기도 했으며, 13개월인 현재는 하이 체어에 스스로 올라가고, 내려오는 것에 어느 정도 익숙한 상태가 됐다.

그럼에도 불구하고 아직은 하이 체어에 앉아 식사를 하지 않는다. 그 이유는 아기들이 물건 떨어뜨리기 활동을 한참 즐겨 하고 있기 때문이다. 아기들이 12개월이 되어 물건을 떨어뜨리는 능력이 생기기 시작하면서 이 능력을 계속 사용하고 싶어 하는데, 하이 체어와 같이 높은 곳에서 물건을 떨어뜨리는 것은 더 큰 재미를 제공할 수도 있기에 지금 아기들에게는 하이 체어 사용이 적절하지 않다는 것을 수업 시간을 통해 알게 됐다.

따라서 현재 아기들의 식사는 이유식 테이블에서 계속 진행하고, 하이 체어는 엄마 아빠가 식사할 때 식탁에 함께 앉아 식사 과정을 관찰하거나 간단한 간식을 먹을 때 활용하고 있다.

2) 책상과 의자

이유식을 시작하면서 아기 신체 사이즈에 맞는 나무 재질의 책상과 의자를 준비했고, 현재까지 주된 식사 공간으로 이용하고 있다. 책상은 정사각형 모양이고, 의자는 아기들이 앉았을 때 두 발이 땅에 닿을 수 있는 높이로 준비했다. 이후 아기들이 성장함에 따라 의자의 높이도 조절할 수 있다. 의자의 앉는 부분과 등받이에 쿠션을 깔아서 아기들이 식사를 하는 동안 편안히 앉을 수 있도록 했다.

3) 아기용 식기 수납 서랍장

식사 공간 옆의 수납 서랍장에 아기용 식기 일부를 보관한다. 아기들은 이 서랍장을 직접 열어서 자신이 사용하고 싶은 식기를 선택할 수 있다. 밥그릇 또는 국그릇, 숟가락, 포크, 물 마실 유리컵을 하나씩 선택한다.

괜찮아, 우리도 몬테소리가 처음이야

아기들이 주로 활동하는 거실에 작업을 위한 환경을 구성했다. 이곳에는 교구장, 전면 책장, 책상과 의자, 청소도구, 음악을 위한 공간 등을 준비했다.

1) 교구장

손잡이가 있는 원목 쟁반에 교구를 담아서 아기들이 들고 이동할 수 있도록 준비했다. 아직은 쟁반을 들고 능숙하게 이동할 수 없기 때문에 주로 쟁반을 잡아끌어서 교구 활동을 한다.

13개월 남매 둥이는 다양한 용기 열고 닫기 활동을 특히 즐거워한다. 지퍼 달린 작은 수납공간, 찍찍이가 달린 지갑, 여닫는 형태가 다양한 소스 통 3가지를 준비해 뒀다. 아기들은 용기 열고 닫기에 매우 몰입하여 반복하는 모습을 보여주고 있다. 지갑 안에는 아기가 삼킬 위험이 없는 크기의 물건을 준비했다. 아기들은 지갑을 열고, 물건을 확인하며 꺼내고, 다시 지갑 안에 물건을 넣고, 지퍼를 닫는 활동을 반복한다. 아기의 흥미를 유발하기 위해 지갑 안에 넣어두는 물건은 주기적으로 바꿔 준다.

교구장에 있는 교구들은 1주일-10일 정도 간격으로 변경하고 있으며, 아기들이 흥미를 보이는 정도에 따라 변경 주기는 적절히 조절해가며 환경 구성을 하고 있다.

2) 전면 책장 및 수납 공간

전면 책장에는 아기들이 읽을 책을 주기적으로 교체하여 제공하고 있다. 주로 자연관찰 책, 세밀화 책, 일상생활 관련 책, 사람의 실물이 담긴 책 등으로 준비했다.

사진 속에 준비된 상태의 책장 맨 아래쪽에는 아기들이 좋아하는 과일이 담긴 세밀화 책, 한참 "까꿍!"소리를 내며 까꿍 놀이를 즐겨 하는 아기들을 위한 까꿍 놀이 책, 일상생활 중 옷 입기 관련 내용이 담긴 책을 준비했다. 아직 옷을 스스로 입지 못하지만, 최근 들어 옷을 집어서 계속 머리에 올리고 스스로 입으려는 시도를 하고 있어서 이 책을 노출하고 있다. 책장 2층에는 주변에서 흔히 볼 수 있는 동물과 식물 위주의 자연관찰 책을 제시한다. 여름이 되고 아빠와 매미 관찰을 여러 번 다녀왔기 때문에 매미 책을 꽂아 뒀으며, 산책 나가서 운이 좋게도 아기 고양이를 관찰했던 딸이 고양이 책을 매우 좋아해서 역시 2층에 꽂아 뒀다. 제일 위에는 아기들을 좋아하는 쌍둥이를 위해 아기 얼굴이 담겨있는 실사 책을 꽂아 뒀다. 이 책은 거의 항상 꽂혀 있다고 보면 될 정도로 아기들이 좋아한다. 그 옆에는 가족들의 모습이 담긴 엄마 아빠의 결혼식 사진 앨범을 꽂아 뒀다. 아기들은 앨범을 넘기며 엄마와 아빠의 모습을 포인팅으로 가리키고 자주 왕래하는 외할아버지와 외할머니의 모습과 주변에 자주 나오는 아기들이 좋아하는 꽃 등을 손가락으로 가리키며 흥미롭게 앨범을 관찰한다.

전면 책장 옆 수납공간에는 아기들이 가지고 노는 장난감을 뒀다. 아기들의 손이 가장 쉽게 닿을 수 있는 제일 아래 칸에는 한참 자동차에 흥미를 보이는 아들을 위해 실제 버스와 똑같이 생긴 버스 장난감을 준비했다. 그 옆에는 목재로 만들어진 자동차도 있다. 버스와 자동차 장난감은 아들이 주로 좋아하지만, 딸도 때에 따라 흥미를 보이며 함께 놀이를 한다. 그 위에는 상황에 따라 아기들이 관심 갖는 작은 놀이감을 기능 및 종류에 따라 적절히 분류하여 천 바구니에 넣어둔다.

3) 책상과 의자
아기들이 이유식 시기부터 식사 공간으로 이용했던 원목 책상과 의자가 있다 (식사를 위한 영역에 나온 것과 동일한 것). 하이 체어와 가족 식탁으로 식사 공간을 이동하고 나면 아기가 교구 활동을 하고 책 읽기 하는 용도로 사용할 계획이다. 현재는 책을 읽을 때는 사용하지만 교구 활동을 하지는 않는다. 아직은 교구장 바로 앞에서 쟁반을 끌어 놓고 교구 활동을 하는 것이 아기에게도 더 편하고 자연스럽기 때문에 일부러 일정한 공간에서 하도록 이끌지 않고 있다. 이후에 아기들이 쟁반을 들고 이동하는 것이 능숙해질 정도가 되면 조금씩 교구 작업 공간을 정하여 집중할 수 있게 될 것이라 생각한다.

4) 음악
엄마가 노래 부르는 것을 듣고 아아~~~ 소리를 내며 따라 하기를 좋아하고, 음악을 들으며 몸을 들썩거리는 아기들을 위한 음악 관련 공간을 작게 준비했다. 물건을 잡고 흔들거나 두들기기 정도 했던 12개월 이전 시기에는 주로 타악기 위주로 환경을 구성했다. 그러다가 12개월 즈음 책에 나온 악기 그림을 보고 흥미를 보이며 계속 포인팅하고 악기 이름에 관심을 보이는 아기들의 모습을 발견했다. 악기에 관해 더 알고 싶어 하는 욕구가 있다고 파악해 오케스트라 연주곡과 함께 악기 소리를 하나씩 감상할 수 있는 기기를 제공했다. 악기 소리를 들을 수 있는 악기 모형은 한 번에 다 꺼내 놓지 않으며, 아기들이 주로 관심을 보이고 반응을 보이는 악기 위주로 3-4개씩 교체해서 올려두고 있다.

그 옆에는 기계음이 아닌 실제 피아노 소리와 비슷하게 나는 원목 아기 피아노를 준비했다. 때에 따라 일부 악기를 치우고 다른 악기들을 다시 제시하는 방식으로 악기 구성을 변경해 주고 있다. 소파 옆의 작은 공간에 음악 공간을 마련해 뒀는데, 구석진 공간이라 아기들이 흥미를 보이지 않을까 고민했지만, 지금은 아기들이 아침에 일어나자마자 이 공간을 제일 먼저 찾아서 음악을 듣고 악기를 연주하는 일들이 종종 발생하고 있다.

5) 청소도구

청소 활동에 관심을 보이는 아기들을 위해 아기들이 손에 쥐고 사용하기 적합한 크기의 청소 도구를 준비했다. 빗자루와 쓰레받기, 돌돌이, 먼지떨이 등이 있다. 아직은 제대로 먼지를 치울 정도로 빗자루를 사용하지 못하지만, 엄마가 주변 정리를 하는 것을 관찰하고 빗자루를 들고 쓰는 흉내를 내는 정도의 모습을 보이고 있다. 돌돌이와 먼지떨이는 아기들이 매우 좋아하는 활동인데 먼지를 제거하는데 약간의 도움이 되고 있다. 특히 돌돌이를 가지고 먼지를 제거할 땐 흥얼거리며 노래 비슷한 소리를 한참 내는 아기들을 관찰하게 된다.

6) 아기 계단 및 스텝 스툴

높은 곳에 있는 물건에 호기심을 갖고 만지고 싶어 하면서 스스로 올라갈 수 있도록 가정 환경 곳곳에 아기 계단 및 계단 기능을 할 수 있는 것들을 준비했다. 손잡이가 있는 아기 계단, 1-2단으로 분리 및 합체가 가능한 계단, 레인보우 라커, 그리고 어른이 사용하기 위해 구입한 스텝 스툴까지 총 4개가 가정 환경 곳곳에 있다.

아기들은 계단 및 스텝 스툴 위에 올라가서 궁금한 대상을 관찰하거나 직접 만져보고 있다. 스텝 스툴은 한 단의 높이가 상대적으로 높기 때문에 아기들이 아닌 엄마를 위해 부엌에 둔 것인데, 아기들이 끊임없이 올라가려는 시도를 하면서 어느 순간 굉장히 능숙하게 올라가게 됐다. 13개월이라 아직은 계단에서 다칠 위험이 있어 계단과 스텝 스툴을 사용할 때는 아기 곁에서 어른이 잘 지켜보고 있다. 아기들은 관심이 있는 대상 쪽으로 계단을 밀어서 옮기고, 스스로 올라가서 내려올 때는 뒤로 한 발씩 내려오는 등 오르고 내리는 과정을 스스로 할 수 있다.

7) 꽃 관찰

아름다운 환경 구성 및 엄마의 정신적인 행복감, 그리고 아기들의 꽃에 대한 관심이 지속적으로 연결되도록 거실 한편에 꽃을 꽂아 두는 공간을 뒀다. 처음 꽃병을 준비해 뒀을 땐, 아기들이 꽃을 잡아끌거나 빼서 꽃병이 넘어지는 일이 발생하지 않을까 걱정이 됐다. 하지만 막상 꽃을 꽂아 두고 아기들과 함께 감상하면서 엄마가 먼저 꽃을 조심스럽게 쓰다듬는 모습을 보여주니 아기들도 꽃에 손을 조심스럽게 가져가서 쓰다듬기 시작했다. 산책하면서 아기들이 나뭇잎과 꽃을 잡고 흔들거나 뜯으려고 할 때 "꽃은(나무는) 조심스럽게 쓰다듬고 눈으로 바라보며 예쁘다고 말해주는 거야."라고 반복적으로 이야기했던 것도 꽃 관찰 태도 형성에 도움이 되었다고 생각한다.

아기들은 꽃병에 꽂혀 있는 꽃을 바라보며 경이로움을 나타내는 표정을 짓는다. 아기들이 식물과 교감하는 모습을 바라보자면 덩달아 행복해진다. 꽃은 주로 오래 감상하며 변화를 관찰할 수 있는 것, 또는 계절에 따라 특정 시기에 구할 수 있는 것들 위주로 환경을 조성한다. 가끔 아기들이 손의 힘 조절이 잘되지 않아 꽃병이 쓰러지는 등의 일이 발생할 수도 있으므로 섬세하게 살피는 것도 필요하다.

욕실

아기들이 벽을 잡고 어느 정도 설 수 있는 시기부터 아기 키에 맞는 아기 세면대를 준비하여 욕실에 뒀다. 이곳은 아기들이 매우 좋아하는 공간이다. 아기들은 걷기 시작하기 전부터 아기 세면대를 잡고 기대어 손에 물을 묻히는 등 간단한 물놀이를 했다. 13개월인 지금은 욕실 문을 열어주면 아기들이 스스로 걸어서 아기 세면대 앞으로 이동한다. 스스로 물을 틀고 잠글 줄 알며, 어설프지만 손을 씻을 수도 있다. 세면대 앞에는 거울을 부착하여 세수를 하거나 손을 씻을 때 아기가 자신의 모습을 볼 수 있도록 한다.

아기 세면대 바로 옆에는 물기를 닦을 수 있는 수건을 준비했다. 그 옆에는 작은 선반을 설치해서 아기들이 손 닦을 때 사용하는 손 세정제와 닦은 후 바르는 로션을 작은 용기에 소분해 뒀다. 용기는 아기들의 손에 들어갈 정도의 작은 사이즈이다. 고체 비누로 거품 내는 것은 아직은 잘되지 않아서 액체 거품 비누를 사용하고 있다. 로션 용기는 아기들이 스스로 열 수 있으며, 아직

은 안정적으로 짤 수 없기 때문에 아기들이 용기를 열면 어른이 적당량을 손에 바를 수 있도록 돕는다.

현관

아기들이 조금씩 걷기 시작하면서 신발을 현관 바로 앞에 두었다. 작은 선반을 준비하여 아기들 마다 두 켤레씩 올려 두었다. 아기들은 외출하기 전 자신이 신고 싶은 신발을 고른다. 그 옆에는 아기가 앉아서 신발을 신을 수 있는 낮은 의자를 준비했다. 13개월인 지금은 아기들이 스스로 신발을 신을 수는 없어 아기가 이곳에 앉으면 신발을 신을 수 있도록 어른이 도와주고 있다. 이후에는 아기가 의자에 앉아서 스스로 신발을 신는 용도로 사용하려고 한다. 그 옆에는 전신 거울이 있어서 외출하기 전 아기가 자신의 모습을 관찰할 수 있다.

1) 원목 걸음마 보조기와 서랍장

베란다에는 아기들이 외출할 때 사용하는 원목 걸음마 보조기가 있다. 안정적인 사용을 위해 걸음마 보조기 위에 1.5리터짜리 페트병에 물을 채워 뒀다. 그 옆에는 2단 서랍장이 있다. 이곳에는 아기들의 물건이 정리되어 있다. 교구장과 전면 책장에 제시하지 않은 여분의 것들을 이곳에 보관해 두며, 아기들이 흥미를 보이는 정도에 따라 주기적으로 교체해 준다.

2) 식물 가꾸기

햇볕이 잘 들어오는 곳에는 작은 식물을 기르고 있다. 햇볕을 잘 쬐어야 하고, 물을 2-3일에 한 번씩은 주어야 하는 식물을 우리집 식구로 맞이했다. 물을 자주 주어야 하기에 아기들과 식물을 살피고 물주는 활동을 자주 할 수 있게 되었다.

3) 아기용 실내화

아기들이 걷기를 시도하면서 베란다에 나갈 일이 더 많아졌다. 손힘도 세져서 어른의 도움 없이도 거실과 베란다 사이의 유리 문을 밀어서 열 수 있게 됐다. 그러던 중 실내에서 엄마가 신고 다니는 실내화에 자신의 발을 계속 넣어보려는 아기들의 행동을 발견했다. 그래서 베란다에서 사용할 수 있는 아기용 실내화를 준비하여 베란다에 나갈 때 사용할 수 있도록 하고 있다. 실내화는 바닥이 잘 미끄러지지 않으며 안정적인 구조의 것으로 준비했다.

소회

아기들을 위한 환경 준비를 하며 '만약 내가 몬테소리 공부를 하지 않았더라면 가정 환경 구성을 위해 이렇게까지 고민했을까?'라는 생각이 들었다.

어른이 아이들을 가르치는 것이 아닌 준비된 환경 안에서 아이들이 주도적으로 배운다는 몬테소리 교육의 관점을 알기 전까지는 '영유아를 위한 가정 환경 구성이 이렇게나 중요한지' 인지하지 못했다. 다행히도 아기들이 6개월이 되던 시기에 몬테소리 교육을 접하게 되었고, 그걸 계기로 우리 가정의 환경 구성은 전반적으로 달라지게 되었다. 이를 통해 도움을 받은 부분이 많지만 그 중에서도 가장 크게 변화를 겪었던 부분은 바로 아기들의 운동 발달 속도의 변화였다.

이른둥이로 태어난 우리 쌍둥이는 같은 개월수의 아기들에 비해 체구도 작고 움직임 발달도 늦은 편이었다. 일찍 태어났으니 발달이 늦는 것은 자연스러운 것이라며 편하게 넘겼었는데, 아기들이 7개월이 되던 때, 쌍둥이 중 딸의 운동발달속도가 늦으니 정밀 검사를 받아보자는 대학병원의 제안을 받게 되었다. 그 때 이후로 몬테소리에서 이야기하는 물리적으로 안전하면서도 아기들의 자유로운 움직임을 방해하지 않는 환경 구성을 어떻게 해야 할지 고민을 거듭하며 가정 환경을 준비했고, 아기들의 발달 단계를 살피며 그에 맞게 적절한 환경을 구성해주었다. 새롭게 준비된 환경 속에서 아기들은 주변을 마음껏 탐색하고 움직임을 시도했고, 그 결과 움직임 발달이 걱정된다는 이야기를 들었던 딸은 돌 무렵 우려할 사항이 전혀 없으며 일반적인 발달 속도를 따라잡았다는 의견을 병원으로부터 듣게 되었다.

딸의 운동 발달이 더뎌서 걱정했던 시기, 몬테소리에서 이야기하는 환경 구성의 원칙을 알지 못했더라면 아이의 운동 발달 기회를 부모인 내가 빼앗아 버렸을 수도 있었겠다 싶어 아찔해진다. 결정적 시기에 몬테소리 공부를 할 수 있었던 것에 감사하며, 앞으로 겪게 될 아기들의 변화와 그에 맞는 가정 환경 조성 과정이 머릿속에 큰 그림으로 그려지며 앞으로의 과정도 기대가 된다.

우리 가정은 3인 가정으로 아빠, 엄마, 그리고 20개월 아이가 함께 일반적인
형태의 아파트에 거주하고 있다.

괜찮아, 우리도 몬테소리가 처음이야

현관은 옷걸이, 의자(아이 사이즈에 맞춤), 신발, 전신거울, 우산 꽂이, 신발 표식 등으로 구성했다.

마스크는 1회만 사용하기 때문에 별도의 걸이를 두지 않고 바로 버리고 있다.

아이 신체 사이즈에 맞춘 의자는 아이가 양말 및 신발을 신을 때 사용한다.

주로 신는 신발 2개는 바닥에 표식을 붙여 신발 자리를 정했다. 아이는 대개 그 둘 중 한 켤레를 선택해서 신고, 외출 후에는 자리에 맞춰 정리한다. 계절에는 맞으나 자주 신지 않는 신발은 아이가 현관문 신발함에 꽂아 뒀다.

신발함 옆에는 아이가 사용하는 우산 꽂이를 배치했다.

그 옆에 작은 개별 고리를 3개 배치해서 한 개는 모자걸이, 두 개는 겉옷 걸이로 사용하고 있다. 아이는 외출하기 전 여기서 겉옷을 입고, 외출 후 돌아와서 옷을 스스로 걸어서 정리한다.

거실에는 교구장 4개, 매트 꽂이, 휴지통, 셀프케어 존(빗, 거울, 휴지통, 티슈), 아이 사이즈 테이블, 아이 사이즈 의자 및 소파, 성인 소파, 피아노 등을 배치했다.

거실은 아이가 활동하는 메인 공간이라 일상 교구장 1개, 정통 교구장 1개, 미술 및 음악 교구장 1개, 전면 책장으로 기타 활동을 할 수 있는 교구장 1개를 뒀다.

소파 옆 공간에는 아이를 위한 셀프케어 존을 구성해 거울, 휴지통, 티슈, 빗, 수건을 함께 비치했다. 피아노는 아이가 매일 연주하는 악기여서 거실에 배치했다.

아이가 주로 사용하는 책상과 소파는 아이 신체 크기에 맞춰 준비했고, 이곳에서 교구활동 및 미술 작업을 한다. 가끔 간식을 먹는 공간으로 사용하기도 한다.

교구장 옆에는 5단 매트 꽂이를 둬서 교구 활동 시 사용하는 매트와 먼지떨이개를 함께 정리해 뒀다.

주방에는 아이 전용 주방, 러닝타워, 각종 조리 도구, 낮은 식탁과 의자, 하이 체어와 식탁을 준비했다.

아이는 하이 체어에 혼자 오르내릴 수 있고, 공동 식탁에 테이블 매트를 세팅해서 식사 한다. 하이 체어의 안전띠나 트레이 등은 13개월부터 없애고 공동 식탁에 음식을 두고 식사하고 있다. 아이가 사용하는 80%의 주방용품은 아이 전용 주방에 비치했고, 20%는 부모 주방 서랍 한 칸을 내주어서 그곳에 보관했다. 아이가 자신만의 주방에서 도마와 칼을 사용해 스스로 간식을 준비하고, 비치된 간식도 자유롭게 꺼내 먹고 있다.

러닝타워를 이용하면서 아이가 자유롭게 주방 카운터, 싱크대, 냉장고 등을 사용할 수 있게 됐다.

거의 모든 주방 용품들은 아이 손의 크기에 맞는 사이즈의 용품을 따로 준비했고, 함께 베이킹과 요리를 자주 하는 편이라 아이가 주방에서 머무는

괜찮아, 우리도 몬테소리가 처음이야

시간이 많다.

아이는 식사 후 러닝타워를 이용하여 식기 및 커트러리 등을 싱크대에 혼자 갖다 두고 무거운 것들은 알아서 식기세척기 안에 넣기도 한다.

욕실

화장실에는 아이용 세면대, 아이용 변기, 거울, 및 기타 용품, 기저귀나 책을 담아두는 바구니, 세면도구 등이 배치했다.

화장실 2개 모두 아이와 함께 사용하며, 1개 화장실에는 아이 전용 세면대와 변기를 준비했고, 다른 화장실에는 2단 계단, 미끄럼 방지 매트, 아이용 수도꼭지, 아이 대변기 커버 등을 준비해서 아이가 스스로 어른 세면대 및 기타 용품들을 사용하도록 하고 있다.

아이가 사용하는 모든 물건들은 아이 손이 닿는 위치에 있으며 매일 아침 저녁으로 확인해서 필요한 것들을 어른이 채워 둔다.

신체를 돌보는 영역 (독립을 위한 영역)

아이 방에는 옷장, 소파, 침대, 교구장, 전신거울, 작은 책상 등을 배치했다. 아이 방은 아이가 주로 책을 읽거나 옷을 갈아입고 잠을 자는 공간으로 사용한다. 출생 시부터 분리 수면을 해왔기 때문에 아이가 원할 때 스스로 침대에 가서 자고, 잠에서 깨면 혼자 힘으로 방에서 나온다.

아이 사이즈 옷장에는 항상 옷을 두 벌 걸어 뒀고, 오전에 두 벌을 별도로 배치한다. 다른 서랍장에는 여분의 바지와 티셔츠들을 배치해 혹시라도 걸어 둔 옷이 마음에 들지 않으면 아이가 스스로 골라 입을 수 있게 했다.

옷장 안 바구니에는 양말 2켤레와 아이가 혼자 사용하는 작은 수건을 준비했다.

아이가 옷을 입을 때는 아이 신체 크기에 맞는 의자에 앉아서 입고, 전신 거울을 보면서 스스로 매무새를 확인하며 좋아하는 모습을 보기도 한다.

베란다

베란다에는 작업 책상, 놀이 매트, 물뿌리개, 식물, 빨래건조대 등을 배치했다.

베란다는 놀이 매트를 깔아서 주로 촉감놀이를 하는 용도로 사용하고 있다. 촉감놀이용 책상과 의자, 그리고 촉감놀이용 놀이 매트가 있다. 놀이 매트에는 콩, 쌀, 편백나무 큐브 등을 채워 두는데, 아이의 관심도에 따라 주기적으로 다른 재료로 교체한다.

실외활동 (주말농장)

별도의 마당은 없지만, 집에서 30분 거리에 가족이 함께 가꾸는 밭이 있어서 매 주말 1~2일 정도는 아이와 함께 농작물을 가꾼다. 지금은 다양한 여름 농작물과 고구마를 심어 뒀다. 아이가 직접 심은 수박이 자라는 모습을 관찰하기도 하고, 매 주말 야채를 수확해서 다음 한 주간의 요리에 활용하고 있다.

소회

몬테소리 이념을 기반으로 아이가 스스로 할 수 있는 환경을 만들기 위해 아이가 어렸을 적부터 다양한 시도를 해왔고 특히 아이의 성장 속도와 발달 상황에 따라 환경에 변화를 주기 위해서 노력했다. 내가 준비한 환경이 흉내내기에 그치지 않기 위해 내 아이의 시선과 아이 스스로 실행에 옮기는 과정에서는 어떠 한지, 등 다양한 고민을 했었는데 24개월이라는 시간이 지나고 보니 아이를 존중하는 마음으로 내가 준비한 환경 속에서 부족한 나머지를 채워가는 것은 결국 스스로 이리저리 부딪혀가며 성장하는 아이였다. 환경에 빠르게 적응하며, 독립적으로 살아가는 방법을 깨닫고 뭐든 열심히 하는 아이의 모습에서 완벽한 환경의 완성이라는 것은 없기 때문에 일단 작은 변화부터 시작해서 부모의 곧은 철학을 갖고 일관성 있게 환경 정비를 해나가는 것이 중요하다고 생각한다.

괜찮아, 우리도 몬테소리가 처음이야

우리 가정은 부부와 슬하에 1녀를 두고 있다. 아이가 18개월 되었을 때, 수업 내용을 바탕으로 12~36개월의 몬테소리 가정환경을 준비해 주었다. 생활공간은 방 4개로 이루어진 아파트이며, 현관, 거실, 부엌, 화장실, 아이 방 곳곳에 아이 사이즈에 맞는 가정환경을 정비해주었다. 아이들이 주로 사용하는 공간은 거실이며, 거실에는 거울, 교구장, 책상, 책장 등을 준비해 주었다.

현관

현관 옆 통로에 1단 교구장을 두어 거울, 빗, 마스크, 선크림, 칫솔, 치약, 양말, 모자, 옷, 가방 등의 자리를 마련해 아기가 스스로 외출 준비를 하도록 했다. 아기는 스툴에 앉아서 양말과 신발을 스스로 신을 수 있다.

또한 거울을 배치해 아기가 선크림을 바르거나 마스크를 쓸 때, 빗으로 머리를 빗을 때, 그리고 양치 방법을 배울 때 사용하도록 했고, 옆에는 거울 닦는 도구를 함께 달아 두어 거울이 더러울 때 언제든 거울을 닦을 수 있도록 했다.

작업 영역

거실에는 책상, 교구장, 아기 책꽂이를 배치했다.

책상은 아이가 아침, 점심 식사를 하는 용도로 사용하는데, 그림 그리기, 책 읽기 등의 활동을 하는 용도로 사용하기도 한다.

교구장은 일상 영역과 언어영역으로 나눠 아기의 흥미도에 따라 주기적으로 교체하고 있다.

교구장 아랫단에는 바구니에 과일 모형을 담아둬서 평상시 쉽게 접근하여 채소와 과일의 모습을 탐색하도록 했다. 실제의 채소와 과일은 상온에 두면 시들고 상하기 때문에, 아기 냉장고에 과일 3개 정도는 항상 비치해 두고 아기 스스로 열어서 탐색하도록 했고, 엄마가 저녁 준비를 할 때, 러닝타워를 이용해 야채를 썰거나 과일을 자르는 모습을 아기가 관찰할 수 있도록 하고 있다.

교구장 옆에는 1단 전면 책장을 두고, 실사 사진을 위주로 한 책들을 비치했다. 아기의 흥미도에 따라 주기적으로 교체하고 있다.

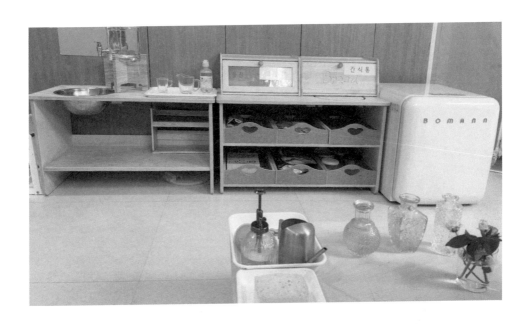

주방에는 간이 수도꼭지가 있는 싱크대, 낮은 책상, 그릇장, 냉장고 등을 배치했다.

간이 수도꼭지가 있는 싱크대에서 아기는 물을 마시거나, 손 씻기, 과일 씻기, 접시 닦기 등 물을 사용하는 활동을 하고 있다. 수전은 워터 디스펜서와 전동 디스펜서를 번갈아 사용한다.

디스펜서 근처에는 낮은 책상을 둬서 꽃꽂이 활동 등 물을 사용하는 작업을 할 수 있는 공간을 마련했다.

그 옆에는 그릇장을 두고 아이 전용 식기들을 배치했다. 식기는 도자기 소재의 여러 색상의 식기를 준비해 아이가 원하는 것을 스스로 선택할 수 있도록 했다. 그릇장 위에는 구별된 상자 2개를 뒀다. 한 개는 손잡이를 앞으로 잡고 당기는, 상자 안을 볼 수 있는 투명한 문이 달린 상자로 컵과 접시를 보관하는 용도로 사용하고, 다른 한 개는 견과류와 시리얼 등의 간식을 보관하는 간식통의 용도로 사용하고 있다.

그릇장 옆에는 작은 냉장고를 둬서 치즈와 우유와 주스 등 아기 간식들을 넣어 놓고, 아이가 원할 때 스스로 꺼내 먹도록 했고, 실제 과일도 몇 개 넣어 둬서 언제든 관찰을 하고 먹을 수 있도록 했다.

저녁에는 온 가족이 함께하는 시간으로 아이는 식판을 분리한 하이 체어에 앉아 공동 식탁에 음식을 놓고 어른과 함께 식사를 하고 있다.

화장실에는 간이 세면대를 설치했다. 세탁실에 있던 온 냉수 수도꼭지만 있으면 쉽게 설치가 가능했는데, 벽에 앙카만 박고 배수는 I트랩으로 밑으로 흐르게 하니 부모 표 DIY 세면대 설치가 가능했다.

취침영역과 신체를 돌보는 영역 (독립을 위한 영역)

아이 방에는 플로어 베드(바닥침대로 매트리스 혹은 이부자리, 요로 사용할 수 있다), 옷장, 책상과 의자, 서랍장을 배치했다.
 높이가 낮은 플로어 베드를 마련해 아이가 원할 때 언제든 침대를 오르내리며 스스로 잠을 자고, 깨서 나올 수 있도록 했다.
아이 옷장은 크게 2단으로 구분해서 사용할 수 있는 것으로 협소한 공간을 최대로 활용하고자 했다. 아이 손이 닿기 쉬운 아랫단은 옷걸이 봉과 선반으로 공간을 구분했다. 옷걸이 봉에는 간절기에 입기 좋은 외투 무채색 1벌, 색이 있는 옷 1벌 총 2벌을 걸어 둬서 아이 스스로 옷을 선택해서 입을 수 있다. 외출 후에는 스스로 걸어서 정리하는 등 아이 스스로 옷을 관리할 수 있도록 했고, 옆 선반에는 아기 가방, 로션, 배변 훈련팬티와 바지 각 두 벌 정도를 비치해 언제든 아기가 원할 때 사용하도록 준비했다. 위 단에는 엄마가 관리하는 아기 옷을 수납했다. 또한 옷장 문에 전면 거울이 달려있어 아이가 스스로 옷매무새를 점검할 수 있도록 했다.

베란다

거실 창가 쪽에 작은 화분들을 두어 아이가 물을 주고 관리하도록 공간을 마련했다. 현재는 상추와 토마토 등 수확할 수 있는 채소를 기르면서 자라는 모습을 아이와 함께 관찰하고, 먹을 수 있을 정도로 충분히 자란 것들은 식사 재료로 활용하고 있다.

소회

환경을 정비한 후에도 지속적으로 환경을 아이에게 매력적인 환경이 되도록 보완해주는 것이 필요하다는 것을 느낀다. 18개월에 환경정비를 하고 실제 생활을 할 수 있는 아이 사이즈의 환경을 만들어 주었을 때, 처음에는 아이가 물도 흘리고 유리컵도 깨며, 주변을 어지럽히는 듯 보였지만, 그것은 아이 나름의 탐색의 방법이었다는 것을 깨달았다.

25개월이 된 지금은 아이가 스스로 할 수 있는 활동이 많아졌고 몸과 손의 움직임도 세밀해져서 자신의 환경 속에서 활동을 하느라 하루 종일 바쁘게 보낸다. 몬테소리 환경이 질서를 만들어주고 이 질서가 아이에게 안정감을 주는 것을 느낀다.

시간이 지날수록 환경에서 실제 물건들을 다루며 손의 조절력을 스스로 배워가고, 자신을 향상시키기 위해서 노력하는 모습을 지켜볼 수 있는 것이 몬테소리 환경정비의 큰 기쁨이라고 생각한다. Dr. 몬테소리 여사가 말했던 '아이가 인간의 건설자가 되고, 기능에서 독립을 이루고, 자신의 환경의 근로자이자 주인이 되는' 모습으로 아이가 살아가 주었으면 하는 바람으로 몬테소리 환경을 지속적으로 정비해주고 싶다.

우리 가정은 20개월 된 아이와 엄마, 아빠로 구성된 3인 가정이다. 집에서 걸어서 5분 거리에 작은 동산(증미산)을 끼고 있고, 한강 산책로가 가까우며, 버스로 구암공원이나 서울 식물원, 선유도 공원 등에 쉽게 접근할 수 있다. 집은 25평으로 안방, 거실, 아이 침실, 옷방, 화장실, 작은 베란다 등으로 공간이 구분된다. 이상적인 몬테소리 환경을 구성하려면 보다 넓고, 마당도 있으면 좋겠지만, 현실에 맞게 좁은 공간을 최대한 활용해 20개월 아이를 위한 환경을 구성했다.

취침 영역

바닥 침대가 놓인 이 방은 동향의 방으로, 집에서 아침 햇살이 가장 잘 들어오는 방이다. 아이가 생기기 전에는 엄마의 책장과 피아노가 놓여있던 취미 방이었으나 아이가 생긴 후에는 기존 가구에 아이의 침대와 옷장이 추가로 들어갔다.

아이의 취침 영역에는 140 x 200 cm 크기의 낮은 매트리스가 있으며 아이가 굴러떨어져도 다칠 위험은 전혀 없다. 울타리 가드는 벽과 책장 쪽 두 개의 면에만 설치되어 있는데, 아이가 잠잘 때 구석을 좋아하여 울타리 가드 쪽으로 굴러가서 베개를 안고 자는 경우가 많다. 나머지 두 개의 면은 울타리 가드가 설치되어 있지 않아 아이가 언제든지 침대 밖으로 나오거나 바깥쪽을 볼 수 있게 되어 있다. 바닥 침대 위에는 안고 잘 수 있는 죽부인 모양의 베개와 낮은 베개들, 애착 인형 두 개, 이불 두 개가 놓여있다. 또한 아이가 잠투정을 할 때 보여주기 위한 그림자 극장도 놓여있어 아이가 원할 때 보여준다. 아이는 베개를 베고 자는 것보다 베개 위에서 자는 것을 좋아하며 두 개의 인형 중에 강아지 인형을 더 좋아하여 쓰다듬곤 한다. 이불은 재미로 가끔 덮어달라고 하는 것을 제외하면 잘 덮지 않아서 방안의 온도를 춥지 않게 유지하며, 웃풍이 있는 날에는 수면조끼를 입고 자게 한다.

사진에는 보이지 않지만 가습기가 설치되어 있어 비염이 있는 아이의 쾌적한 수면을 돕는다. 암막 블라인드는 필요시 햇빛을 완전히 차단할 수 있다. 달빛을 보고, 아침 햇살에 자연스럽게 깰 수 있도록 하기 위해 블라인드를 잘 치지 않는 편이나 오후에 낮잠을 잘 때 햇빛이 방해가 되면 치기도 한다.

1) 트레이 없는 나무 하이 체어

식사 영역

아이가 가족과 함께 식사를 할 수 있게 하기 위해 트레이가 없는 나무 하이 체어를 설치했다. 가족 식탁과 의자가 나무 재질로 되어 있어 아이의 나무 하이 체어와 잘 어울린다. 하이체어는 현재 아이의 키에 맞게 높이를 조절해 아이가 스스로 올라가 앉아서 식사를 하고 있다. 아이의 자리에는 식기의 자리가 수놓아진 테이블 매트가 있어, 그 위에 아이가 상차림을 할 수 있다. 사진에는 없으나 식사 시에 아이가 얼굴이나 손을 닦을 수 있는 손수건과 식탁에 흘린 것을 닦을 수 있는 티슈를 옆에 둔다.

2) 책상과 의자
책상과 의자는 시디즈 제품으로 모두 높낮이가 두 단계로 조절되어 현재는 아이의 신체에 맞게 낮은 단계로 쓰고 있는데, 한 단계 높이를 높게 조절하면 5-6세까지도 사용할 수 있다.
책상의 모서리가 둥글고, 마감 처리가 잘 되어 있어 안전하며 무게는 가벼운 편으로 현재 20개월 된 아이가 충분히 밀어 옮길 수 있다. 의자의 앉는 부분은 약간 폭신하나 소파와 같은 재질은 아니고, 나무 의자 위에 방석이 깔린 정도의 단단한 느낌을 주며, 겉은 가죽 소재이다.
이곳에서 아이가 혼자 간식을 먹거나 식사를 하기도 한다. 배가 고프면 스스로 와서 의자에 앉아서 "우유!", "딸기!", "까까!" 등의 말을 외친다. 책상이 필요한 작업을 할 때도 활용하고자 하나, 아직은 바닥에서 노는 것을 선호한다.

3) 아이용 식기 정리함과 설거지통
아이 책상에서 가까운 곳에 위치한 낮은 서랍 두 개를 활용하여 스스로 넣고 꺼낼 수 있게 아이용 식기 정리함과 설거지통을 마련해 줬다.
열려 있는 서랍 중 오른쪽 서랍은 아이가 사용하기 전의 깨끗한 그릇과 포크, 숟가락 등이 담겨 있고, 왼쪽 서랍은 아이가 다 먹은 후 설거지할 것들을 담도록 되어 있다.

괜찮아, 우리도 몬테소리가 처음이야

1) 부엌
① 러닝타워
아이가 돌이 지나 설 수 있는 무렵부터 엄마가 설거지를 할 때, 옆에서 물장난 하는 것을 좋아했다. 처음에는 물장난을 쳤는데, 그 후로는 설거지하는 것을 따라 하기도 하고, 현재는 다양한 용기에 물을 담았다가 쏟아버리는 것을 좋아한다. 새로운 용기나 통을 발견하면 러닝타워를 올라가 물을 담아보고 다시 쏟고 내려온다. 요리할 때 엄마 옆에서 함께 조리도구를 가지고 휘젓거나 칼로 야채 등을 썰기도 한다.

이 러닝타워는 접으면 책상과 의자로 변형이 가능한데 고정되어 움직이지 않기 때문에 안정감을 주어서 아이가 어릴 때에는 이유식 책걸상으로 사용했다. 지금은 아이가 스스로 움직일 수 있는 책걸상을 사용하여 러닝타워로만 사용하고 있다.

② 수건 걸이
부엌에서 하는 작업들은 물을 사용하는 것들이 많아서 싱크대 옆에 아이의 손이 잘 닿는 곳에 수건걸이를 설치하여 아이가 러닝타워 위에서 손을 스스로 닦고 내려올 수 있도록 배려했다.

③ 책상과 의자
부엌에 있는 책상과 의자는 다양한 작업을 하는 데에 사용한다. 아이의 눈높이의 서랍에 그림을 붙여서 감상하고 이야기를 나눌 수 있도록 했다. 사진의 그림은 색모래로 엄마가 직접 만든 것으로 아이가 얼마 전에 '주렁주렁' 동물원에 가서 투칸과 홍학을 보고 온 후 작업하여 붙여 뒀다. 아이는 이 그림들을 보며 "새", "짹짹", "물" 등의 말을 한다.

2) 아이의 방
① 낮은 옷걸이
아이의 옷을 보관하는 서랍장은 따로 거실에 있으며, 이 옷걸이는 아이가 옷을 스스로 골라 입을 수 있도록 하기 위해 마련했다.
옷걸이의 높이는 140cm 정도로 충분히 낮으며, 옷걸이에는 다음과 같은 선택할 수 있는 의류가 걸려있다.

- 윗옷 두 벌
- 바지 두 벌
- 잠옷 두 벌
- 모자 두 개

- 목에 두르는 턱받이 두 개
- 다양한 양말(서랍 안)

② 거울과 의자
아이가 스스로 옷을 입고 자신을 단장하는 데 도움을 주기 위해 준비했다. 아직 옷을 자연스럽게 입고 벗을 정도로 균형이 잡히지 않아 의자에 앉아서 하의를 입고 벗는 것이 도움이 된다. 거울을 보며 엄마가 머리를 묶어주거나 윗옷을 입혀주면 거울 없이 같은 활동을 할 때보다 더 좋아한다. 때때로 옷이나 머리 등의 치장과 상관없이 거울에서 다양한 표정을 지어보면서 자기 얼굴을 보며 좋아하기도 한다.

3) 복도
① 서랍장
서랍장에는 가족을 위한 다양한 물건들이 수납되어 있으며 아이의 의복, 간식 등도 포함되어 있다.

② 아이용 빨래 통과 폐품함, 휴지통
서랍장의 맨 아래칸 두 개는 빨래 통과 폐품함으로 이용하고 있다. 아이는 양말, 벗은 옷, 사용한 손수건 등을 빨래통에 갖다 넣는다. 폐품함에는 다양한 폐품들을 엄마의 지시에 따라 갖다 넣는다. 폐품함과 빨래통을 구분할 수 있으며, 말로만 듣고도 스스로 걸어가 열고 넣고 닫을 수 있다.
휴지통은 화장실 옆쪽에 설치되어 있으며 아이와 가족 모두 사용할 수 있다.

③ 아이의 키를 잴 수 있는 키 재기 스티커
부엌에서 현관으로 가는 복도 쪽 벽에는 아이의 키를 잴 수 있는 키 재기 스티커가 붙어있다. 공룡 그림도 함께 있어 아이가 좋아한다.

④ 아이가 평소에 보았거나 좋아하는 사진들
화장실 입구 쪽, 서랍장의 옆면에는 아이가 좋아하는 사실적인 사진을 붙여뒀다. 현재는 고양이 사진이 붙어있는데, 사진이 바뀔 때마다 아이가 관심을 보이며 말을 한다. 한참 바라보고 있을 때도 있다.

4) 거실
거실에는 전면 책장 겸 교구장, 낮은 서랍장, 자동차 정리함, 매트 등이 아이를 위해 설치되어 있다. 거실이 아이의 물건으로 가득 차는 것이 바람직하지는 않지만, 집 사정상 아이의 방에는 바닥 침대와 옷걸이 정도밖에 들어가지 않기 때문에 거실에 배치했다. TV와 소파는 엄마와 아빠를 위한 것으로, 아이가 깨어 있는 시간에는 TV를 일절 켜지 않는다.

① 전면 책장 겸 교구장
집의 공간이 좁아 낮은 교구장을 둘 곳이 없어 전면 책장을 겸하는 교구장을 마련해 줬다. 전면 책장에는 아이가 선택하여 책을 볼 수 있도록 10권 이내의 책을 꽂아 둔다. 책 선정 기준은 아이가 현재 관심 있어 하는 것들, 아이가 배워야 하는 것들, 아이가 본 적이 있는 것들을 주제로 골랐다. 현재 아이가 관심 있어 하는 버스, 상어에 관련된 책, 아이가 배워야 하는 배변 훈련, 어린이집에 관련된 책, 작은 것들의 민감기에 흥미를 느낄 것으로 판단되는 '월리를 찾아라' 등의 책들이 꽂혀 있다. 아이의 일상생활에 관련된 사실적인 사진들이 수록되어 있는 아기 책과 얼마 전에 다녀온 '주렁주렁' 동물원의 팸플릿이 꽂혀 있다. 아이는 스스로 책을 꺼내 와서 읽어 달라고 하며, 다 본 후에는 꽂아 놓을 수 있다. 책은 주로 매트 위에서 엄마와 함께 보는 것을 좋아한다.

교구장의 왼쪽은 책 보관함으로 쓰고 있어, 전면 책장을 거의 고정해두고 사용한다. 오른쪽은 교구장으로 쓰고 있는데, 아이가 지루해 하면 주기적으로 바꿔 준다. 한꺼번에 바꾸기보다는 한 번에 한두개의 물건만 바꾼다. 아이가 물건의 위치를 알고 있어, 사용한 후 제자리에 갖다 놓는데, 한꺼번에 모든 물건의 위치가 바뀌면 혼란스러울 것이 예상되기 때문이다. 교구의 난이도는 아이가 쉽게 하는 것과 약간의 노력이 필요한 것, 아직은 할 수 없지만 흥미로워 하는 것 등이 적당히 섞여 있다.

② 아이의 물건들이 수납되어 있는 낮은 서랍장
TV 대를 겸하는 낮은 서랍장은 원래는 여러 가지 잡동사니를 보관하는 용도로 쓰였으나, 현재는 아이의 물건들을 수납하는 용도로 사용하고 있다. 종류별로 서랍에 수납하며, 양말, 악기, 미술용구, 쌀놀이 용품 등이 수납되어 있다. 서랍장 아래에는 활동에 필요한 다양한 종류의 매트들이 수납되어 있다. 아이가 이러한 물건들의 수납 위치를 잘 알고 있어 자신이 원할 때 스스로 열고 가져온다.

③ 마블트리, 자동차 보관함

TV 다이 옆에는 구슬을 굴려서 소리를 내는 악기인 마블트리와 자동차 보관함, 종이 상어 모형, 장난감 골프세트 등이 놓여 있다.

자동차 보관함에는 실제 존재하는 차들을 그대로 본떠 만든 토미카들이 수납되어 있다. 아이는 "빠방이 줄"이라고 하면서 토미카를 비롯한 여러 자동차들을 TV 다이 위에 줄 세워 놓는 것을 좋아한다.

④ 그림을 그릴 수 있는 이젤과 모래놀이 판

이젤의 크기는 아이의 키보다 크다. 윗부분에 롤지를 설치해 아이가 종이에 그림을 그릴수도 있고 화이트보드로 사용할 수도 있다. 뒷면은 칠판으로 활용 가능하다. 우리 집에서는 주로 롤지에 그림을 그리는 용도로 사용한다. 아이는 사인펜, 붓, 색연필 등 다양한 용구를 사용하여 그림을 그린다. 그날, 그날, 자신이 원하는 그림 용구를 가져와 그림을 그리고 싶다고 말한다. 뚜껑을 여는 것은 아직 엄마의 도움이 필요하지만 다 그린 후에는 제자리에 갖다 놓는다.

이젤의 밑 부분에는 모래놀이 판이 수납되어 있다. 항균 촉촉이 모래로 놀이를 할 수 있는 판이며, 다양한 모래놀이 장난감도 같이 들어있다.

⑤ 냉장고를 활용한 자석 놀이

냉장고에 붙어 있는 모양을 만들 수 있는 자석은 아이의 요구에 따라 엄마가 만들어준다. 일부는 아이가 붙이기도 하며, 떼는 것은 아이의 몫이다. 다른 그림을 만들고 싶을 때, 아이는 모든 자석을 떼서 정리한다.

냉장고에는 어린이집 적응을 돕기 위해 원에서 찍은 사진을 붙여 두고 이야기를 나눈다.

욕실

1) 세면대용 계단

아이가 걷기가 늦고 대근육 발달이 느린 편이라 세면대를 사용할 때 스스로 딛고 올라갈 수 있도록 양쪽에 손잡이가 있는 계단으로 준비했다.

2) 아기 비데 겸용 수도꼭지

아이가 스스로 잘 서있기 전까지는 대변 후 엉덩이를 닦아주는 비데 용으로 세면대에 설치한 수도꼭지이다. 아이가 서서

괜찮아, 우리도 몬테소리가 처음이야

대변을 닦을 수 있게 되면 비데 용이 아닌 아이 수도꼭지 용도로 사용하는데 아이 가까이까지 물을 쏴서 아이가 세면대에서 손을 씻기에 편리하다.

3) 아기 소변기와 대변기
아직 대소변 훈련을 적극적으로 하고 있지는 않지만 미리 마련해 주었다. 대변기는 어른의 변기 위에 얹을 수 있으며 계단을 포함하고 있다. 사용하지 않을 때는 접어서 화장실 한편에 둔다.

4) 아기 키높이에 맞는 수건걸이
엄마, 아빠의 수건걸이 밑에 아이 키높이에 맞는 아이용 수건걸이를 설치하였다. 손을 씻은 후 계단을 내려와 스스로 수건에 손의 물기를 닦는다.

5) 물이 잘 빠지는 바닥 자재
아이가 화장실에서 미끄러지지 않게 하기 위해 물이 잘 빠지는 바닥 자재를 깔아 건식 화장실로 개조했다. 화장실 신발은 사용하지 않고 맨발로 들어간다.

현관

1) 신발장
신발장의 맨 밑 칸에는 아이의 신발 세 켤레가 수납되어 있으며 이 중 자신이 원하는 신발을 선택하여 신는다.

2) 앉을 수 있는 턱
현관에는 낮은 턱이 있어 스툴은 따로 마련하지 않았다. 아이는 자신의 신발을 꺼내 현관 바닥에 둔 후, 낮은 턱에 앉아 신발을 신을 수 있다. 현재는, 벽이나 엄마 다리를 잡고 선 채로 신발을 신는 것을 더 선호한다.

3) 가방을 걸 수 있는 고리
신발장 옆에는 가방용 고리가 있어 어린이집 가방을 걸어둔다.

4) 전신 거울
현관 옆에는 150cm 높이의 아이용 전신 거울을 설치했다.

5) 자전거 유모차와 아기 자전거
현관에는 자전거 유모차와 아기 자전거(킥보드 겸용)가 있어 아이가 외출할 때 선택하여 타고 나간다. 밖에 나갈 때 신발을 신으면 바로 자전거로 달려나가 타고 문 열기를 기다리고 있는 경우가 많다.

1) 아이용 슬리퍼

베란다에는 건조기, 폐품함, 창고 등이 있다. 아이가 건조기에 빨래를 넣고 돌리는 활동을 좋아하여 베란다에도 아이용 슬리퍼를 배치했다. 건조기를 돌릴 때 외에도 슬리퍼를 신고 들어가 창가를 바라보기도 한다.

2) 화분

베란다 확장공사를 하여 베란다 자리에 창가가 있다. 이중창 사이에 화분을 놓고 식물을 몇 가지 키운다. 맨 왼쪽의 상추는 아이가 어린이집에서 식목일에 심어온 것이다. 화분 근처에는 물뿌리개가 있어 아이가 직접 물을 주는 활동을 하기도 한다.

3) LED 식물재배기

4가지 식물을 키울 수 있는 미니 식물재배기가 에어컨 옆에 설치되어 있다. 실내에서 화분을 키우면 햇빛이 모자라 금방 죽은 경험이 많아 식물재배기를 설치하여 아이가 집에서도 식물과 친해지도록 했다.

식물을 심을 때, 아이와 흙을 함께 담고, 아이가 화분을 식물재배기에 직접 꽂는 활동을 했다. 매일 아침 일어나면, 아이와 함께 식물에게 다가가 인사한다. 아이는 "햐" 소리를 내며 식물을 부드럽게 쓰다듬어 주기도 하고, "안녕" 하고 인사를 하기도 한다.

아이를 위한 환경을 구성하는 것은 재미있고 뿌듯한 일이었다. 몬테소리 디플로마 수업에서 배운 가정 환경을 우리 집에 맞게 꾸며보는 것은 정말 의미 있는 일이었다. 아이를 위한 환경을 마련해주자 아이의 일상생활에도 큰 변화가 있었다. 안고 손을 씻기는 대신 필요할 때 스스로 가서 손을 씻게 되었고, 자신이 입고 싶은 옷을 골라서 입기도 한다. 아직 스스로 바지를 입고 내리기에 대근육 발달이 되지 않았지만 몬테소리 디플로마에서 배운대로 아이가 앉을 수 있는 의자를 제공하였더니 도움을 받아 기저귀나 바지를 스스로 입고 벗는 연습도 할 수 있었다. 의자 하나 놓는 것의 차이인데 아이의 생활은 그토록 달라지는 것을 보면서 환경의 중요성을 다시 한 번 느꼈다. 집이 보다 넓어서 더 멋진 환경을 갖추어 주면 얼마나 좋을까 하는 아쉬움은 있었지만, 우리 집처럼 작은 평수의 집에서도 고민을 하면 아이를 위한 환경을 잘 꾸며 줄 수 있을 것이라고 생각한다.

21개월된 딸아이와 아빠, 엄마가 살고 있는 우리 가정의 주택은 33평 방 3개의 평범한 구조의 아파트로 현관은 작은 편이고, 거실이 넓은 편이다. 베란다 없이 확장형 구조이다. 안방, 서재, 옷방 겸 창고로 방 3개를 쓰고 있어서 아이에게 따로 방을 내어주지 못했다. 안방을 침실 공간으로 셋이 같이 사용하고 있으며, 아이의 공간은 거실 한 편에 교구장으로 분리를 하여 내어줬다.

취침 영역

1)플로어 베드
침실에는 오직 침대 2개와 작은 전면 책장 1개로 채워져 있다.
원래 나무 살로 된 울타리가 있는 아기 침대를 사용했는데, 아이의 이동을 방해하고, 시야를 막는 나무 살을 제거해 침대에 언제든지 들어갈 수 있게 했다. 그리고 아기 침대 밑 쪽에는 떨어져도 다치지 않게 이불을 접어놓았다. 어른 침대도 높이를 맞추기 위해서 침대 프레임을 제거하고 아래에 저렴한 플라스틱 판을 깔았다. 아기 침대의 오른쪽에는 아직 나무 프레임이 설치되어 있는 데, 커튼 뒤로 전면 창이 발목 부근까지 크게 설치되어 있는 형태라 안전을 위해 나무 프레임을 유지했다.
이미 구매한 침대들을 처분하고 새로 사기에는 경제적인 부담이 생겨서 기존의 것을 최대한 변형하여 사용하려고 노력한 침실이다.

2)잠자리 독서
침대 옆에 작은 전면 책장을 배치했다. 아이가 관리할 수 있을 만큼의 최대 2~3권의 책을 제시한다. 잠자리에 어울리는 책을 뒀고, 아이가 당시에는 이 책만 읽으려고 해서 나머지 책은 치워 뒀다. 침대에서 책을 네 다섯 번 읽고 나면, 그것이 잠의 신호가 되어서 금방 누워 잠드는 모습을 보여준다.

1) 옷장

아기 키에 맞는 옷장과 세탁물 바구니, 스툴로 이루어져 있는 공간이다.

위치는 침실에서 나온 뒤, 복도 벽 한 편이다.

옷장은 수납을 위한 공간이 아니라, 아이가 2~3번의 옷에서 하나를 고르고 입고 벗는 연습을 하기 위한 공간으로 사용하고 있다. 평소에 생활을 하다가 옷이 지저분해졌을 때도 옷장으로 와서 옷을 갈아입고, 옆에 있는 세탁물 바구니에 넣는다. 옷을 입을 때나 양말을 신고 벗을 때 수월하도록 낮은 스툴을 놓아줬다. 미끄럼 방지 고무처리가 되어 있는 스툴이다.

바구니 안에는 배변 훈련 팬티, 양말, 2~3벌의 옷 정도가 들어있다. 그리고 옷걸이를 걸었다 뺄 수 있도록 옷 1개를 옷걸이에 걸어줬다.

2) 책상과 의자

20개월의 아이가 쉽게 옮길 수 있는 무게면서도, 높이와 크기가 적절한 책상과 의자를 교구장 앞에 배치해 뒀다.

아이가 원할 때 언제나 앉을 수 있도록 하고 억지로 앉히진 않는다. 교구나 물건을 가지고 왔을 때 "책상에 앉아서 해볼까?"라고 물어보고, 싫다고 하면 그냥 그 자리에서 가지고 활동하게 한다.

1) 교구장

1단 장으로 제시했다. 왼쪽 장에는 시계방향으로, 화분, 물뿌리개, 칼림바 악기, 다양한 악기 소리가 나는 전자제품, 마른 걸레, 건조대가 있다.

오른쪽 장에는 교구 4개를 배치하였으며 흥미가 없으면 교체해 주려고 노력하고 있다.

이 중에서 18개월 전후로 가장 흥미로워 하는 것은 식물에 물 주기 활동이다. 세면대까지 혼자 가서 물뿌리개에 물을 받아서 오는 길에 물이 뚝뚝 떨어진다. "마른 걸레로 같이 닦을까?" 하고 물으면 싫다고 하는 날이 대부분이다. "그럼 엄마가 닦을게~." 하고 내가 뒤 처리를 한다. 마른 걸레는 왼쪽 교구장에서 꺼내서 물을 닦고 그 옆 건조대에 넌다. 어느 날은 스스로 마른 걸레를 꺼내 와서 닦고 건조대에 걸레는 너는 모습을 보여준다. 한두 번 정도 볼 수 있는 귀한 모습이다.

21개월 정도 되니 칼림바 연주에 흥미를 보인다. 지나가다가 멈춰 서서 칼림바를 연주한다. 아빠가 종종 칼림바 소리를 들려주겠다고 간단한 연주(ex. 곰 세 마리)를 들려준다. 그 당시에는 관심이 없어 보였는데, 혼자 있을 때 만져 본다.

오른쪽 장의 교구들은 던지거나 만지지 않으면 치워 둔다.

해당 장은 거실과 아이 공간을 분리하기 위해 사용 중인 교구장이다.

교구장 위에도 식물 화분을 하나 뒀다. 처음에는 흙을 만지고 돌을 던졌는데, 3달 정도가 지나니 화분에 물을 주고 가꿀 때만 관심을 보인다.

왼쪽 위부터, 끄적이기 용 크레용과 종이, 컵 쌓기, 유토에 뭉툭한 골프 핀 망치로 두드리기, 언어 교구 4상자(동물들), 소방차와 경찰차, 아기용 고무장갑, 블록 실 꿰기, 버클 가방이다. 이 교구장의 내용물은 자주 바뀐다. 관심이 없으면 치우려고 노력하는 데 쉽지는 않다.

교구장은 이렇게 거실 공간을 분리하여 아이에게 본인 만의 공간으로 느끼게끔 해준다. 마땅한 공간이 없을 때 거실을 분리해서 사용하는 것도 좋은 것 같다. 교구장 뒤편으로는 전면 책상을 뒀는데, 아이가 읽고 꽂아 놓을 수 있을 만큼의 책만 전시했다.

2) 청소 용품들

주방 장 옆쪽에 청소용 도구들을 아이 키에 맞게 걸어 뒀다. 아이가 언제나 뺐다 끼웠다 쉽게 할 수 있다. 내가 청소기를 돌리고 나면, 꼭 이 밀대를 빼서 "청소! 청소!" 하면서 밀고 다닌다. 밀대 옆에는 쓰레기통이다. 아이가 스스로 기저귀를 버리기도 했고, 머리카락을 주워서 버리기도 한다.

1) 주방서랍

주방 서랍 아래 칸 중에 한 곳을 아이가 스스로 관리할 수 있는 곳으로 마련해 줬다. 컵과 작은 저그, 숟가락, 포크, 테이블 매트, 그릇, 오렌지 주스 짜기 용 스퀴저, 치즈 누르기 용 도구 등등 이 있으며 나머지 그릇이나 용기들은 다른 곳에 수납했다. 이곳은 아이가 물건을 찾아 식탁으로 가져가는 용도의 공간이라서 물건의 수가 적다.

2) 러닝타워

아이가 엄마의 요리 과정을 궁금해해서, 15개월에 마련해 줬다. 아이가 스스로 올라가서 엄마가 요리하는 모습을 지켜보기도 하고, 함께 요리나 베이킹을 할 때도 사용한다. 그리고 오렌지 주스 짜기 활동에서도 이용한다.

욕실에는 배변 훈련 용 아기 변기와 젖은 옷을 넣는 빨래 바구니를 배치했다. 15개월가량에 뒀다. 처음 몇 달간은 관심이 없더니 18개월쯤 되니 용변을 보는 시늉을 하기 시작했다. 그 후 21개월부터 배변 훈련을 시작했는데 생각보다 수월하게 앉아서 소변을 보고 있다.

계단, 손 닦는 타월, 로션 통, 칫솔, 치약, 작은 거울이 설치되어 있다.

세면대 아래에는 언제나 올라갈 수 있도록 계단을 설치해 줬다. 15개월가량에 설치했다. 그 후 3달 정도는 언제나 물을 틀고 끄며 물장난을 많이 쳤다. 세면대 아래에 수압을 조절하여 졸졸졸 흐르는 형태로 물의 양에 제한을 뒀다. 그랬더니 물 장난치는 빈도가 많이 줄어들고 20개월이 넘어서는 물 장난을 치는 모습은 거의 보이지 않는다.

로션의 양을 제한해서 통에 담아주니, 뚜껑 열기 활동과 연계되어서 굉장히 즐거워했다. 저 로션 통은 엄마가 쓰던 통인데, 엄마 화장품을 바르고 싶어 하길래 똑같은 통에 아이 로션을 아주 조금만 덜어서 제공하고 있다.

1) 현관

현관 입구에 높이 18cm 정도의 벤치를 한 후 신발 두 켤레를 배치해 선택권을 줬다. 처음에는 앉지 않으려고 했지만 꾸준하게 제안했다. "어떤 신발 신을래? 구두? 운동화?" 아이가 하나를 고르고 나면 "벤치에 앉아서 신어보자. 여기 앉아봐." 하고 벤치에 앉도록 유도했다.

2) 자기 관리 공간

거실 한편에 머리빗, 머리핀, 거울을 설치해 줬다. 머리를 묶거나 단장할 때 이 거울에 와서 자신의 모습을 종종 확인한다.

감기에 걸리면 휴지 한 장을 두어서 콧물을 닦는 모습을 보여줬다. 감기에 자주 걸리는 편이 아니라, 22개월이 되어도 아직 콧물 닦기는 스스로 하지 못한다. 그래도 환경에는 조성해 주려고 했다.

3) 물 마시는 공간

원할 때 스스로 물을 마시게 하고 싶어서 거실 한편에 저그, 물컵을 마련해 줬다. 물을 한 번 먹을 양으로 조금만 넣어 뒀다.

다시 임신 기간으로 돌아간다면, 최대한 물건을 적게 사고, 가정 환경을 미니멀하게 유지하고 싶다. 아이가 유지할 수 있을 만큼의 물건을 제공받아야 하듯이, 내가 관리하는 물건의 양이 적어야 훨씬 편한 것 같다. 몬테소리 교육을 받으며 집안의 물건을 많이 정리를 하고 있다. 아이가 적은 물건이 예쁘게 정리되어 있을 때 그 물건을 소중하게 여기고 함부로 다루지 않는 모습을 종종 보여준다. 너무 많은 장난감들이 제공되었을 때 아이가 얼떨떨해하며 무엇부터 가지고 놀아야 할지 혼란스러운 표정을 짓곤 했다. 아주 적은 수의 물건을 조심스럽게 아이에게 제공하는 태도가 곧 가정환경을 이루는 기본이라고 생각한다. 화려하고 번쩍이지 않아도 아이는 일상생활에서 더 큰 흥미를 느끼고, 반복하고, 집중한다는 것을 20개월이 넘어서 더 깨닫는다. 아이는 엄마와 같이 걸레를 세탁하거나, 같이 밀대를 밀거나, 설거지를 할 때 훨씬 많이 웃는다. 어느 순간에는 물이 튀고, 음료수가 쏟아지고, 가루가 쏟아진다. 한 번씩 인내심이 닳는 순간들이 찾아온다. 집에 장난감이 많고, 그 장난감들이 모조리 쏟아진다면 내 인내심은 아마 더 빨리 닳았을 것 같다. 물건의 수를 줄이고 질서를 유지하는 것은 결국 내 마음의 평안과도 연결되어 있음을 육아를 하며 깨닫는다. 몬테소리 식으로 아이를 키우기에 마음이 조금 더 잔잔하고 평화로운 것이라고 생각한다.

우리 부부는 신혼때부터 시댁에서 함께 살았다. 첫째 아이를 낳고 몬테소리 관련 책을 읽었기때문에 출산때부터 몬테소리 환경을 만들지는 못했다. 하지만 몬테소리 철학을 접하고 나서는 오감놀이나 문화센터 수업을 중단했다. 다소 산만한 환경보다는 집중할 거리를 만들어주는 것이 좋겠다고 생각했기 때문이다. 교구 없이 집에 있는 여러 물건으로 아이가 손으로 할 수 있는 활동들을 제공해주었다. 현재는 48개월 첫째아이와 26개월 둘째아이, 엄마, 아빠, 할아버지, 할머니와 함께 살고 있다. 할아버지, 할머니와 지내면서 정서적인 교감을 하고, 주말이면 농장에 가서 밭일을 돕기도 한다. 밭에서 수확한 야채들을 손질하는 방법과 각종 먹거리로 만드는 방법을 곁에서 접할 수 있어서 감사하다. 우리 집에는 가족 구성원들의 영역들이 있다. 주어진 환경에서 몬테소리 방식으로 살아보려고 노력중이다.

취침 영역

바닥 침대
아이가 스스로 오르내리기 쉽도록 침대 프레임을 제거하고 매트리스만 사용하고 있다. 매트의 높이가 높지 않아서 낙상의 위험이 없다.

식사 영역

1) 두꺼운 책과 좌식의자
아이가 가족들과 함께 식탁에서 식사할 수 있도록 배려했다. 아이가 의자 밑에 있는 지지대를 밟고 오를 수 있다. 좌식의자를 올려놓고 두꺼운 책들을 묶어서 덮개로 덮어놓았다.

2) 계절 꽃과 열매 장식

아이들과 함께 산책하며 주운 열매나 꽃을 식탁 위에 올려 뒀다.

3) 수저, 포크, 젓가락 정리함, 식탁 매트

아이가 식탁을 차릴 수 있도록 식탁 위에 식기류의 자리가 새겨진 식탁 매트와 수저 포크 정리함이 있다.

작업 영역: 일상생활, 언어, 음악, 미술, 조작

1) 부엌 Kitchen

① 자신의 캐비닛에 보관된 아이 사이즈의 조리기구
② 자신의 캐비닛을 보관할 수 있는 장소 설정, 발판, 앞치마
③ 아이들 수준에 걸 수 있는 청소도구: 빗자루, 쓰레받기, 걸레 등

아직 정식적으로 이 공간을 만들어주지는 못했지만 시부모님과 함께 살면서 아이를 배려하는 공간을 마련하고 있는 중이다. 요리를 할 때는 '러닝타워'를 이용하여 아이들과 함께 하고 있다. 고구마 줄기 다듬기, 땅콩 껍질 벗기기, 야채 칼로 노각 껍질 벗기기, 완두콩 까기 등 아이와 다양한 재료를 손질한다. 어른들의 청소도구(빗자루, 청소기, 걸레 등)을 같이 사용하고 있다.

2) 교구장과 교구

큰 아이(만 4세)와 둘째 아이(만 2세) 아이가 사용할 수 있는 교구를 비치했다. 둘째 아이가 사용하는 교구는 아래 칸에 큰아이가 사용하는 교구들은 위 칸에 있다. 낮은 책상과 의자가 있어서 탁자를 사용할 수 있으며 매트를 펼치고 바닥에 앉아서 교구를 할 수도 있다. 몬테소리 교구는 중고로 구매하였으며 아이의 눈과 손의 협응력을 도울 수 있는 여러 가정용품(스포이트로 물 옮기기, 콩 옮기기, 스펀지 물 짜기 등)을 활용했다.

3) 아이 옷장

아이와 함께 자는 안방에 붙박이 옷장이 있다. 낮은 칸을 사용하여 아이들의
옷을 보관했다.

첫째와 둘째 아이의 옷을 구분하기 위해 이름표와 얼굴 사진을 붙여 뒀다. 아
이들이 스스로 옷을 꺼내 입도록 도와줬다.

| 거실
(가족의 공간) | 거실은 가족 모두가 사용하는 공간으로 아이들의 공간은 일부에 배치했다. |

거실은 가족 모두가 사용하는 공간으로 아이들의 공간은 일부에 배치했다.
피아노, 소파, TV 선반, 낮은 좌식 탁자가 있다.

가족들과 함께 그림을 그리고 만드는 것을 좋아하는 아이를 위해 거실에 조
형, 미술 활동을 할 수 있는 곳을 마련했다. 거실 벽면에는 아이의 그림이나
작품을 매달아 전시할 수 있는 줄을 설치했다.

금붕어나 달팽이와 같은 생물을 돌보는 활동을 가족들과 함께 한다. 금붕어
옆에 금붕어 퍼즐을 배치하여 물고기의 생김새를 함께 관찰한다.

안방으로 들어가는 통로에 공간이 있어서 책장과 작은 소파를 뒀다. 아이가
스스로 보고 싶은 책을 꺼내어 읽을 수 있다. 바로 위에 조명을 킬 수 있어서
아늑하게 책을 읽을 수 있다.

괜찮아, 우리도 몬테소리가 처음이야

1) 스툴(등받이와 팔걸이가 없는 보조의자)
2) 화장실 깔개(링), 보조 변기, 스스로 물 조절 가능한 환경, 타월, 칫솔, 비누
아이의 신체 높이에 맞는 수건걸이를 설치했다. 유아 변기 커버를 스스로 꺼내
어 변기에 올릴 수 있도록 하고 2단 스툴을 준비하였다. 첫째 아이가 어렸을 때
스스로 소변을 보는 것을 연습하기 위해 소변기를 벽에 걸어 두기도 했다.

안방에 있는 화장실에는 아이들의 키 높이에 맞춰 거울을 설치했다. 칫솔과
치약을 아래에 두어 아이들이 꺼내어 양치질을 할 수 있다. 아이가 수도꼭지
로 물의 양을 조절하여 사용할 수 있는 물통을 마련하여 배치했다.

1) 스툴, 신발장(다가갈 수 있는)
가족들이 사용하는 신발장의 낮은 칸을 아이들의 신발로 채워 놨다. 전신거울
을 둘 수 있는 공간이 없어서 신발장 문에 거울을 부착했다. 낮은 스툴을 놓아
아이가 앉아서 스스로 신발을 신을 수 있도록 배려했다.

2)용모 관리하는 도구(빗, 로션, 헤어핀) 마스크 걸이
외출하기 전에 아이가 스스로 용모를 관리할 수 있는 거울과 빗, 헤어핀, 로션
을 뒀다. 선반에는 모자와 가방을 보관했다. 고리에는 어깨에 매는 가벼운 가
방과 아이 마스크를 걸어 뒀다.

3)비옷, 우산 걸이
바깥에 나가는 현관 문 앞에 비옷과 우산 걸이가 있다. 현관 창문으로 날씨를
확인하고 우산과 우비를 사용할 수 있다.

4)현관문
현관 문에는 아이와 함께 읽는 기도문과 아이가 좋아하는 무지개 그림을 붙여
뒀다.

1)식물 돌보기
부삽 혹은 양동이 등 입구의 교구장에 야외활동 용품들이 진열되어 있다.

베란다에는 아이들이 돌볼 수 있는 식물들이 있는데 도구를 사용하여 물을 주고 분갈이를 할 수 있다. 베란다에 있는 수도를 이용하여 물을 사용할 수 있으며 베란다 창문을 유리창 닦는 도구로 닦는다.

2) 빨래 건조대
빨래 건조기는 특수한 경우 외엔 가급적이면 사용하지 않으며 대신 아이와 함께 건조대에 젖은 빨래를 널고 있다.

3) 미술활동 공간
물감을 이용하여 그리는 곳(물이 필요한 미술활동)
수도가 옆에 있어서 물을 사용할 수 있으며 집 안에서 활동할 때보다 자유롭게 그릴 수 있다. 베란다에서 미끄럼 방지 슬리퍼는 필수이며 베란다에서 아이가 활동할 때에는 반드시 어른이 동반한다.

아이의 눈높이와 수준에 맞춰 가정환경을 바꾸어주니 아이들이 즐겁게 각 환경을 활용하였다. 스스로 하고 싶어하는 것을 해내도록 환경만 준비해주었을 뿐인데 아이의 기쁨의 미소를 볼 수 있어서 엄마인 나도 행복했다. 때로는 집안일이 하기 싫거나 귀찮을 때, (빗자루로 쓸기, 걸레질, 설거지, 빨래정리 등의 집안일) 아이가 보고 배울 수 있다는 것에 의미를 두니 나의 마음도 바뀌었다. 수업을 진행하면서 때로는 배운 것에 비해 부족한 것이 생각나 마음이 뜨끔할 때가 많다. 부모가 아이에게 줄 수 없는 것이 있을 때 부모는 가슴이 아프다. 그러나 완벽한 부모는 없다고 생각한다. 배우면서 이렇게 조금씩 바꾸어나가는 것도 감사하다.

　아이들이 걸을 수 있게 되면 곧 몸이 움직이도록 돕는 일로부터 해방 된 손이

일을 해야 할 기간이 시작된다. 이런 식으로 그들의 움직임은 인격 형성에

긍정적인 결과를 가져올 수 있다. 이제 아이들은 어른의 가장 좋은

협력자가 되어야 한다. 직립 자세에서의 균형 달성은 아이들이 우리와

함께 할 수 있게 한다. 옷을 입거나 음식을 준비하거나 테이블을

준비하는 것과 같은 자신과 주위를 돌보는 모든 활동, 마루바닥 닦기,

접시 정리, 먼지 털기 등을 한다. 이것들은 "일상적인 삶"에 속하는 집안일이며,

정확히 말하자면 어른들이 가장 싫어하는 일이다. 그러나 1세에서 4세

사이의 아이들은 이러한 직업을 사랑하며 기쁘게 참여한다.

- 실바나 몬타나로, 인간의 이해

몬테소리
교육 활동
매뉴얼

1. 일상생활 연습 중요성

| 곽혜경 전 한중대 유아교육학과 교수

아기는 자신이 지금부터 살아나가야 하는 세상이 어떤 곳인지 전혀 모르는 상태로 이 세상에 태어난다. 이제부터 새로운 환경에 적응하여 마치 태내에서 엄마와 한 몸이었던 것처럼 환경과 하나가 되어야 한다. 닥터 몬테소리는 그의 저서 '흡수정신'에서 "아이는 주변에서 일어나는 삶을 흡수하고 그것과 하나가 된다."고 하였다(M. Montessori, 1995). 이 때 아기가 세상을 배워나가는 첫 번째 방법은 주로 청각과 시각을 통해서 배우는 것이다. 아기들은 엄마 아빠 그리고 가족들이 어떻게 생겼는지 어떤 행동을 하는지 유심히 지켜본다. 일상적인 생활 속에서 주변에서 일어나는 일이나 가족들이 하는 행동을 전부 머릿속에 기억해 두는 것이다.

6개월이 지나면서 점차 혼자 앉을 수 있게 되고 손이 자유로워진다. 이제 손으로 이 세상을 적극적으로 탐색하기 시작할 때이다. 그러다 첫 돌을 맞이하고 이윽고 혼자서 걸을 수 있게 되면 완전히 다른 세상이 된다. 균형을 잡지 못해 도움을 받으며 뒤뚱뒤뚱 걷던 아기의 걸음걸이가 점차 안정적인 걸음걸이로 바뀌는 15개월 정도가 되면, 아이들은 마침내 독립된 존재로 거듭나고 자아 형성의 새로운 길로 들어서게 된다(M. Montessori, 2020).

걸음마기 아이들은 가족에게 기여하고 가족의 일부가 되는 것을 좋아한다. 아이들은 장난감보다 부모가 사용하는 물건에 더 관심을 가진다. 아이들은 우리가 음식을 준비하고, 빨래를 하고, 손님을 맞이할 준비를 할 때 우리와 함께 일하는 것을 정말 좋아한다. 우리가 아이들에게 더 많은 시간을 허용하고, 성공할 수 있도록 환경을 잘 갖추어 두고, 결과에 대한 기대를 낮출 때, 어린 아이들은 가족에게 기여한다는 것이 무엇인지 알 수 있게 될 것이다(S. Davies, 2019).

18개월에서 2.5세 사이의 아이들은 '최대한의 노력을 하며 힘을 쏟는 나이(age of maximum effort)'이다(M. Montessori, 2020). 이 시기의 아이들은 자기형성(self-formation)의 욕구가 있기 때문에 자유선택에 의한 활동을 통해 최대한의 노력을 발휘하고자 한다. 그래서 그 많은 장난감들을 모두 제쳐 두

괜찮아, 우리도 몬테소리가 처음이야

고, 가족들이 쓰는 일상생활용품을 이리 저리 옮기며 힘을 쏟고 싶어 한다. 엄마와 장에 다녀오면 무거운 장바구니를 자기가 들어 옮기겠다고 끙끙거리고, 식사준비를 할 때면 무거운 물병의 물을 한 방울도 흘리지 않으려고 애쓰며 조심조심 걷는다. 이와 같이 아이 스스로 자유롭게 선택한 모든 행동들은 자기를 형성하려는 아이의 욕구를 실행에 옮길 수 있도록 해준다. 닥터 몬테소리는 "이 나이에는 그냥 장난감, 특히 가벼운 장난감은 아이를 만족시킬 수 없다. 아이는 그런 장난감들로는 아무 것도 할 수가 없다." 고 말하였다(P. P. Lillard & L. L. Jessen, 2003, 재인용). 아이들은 쉬운 일이 아니라 '최대한의 노력이 필요한 일'을 원한다. '환경의 정복'이 필요하기 때문이다. 그래서 아이들은 가능한 한 빨리, 스스로가 할 수 있는 일을 하고 싶어한다.

이렇게 한층 확장된 목표를 실현하려면, 아이들이 일상생활에서 부모의 행동을 새롭게 의식하도록 도와주어야 한다. 아이들은 전에는 부모가 하는 일들을 지켜보았지만 이제는 부모가 하는 일을 모방하려 한다. 주변 사람들이 하는 일을 배우려 하는 경향성이 있기 때문이다. 하지만 이 시기의 아이들은 아직 즉시 어른들을 모방할 수가 없어서, 먼저 일정기간 동안 훈련과 준비를 해야 한다. 이제 막 독립한 아이는 아직 무엇이든 자기가 좋아하는 것을, 어디서든 자기가 좋아하는 장소에서, 언제든 자기가 좋아하는 때에 할 수 있을 만큼 자유롭지가 못하다. 따라서 이 시기의 아이들이 어른들이 하는 일을 하려면 자신을 준비할 수 있도록 어른들의 도움을 받아야 한다. 이와 관련하여 닥터 몬테소리는 "우리는 모방만으로는 아무것도 할 수 없으며, 훈련도 필요합니다."라고 하였다(P. P. Lillard & L. L. Jessen, 2003). 어른들을 성공적으로 모방하려면, 아이는 먼저 배워야 하고, 준비를 위해 특정 연습을 반복해야 한다. 따라서 우리는 일상생활의 연습을 통해 모방의 경향성과 욕구가 아이들의 에너지를 인격형성의 길로 안내할 수 있도록 도와주어야 하는 것이다.

아이들은 여러 가지 사물이나 현상을 경험하면서 그것이 무엇이며 어떻게 작동하는지를 배운다. 아이들은 그렇게 자신을 능력 있고 가치 있는 인간으로 확립해 나가며, 주변 환경에 적응하고 있는 것이다. 따라서 아이들이 하는 활동 중에 일상생활연습이라는 운동보다 아이들의 전인발달에 중요한 것은 없다. 일상생활연습은 육체적, 정신적, 도덕적 측면에서 아이들의 발달에 지대한 영향을 미친다. 일상생활연습의 활동들은 개인의 생존을 위해 필요하고 사회구성원으로서 살아가기 위해 필요한 활동이며, 신체를 자기 의지대로 움직일 수 있는 능력을 키우고 인격을 형성하는 데 필요한 활동인 것이다.

아이들이 자신과 환경 그리고 지역사회를 돌보기 위해 개발해야 하는 기술들을 익힐 수 있는 일상생활연습의 활동들이 0-3세 아이들에게 특히 중요한 이유는 활동의 동기, 활동의 목적, 발달에 미치는 영향에서 찾아볼 수 있다.

첫째 **일상생활연습의 활동은 아이들의 내적 욕구에 기반을 두고 있기 때문에 중요하다.** 인간은 누구에게나 성장하려는 에너지 즉, 호르메(Horme)가 작용하고 있다. 아이들도 스스로 자기 발달을 이끌어가려는 강력한 성장에너지가 있기 때문에 주변 환경을 흡수하여 주변 환경에 자신을 적응해 나가고자 한다. 일상생활연습의 활동들은 실제 사물을 사용한 진짜 작업을 통해 아이들의 이러한 내적 성장의 욕구를 충족시켜 준다. 실제로 체험하고 경험할 수 있는 살아있는 환경 속에서 자기를 정확히 인식하고, 그것들을 활용할 수 있는 방법을 배울 수 있기 때문이다.

둘째 **일상생활연습의 활동은 아이들의 정상화를 돕기 때문에 중요하다.** 아이들에게는 신체적 에너지와 정신적 에너지(지성의 에너지)라는 두 가지 에너지의 흐름이 있는데, 현대의 삶에서는 대체로 이 두 가지 에너지가 분리되어 있는 경향이 있다. 몸과 마음이 일치되어, 조화를 이루고, 통합이 이루어지는 현상은 아이가 작업에 몰두할 때 일어난다. 이것이 정상화된 아이의 모습이다. 정상화는 흥미를 끄는 작업을 통해 집중할 때 일어나는데, 일상생활연습의 활동들은 아이들이 대단히 흥미있어하는 사물과 동작을 포함하고 있어 준비된 환경 안에서 작업을 통한 정상화를 경험하게 해준다.

셋째 **일상생활연습의 활동은 전인발달을 돕기 때문에 중요하다.** 일상생활연습의 활동은 운동발달은 물론 감각발달, 인지발달, 언어발달 및 사회정서발달을 촉진한다. 사물을 들고, 나르고, 옮겨 놓고, 조작하는 동작들은 아이가 그 시기에 발달시켜야 하는 신체의 각 부분들을 효과적으로 사용할 수 있도록 고안되어 있을 뿐만 아니라, 신체 각 부위의 협응 능력을 기를 수 있도록 고안되어 있어, 자연스럽게 자신에게 요구되는 신체발달을 촉진할 수 있다. 또한 일상생활연습의 활동들은 특히 독립심의 발달과 의지의 발달에 지대한 영향을 미친다. 일상생활의 활동들은 어른 중심의 환경에서 방해물을 제거하고 아이들이 준비된 환경에서 독립적으로 성장해 갈 수 있도록 해준다. 단순한 일상생활 활동에 참여함으로써 아이들은 일상을 이해하고, 가족이

괜찮아, 우리도 몬테소리가 처음이야

라는 사회적 집단 속에서 자신의 역할이 무엇인지, 그리고 자신이 무엇을 할 수 있는지 이해하기 시작한다.

일상생활연습의 활동들은 아이들이 자기가 좋아하는 작업을 선택하고 작업을 반복하는 과정에서 잘 선택할 수 있는 힘을 기르고, 더 잘하려고 하는 동기를 부여한다. 따라서 자기의지를 발달시키며, 긍정적인 자기개념을 형성하고, 자신감과 자존감을 형성할 수 있도록 돕는 것이다. 또한 그 결과 안정적이고 긍정적인 정서 상태를 유지할 수 있다.

<u>넷째,</u> **넷째, 일상생활연습의 활동은 통합운동을 통해 인격형성을 지원하기 때문에 중요하다.** 아이들이 일상생활연습의 활동을 반복할 때 사용되는 운동은 통합운동 즉, 정신이 지적인 목적을 위해서 명령하고 지도하는 운동이다. 이것은 인간이 가지고 있는 모든 생각과 계획을 현실화하도록 하는 '자발적 움직임'이며(S. Q. Montanaro, 1991) 인격의 표현으로서, 쓸모 있는 육체적 도구를 만들어 나가는 작업이라 할 수 있다. 0-3세 아이들은 스스로의 노력을 통해 자신의 근육을 통합하는 능력을 갈고 닦아서, 준비된 환경 속에서 자신의 힘을 충분히 즐기며 자기방식으로 신체와 정신을 충분히 살려 나갈 수 있게 되는 것이다. 결국, 일상생활연습의 목적은 단순히 하나의 활동을 숙달하는 데 있는 것이 아니라, 육체와 정신의 요구에 응하여 연습을 반복함으로써 인격형성의 길로 이어지도록 하는 데 있다는 점에서 그 중요성을 찾을 수 있다.

일상생활연습의 활동들은 아이들이 특정 기술을 습득하여 독립할 수 있도록 도와주고, 집중하고 움직임을 조정하는 능력을 개발하도록 도와준다. 그래서 우리는 흔히 일상생활연습의 활동들이 일상생활기능의 숙달에 목적이 있다고 생각하기 쉽다. 그러나 0-3세 아이들에게 일상생활연습의 활동들을 준비해주는 진정한 이유는 아이들의 내적 욕구가 그것을 원하고, 아이들을 정상화의 길로 안내하며, 전인발달에 긍정적인 영향을 미쳐서, 인격형성을 돕기 때문이다. 이와 같은 일상생활연습의 진정한 목적이나 심리적 중요성을 이해하지 못한다면, 아이들에게 작업을 소개한다 하더라도 이러한 작업의 가치가 없어지고 말 것이다.

〈참고문헌〉
Davies, S. (2019). The Montessori Toddler: A Parent's Guide to Raising a Curious and Responsible Human Being. Workman Publishing Company.
Lillard, P. P. & Jessen, L. L. (2003). Montessori from the Start. NY: Schocken Books.
Montanaro, S. Q. (1991). Understanding the Human Being: The Importance of the First Three Years of Life. ABC-Clio Ltd.
Montessori, M. (1995). The Absorbent Mind. NY: Henry Holt and Company,
(2020). Education for a New World. Montessori-Pierson Publishing Co.

2. 몬테소리 교육 활동
   매뉴얼

이 장에서는 아이들의 활동 영상을 볼 수 있는 링크를 QR 코드로 제공합니다.

일러두기
이 장에서는 아이들의 활동 영상을 볼 수 있는 링크를 QR 코드로 제공합니다.
QR 코드를 스마트폰이나 태블릿 PC의 카메라로 스캔하면 활동 동영상을 보실 수 있습니다.
만약 동영상 QR 코드가 작동하지 않는 경우 우측의 QR 코드를 스캔해 보세요.
출판사 홈페이지에서 제공하는 대체 링크로 활동 영상을 확인 볼 수 있습니다.

머리 빗기

연령 _ 12개월 이상
교구 _ 빗, 빗을 담아두는 작은 바구니, 거울,
돌돌이(머리카락 청소용)

준비(초대하기)
아이를 부른다. "엄마랑 머리 빗기 하자."

활동
1. 빗과 거울의 이름과 사용법 알기
"이것은 거울이야. 이것은 빗이야. 엄마가 어떻게 잡
는지 알려 줄게.
(빗을 바구니에서 꺼내 손잡이를 움켜 잡으며)
빗은 이렇게 잡는 거 에요. OO이가 한번 잡아보자."
2. 머리 빗기
"엄마가 먼저 머리를 빗어볼게. 잘 보자."
거울을 보고 가르마 방향으로 빗을 나란히 올려놓은
뒤 밑으로 쓸어내린다. OO이가 한번 해보자."
3. 권유하기
아이에게 한번 더 할 수 있도록 권유한다.
"한번 더 해볼래?"

정리
"그럼 이제 정리하도록 하자."
빗과 거울을 정리한 뒤 떨어진 머리카락은 돌돌이로
정리한다.

목적

머리 빗는 방법을 알 수 있다.

자신을 돌보는 방법을 알 수 있다.

빗과 거울의 사용방법을 배울수 있다.

다양한 손 사용을 경험한다.

흥미점

자신의 머리를 빗는 것.

돌돌이로 떨어진 머리카락을 정리하는 것.

주의점

아이의 손 크기에 맞는 빗을 준비한다.

돌돌이는 깨끗하게 관리한다.

외출 준비

연령 _ 15개월 이상
교구 _ 거울, 쿠션 타입의 유아용 썬크림, 책상, 의자

자기 자신 돌보기

준비(초대하기)

아이를 부른다. "00아, 산책하자."
항상 같은 장소에서 외출 준비를 할 수 있도록 아이의 테이블위에 필요한 용품들을 준비해 둔다. 아이에게 외출의 목적과 장소를 알려주고 외출 준비를 스스로 할 수 있도록 한다.
"이제 엄마와 공원에 산책을 갈거야. 00이가 의자에 앉아서 썬크림을 발라 보자."

활동

1. 의자에 앉기
아이가 두 손으로 의자를 꺼내어 앉는다.
2. 선크림 뚜껑 열고 닫기
"엄마가 선크림 뚜껑을 열어볼게. 잘 보자."

선크림을 양손으로 잡고 엄지손가락으로 단추를 누른다.
다른 한 손으로 선크림 뚜껑을 연다.
다시 닫는다.
"이제 00이 차례야. 00이가 선크림 뚜껑을 열어보자."
3. 선크림 사용 방법 알기
"엄마가 선크림을 발라볼게. 잘 보자."
퍼프의 손잡이를 손가락에 끼우고 쿠션통에 두드린 뒤 이마, 볼, 코, 턱의 순서로 천천히 두드린다.
"이제 00이 차례야. 00이가 발라보자."

정리
"다 발랐니? 이제 선크림을 정리하자."
퍼프를 넣고 선크림 뚜껑을 닫아 제 자리에 놓는다.

목적
스스로 외출 준비를 할 수 있다.

흥미점
엄마를 모방하는 것
화장품 뚜껑을 열고 닫는 것
달라진 자신을 발견하는 것

주의점
어린 연령의 아이들은 튜브 형태의 로션의 양을 조절하기에 어려움이 있다. 시중에 나와있는 아동용 썬쿠션 제품들을 사용하면 보다 쉽게 아이들 스스로 할 수 있도록 돕는다. 눈가나 입주변에는 닿지 않도록 주의시킨다.

옷 입고 벗기

연령 _ 12개월 이상
교구 _ 외투, 바지

QR 코드를 스마트폰이나 태블릿 PC의 카메라로
스캔하면 활동 동영상을 보실 수 있습니다.

준비(초대하기)
아이를 부른다. "엄마하고 오늘 외투(바지)입기를
해보자."

활동
-외투
1. 명칭을 알려준다. 입는 방법을 보여준다.
"이것은 외투에요. 엄마가 어떻게 입는지 보여 줄게"
2. 바닥에 외투를 뒤집어서 내려놓는다.
3. 소매 속에 양손을 집어넣는다.
4. 옷을 머리위로 뒤집어 입는다.
"자 이제 00가 해보자"

-바지
1. 명칭을 알려준다. 입는 방법을 보여준다.
"이것은 바지야. 엄마가 어떻게 입는지 보여 줄게."
2. 바닥에 바지를 나란히 펼쳐서 내려놓는다.
3. 앉아서 바닥에 놓인 바지에 한쪽발부터 차례로
넣는다.
4. 다리를 모두 넣은 뒤 일어난다.
5. 바지를 올린다. 엉덩이 부분도 잊지 않고 올리도
록 한다.
"자 이제 00가 해보자"

괜찮아, 우리도 몬테소리가 처음이야

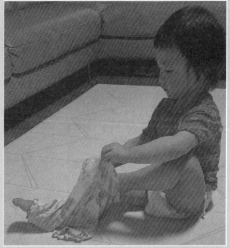

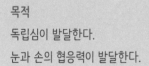

목적
독립심이 발달한다.
눈과 손의 협응력이 발달한다.

주의점
몬테소리 교육에서는 제한된 선택을 할 수 있도록
환경을 제시하도록 한다. 따라서 옷장에는 아이가
직접 고를 수 있을 양의 옷만 넣어 놓는다. 너무 많은
양의 옷이 들어있을 경우 아이는 스스로 옷을 선택하
는데 어려움을 겪을 수 있다. 스스로 선택하고 입어

보는 과정을 통해 아이는 자신감을 갖고 자기 주도
적인 선택을 하는 아이로 자랄 수 있게 된다.
아이가 스스로 옷을 입게 되는데 꽤 오랜 시간이 걸
렸다. 옷 입기에 흥미가 생기기 시작한 무렵부터 아
이는 시간 날 때마다 자신의 서랍장에 가서 바지와
티셔츠를 꺼내 입는 연습을 하였다. 이 때 아이의 서
툰 모습을 참지 못하고 직접 입혀 주기보다는 하나
의 놀이라고 생각하고 아이가 스스로 하는 것을 기
다려 주는 것이 중요한 것 같다.

신발 신기

연령 _ 18개월 이상
교구 _ 신발

 QR 코드를 스마트폰이나 태블릿 PC의 카메라로
스캔하면 활동 동영상을 보실 수 있습니다.

준비(초대하기)
아이를 부른다. "엄마하고 오늘 신발신기를 해보
자."

활동
1. 명칭을 알려준다.
"이것은 신발이야. 좌우 신발 안쪽에 빨간 동그라미
가 그려져 있어. 신발을 신을 때는 동그라미가 서로
만나야 해."(좌우 개념이 아직 확립되지 않아 좌우
신발을 바꿔서 신는 경우가 많으므로 미리 표시를 해
두는 것이 좋다.)
2. 신발을 바르게 정렬한 뒤 앉아서 한쪽 신발부터
신어보도록 한다.
"어떻게 신는지 알려 줄게."
3. 한손으로 신발의 앞부분을 잡고 나머지 한손으로
신발의 뒷부분을 잡고 발을 밀어 넣는다.

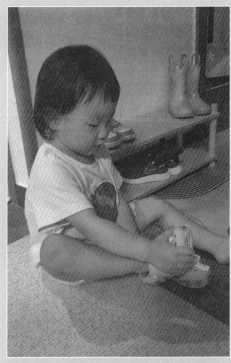

(아이가 신고 벗기 편리하도록 고리나 벨크로가 부착되어 있는 것이 좋다.)

정리
아이에게 권유한다. "자 이제 00가 해보자"

목적
독립심이 발달한다.
눈과 손의 협응력이 발달한다.

흥미점
신발을 바르게 신는 것
손가락으로 뒤축을 힘껏 당기는 것

주의점
아이가 신발장에 놓인 자신의 신발에 관심을 가질 때부터 스스로 신발을 신을 수 있도록 연습할 수 있는 시간을 많이 주었다. 처음에는 잘 신겨지지 않아 도움을 많이 요청하였지만 마무리는 스스로 할 수 있도록 혼자서 할 수 있는 기회를 꾸준히 주었다.
여러 번 반복하고 시행착오를 거치는 과정은 아이의 눈과 손의 협응력을 발달의 좋은 기회인 것 같다. 또한 결과적으로 독립심 발달에도 도움을 줄 수 있다.

비 오는 날 외출 및 귀가

연령 _ 15개월 이상
교구 _ 아동용 우산. 연령에 맞는 우비, 장화,
옷걸이

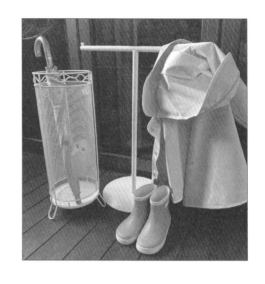

준비(초대하기)

아이를 부른다. "00아, 어린이집 가자."
비가 오는 날 항상 같은 장소에서 외출 준비를 할 수
있도록 현관 입구에 우비, 장화, 우산을 준비해두고
아이가 필요한 물건들의 위치를 항상 인지하고 있도
록 해준다. 아이에게 밖에 비가 오고 있음을 알려주
고 필요한 용품들이 무엇인지 연령이 어린 경우에는
알려주거나 물어 본 다음 외출 준비를 스스로 할 수
있도록 한다. "00아 오늘 아침에는 비가 내리네. 어
린이집을 가야 하는데 무엇이 필요할까??" 아이가
위치를 잘 알고 있다면 필요한 물품들을 스스로 준
비할 수 있도록 도와준다.

활동

1. 아이가 먼저 방향을 맞춰서 장화를 신을 수 있도
록 한다.
2. 우비를 한 손씩 넣어서 입은 다음 모자를 쓰고 똑
딱이 단추를 채워서 단단히 고정시킬 수 있도록 알
려준다.

3. 우산을 스스로 펼칠 수 있도록 도와준다. "00아, 우산을 펼칠 때는 여기 버튼을 누르면 돼. 그때는 꼭 우산과 눈을 최대한 멀리 하고 이 버튼을 누르는 거야" 아이가 우산이 무거우면 어깨에 걸칠 수 있도록 알려준다.

정리
귀가를 하고 우산이 있던 자리에 우산을 꽂고 우비에 물기가 제거될 수 있도록 옷걸이에 걸어 두도록 한다.

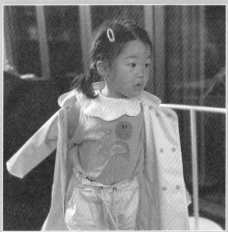

목적
아이가 비 오는 날 스스로 외출 준비를 할 수 있도록 한다. 외출에서 돌아오면 스스로 우산과 비옷, 장화를 정리할 수 있도록 한다.

흥미점
다양한 날씨를 경험하는 것
우선을 펴고 접는 것
우비, 장화, 우산을 착용하는 것
우산 속의 빗소리를 듣는 것

주의점
처음 장화를 제공할 시 무릎 높이까지 오는 장화는 아이가 혼자 신기에는 어려울 수 있으니 발목 정도 높이의 장화를 제공하도록 한다. 또한, 밑창이 너무 두꺼운 것은 무거우니 피하도록 한다. 장화의 경우 사이즈를 잘 조절하지 않으면 쉽게 미끄러지거나 벗겨질 수 있으므로 주의하도록 한다. 우산의 경우에는 우산살 끝부분이 둥글게 보호처리가 되어있는지 잘 확인하도록 한다. 우비는 벨크로나 단추로 된 것이 스스로 여미기에 편리하다.

마스크 걸기

연령 _ 18개월 이상
교구 _ 고리(자석), 마스크 끈

준비(초대하기)
아이를 부른다. "00아, 마스크 쓰자."
마스크를 걸 수 있는 고리를 아이의 키에 맞추어 붙여 놓는다.

활동
1. 소개
"이것은 마스크예요. 이것은 마스크를 걸 수 있는 고리예요."
2. "자, 이제 엄마가 마스크를 어떻게 쓰는지 보여줄게요. 잘 보고 엄마처럼 쓰기로 해요."
3. "양쪽의 끈을 벌려서 오른쪽 끈을 오른쪽 귀에 걸고, 왼쪽 끈은 왼쪽 귀에 걸기로 해요."
4. "이제 모두 마스크를 썼으니 밖으로 나가기로 해요."

정리
집으로 돌아온 후 가장 먼저 마스크를 스스로 벗어서 고리에 걸도록 한다.

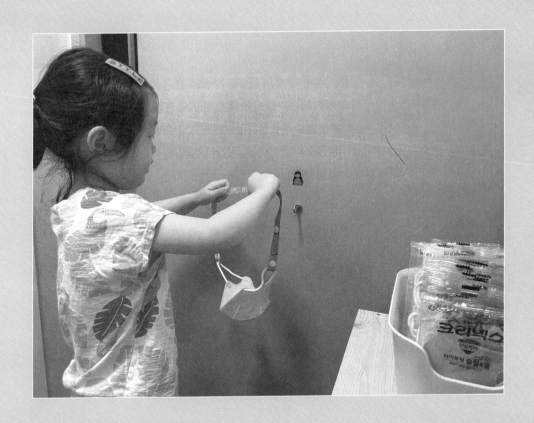

목적
자율성과 독립심을 기른다.

흥미점
마스크를 스스로 쓰는 것
마스크를 고리에 거는 것

주의점
소근육이 더 잘 발달된 후에는 마스크 걸이에서 마
스크를 빼서 휴지통에 넣을 수 있도록 한다.

손 씻기

연령 _ 서 있을 수 있는 시기
교구 _ 아기 키에 맞는 아기용 세면대, 수건,
비누, 핸드크림

준비(초대하기)

아이를 부른다. "우리 손 씻으러 가자." 라고 말하며 함께 욕실로 이동한다.

활동

1. 손 씻기에 사용되는 도구의 명칭을 알려주고 물을 트는 방법을 보여준다.

"이것은 세면대야. 여기는 수도꼭지고 수도꼭지를 사용해서 물을 틀 수 있어. 물을 어떻게 트는지 보여줄게!"

2. (물 틀기) 수도꼭지를 잡고 위로 올려서 물을 튼다.

(손에 물 묻히기) 양손에 물을 충분히 묻힌다.

(비누칠) 손에 비누 거품을 올려준다. "이제 손에 비누 거품을 올려 줄게. 거품!"

양손을 비벼서 손을 닦는 행동을 보여주어 아기가 따라할 수 있도록 한다.

(헹구기) "이제 거품을 헹궈보도록 하자."라고 말한다. 세면대에 손을 놓고 거품을 헹군다.

(수건으로 물기 닦기) "이제 수건에 손을 닦아 보자."라고 말한다. 세면대 옆에 달린 수건을 이용하여 물기를 닦는다.

(핸드크림 바르기) "이제 손에 로션을 바르자."라고 말한다. 아기 손에 잡히는 크기의 용기에 핸드크림을 소분해서 준비해둔다. 아기가 로션을 잡으면 어른이 적당 양을 짜서 아기 손에 발라주도록 한다.

정리

"수건이 축축해졌네! 빨래통에 넣고 새 수건으로 바꿔주도록 하자."라고 안내한다. 욕실 바로 앞에 있는 아기용 수건함에서 새 수건을 꺼내어 걸어둔다. 젖은 수건은 빨래통에 넣는다.

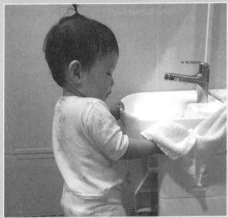

흥미점
수도꼭지 열고 잠그기, 손바닥으로 비누거품내기, 아기 크기에 맞는 세면대와 작은 용기의 로션 사용하기

주의점
아기들이 물건을 잡고 일어서려고 하고, 벽에 기대어 설 수 있는 시기부터 아기용 세면대를 설치하여 사용했다. 이전에는 부모가 아기를 안아서 어른용 세면대를 이용하여 손을 씻었는데, 본인이 두 다리로 서서 지지하려고 하는 욕구가 강해지면서 본인이 물을 직접 만지고 내려가려고 하는 모습을 보였다. 그리하여 11개월에 아기 세면대를 설치했는데 그 이후로 이 공간은 아기들이 너무나 사랑하는 공간이 되었다. 13개월인 지금, 손을 씻는 시간이 되면 손을 씻자고 이야기하고 욕실 문을 열어준다. 그러면 아기가 신나는 표정으로 뒤뚱뒤뚱 걸어서 아기 세면대 앞으로 걸어온다. 세면대를 처음 설치했을 때는 물을 켜는 방법도 잘 몰랐으나 사용 방법을 몇 번 시범 보여주니 금방 따라했다. 수도꼭지를 닫는 방법은 익히는 데 조금 더 시간이 걸렸다. 이곳에서 손에 물을 묻히고 손 씻기 활동하는 것을 매우 좋아하여 계속 하고 싶어하기도 한다. 가정에 설치한 아기 세면대는 한 번 사용할 수 있는 물 사용량을 조절할 수 있게 되어 있다. 아기가 세수하고 손을 씻는데 충분한 양이지만 아기는 더 하고 싶어할 때도 있다. 세면대를 설치한 초기에는 세면대 조작활동 및 손 씻기 연습을 위해 추가적으로 물을 더 보충해주어서 연습할 수 있도록 도와주었다. 현재는 한번 사용하는 물의 양에 맞게 손을 씻고 있으며, 아기들도 손 씻는 순간에는 그 과정에 집중하지만 손을 다 씻고 나면 물기 닦기 및 로션 바르기 등의 다른 활동으로 자연스럽게 넘어가고 있다.

목적
기능적 독립, 세면대에서 손 씻기를 배움, 눈과 손의 협응력 발달, 로션 사용법 익히기

냅킨 사용하기

연령 _ 12개월 이상
교구 _ 냅킨 (냅킨을 보관하는 케이스, 바구니,
병 등)

⌂
자
기

자
신

돌
보
기

준비(초대하기)
아이의 식기류 옆에 냅킨을 미리 두고 아이를 식사
에 초대한다.
"식사시간이야. 밥 먹을 준비하자."

정리

나중에 식사 마무리 후 사용한 천 냅킨은 세탁바구니에 담는다.

목적

아이 스스로 입 닦는 법을 배운다.
기능적 독립을 돕는다.
질서감, 자신감, 독립심을 돕는다.

활동

1. "이것은 냅킨이란다."라고 명칭을 알려준다.
2. "식사 시간에 얼굴에 음식이 묻으면 냅킨으로 닦는 거야. 엄마가 먼저 보여줄게. 잘 보렴."
냅킨을 들고 얼굴 가까이 가져간다.
3. 입 주변을 닦는다.
4. 닦은 냅킨은 식탁 위에 올려 놓는다.

흥미점

냅킨 사용하는 것
입 주변이 깨끗해지는 것

주의점

한국에서는 냅킨 사용 문화가 익숙하지 않다. 환경적으로 면 재질의 냅킨을 사용 하는 것은 자원 절약 및 환경 오염 방지에 좋다. 아기 때 사용한 가제 손수건을 활용하는 것도 좋다.

슬리퍼 닦기

연령 _ 2.5세
교구 _ 다양한 솔, 비누, 앞치마, 대야, 비커,
슬리퍼

준비(초대하기)

아이를 부른다. "OO아, 슬리퍼 닦아보자."

활동

1. 소개와 이동

"이것은 슬리퍼 솔질하기라고 해요. 어떻게 하는 건지 보여줄게요."

2. 앞치마를 입는다.

3. 비커의 물을 대야에 조금 따른다.

4. 솔에 물을 적신 후 비누를 묻힌다.

5. 왼손을 슬리퍼 안에 넣고 오른손으로 솔질을 한다.

6. 솔질한 슬리퍼를 대야에 넣고, 비커에 있는 물을 부어서 헹군다.

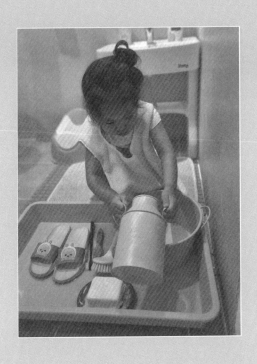

정리

대야의 더러운 물을 버리고 교구를 정리한다.

손을 씻는다.

목적

솔질 하는 방법을 익힌다.

눈과 손의 협응력이 발달한다.

활동의 연속성이 발달한다.

집중력과 독립심이 발달한다.

흥미점

더러워진 슬리퍼가 깨끗해지는 것을 발견하는 것

거품내는 것

솔질하는 것

양치하기

연령 _ 18개월 이상
교구 _ 아기 칫솔, 아기 치약, 양치컵, 계단(혹은 아기 세면대), 거울, 세면 수건, 수건 걸이

준비(초대하기)
식사 후 양치하는 차례임을 알려준다.
"밥 다 먹었으니 우리 이제 양치할 시간이야."

활동
1. 필요한 도구의 명칭과 역할을 소개한다.
"이것은 칫솔과 치약이야. 칫솔에 치약을 짜서 양치하는거야. 그리고 컵에 물을 담아서 우르르 퉤 하고 입안을 헹구는 거야."
2. 치약 뚜껑을 열고 칫솔에 치약을 짜는 것부터 양치하고 정리하는 것까지 차례대로 시범을 보여준다.
3. 치약 뚜껑을 열고 칫솔에 스스로 치약을 짤 수 있도록 한다. 칫솔이 굴러 가서 힘들 경우, 칫솔을 들고 고정되게 도와줄 수 있다.
4. 거울을 보고 윗니, 아랫니, 혓바닥 등 골고루 닦을 수 있도록 시범을 보여준다.
5. 양치를 끝내면 칫솔을 헹구어 제자리에 놓은 뒤, 컵에 물을 담아 입을 헹굴 수 있도록 한다.

정리
낮은 수건 고리에 수건을 걸어 두어 아이 스스로 손과 입을 닦을 수 있도록 도와준다.

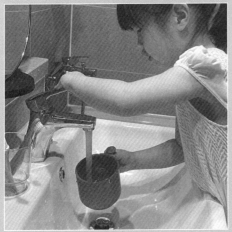

목적

자율성과 독립심을 기른다.

양치하는 순서 인지 및 기억을 통한 기억력과 질서감을 기른다.

흥미점

치약 뚜껑 열고 닫기

치약 짜기

입안에서 달라지는 느낌 경험하기

주의점

아이 스스로 양치질을 하고 칫솔을 세척하는 것 등이 어른이 보기에 완벽하지 않더라도, 우선은 아이가 스스로 모든 과정을 해볼 수 있도록 기다려주는 것이 필요하다.

24개월 이전에는 아이의 키와 균형감이 아직 계단에 올라서 양치하기에 위험하다고 판단하여 디딤대 위에 세면볼을 사용하여 유아 세면대를 만들어주었다. 아이의 키가 자라고 균형감이 좀 더 발달한 후에는 계단에 올라가서 어른과 같은 세면대를 사용할 수 있게 도와줄 수 있다.

새 수건을 스스로 수건장에서 꺼내어 수건고리에 걸 수 있도록 수건장을 화장실 입구 낮은 곳에 배치하는 것을 통해 자율성과 책임감을 길러줄 수 있다.

변기 사용

연령 _ 15개월 이상
교구 _ 아기변기, 배변훈련팬티, 변기커버,
발 받침대 등

준비(초대하기)
아이를 부른다. "00아, 화장실 가자."

활동
[처음 변기를 노출시키기]
1. 아이와 변기를 친숙하게 하기 위해 걸음마를 시작
할 때부터 아이 주변에 아기 변기를 노출한다.
2. 아이가 흥미를 갖고 먼저 앉기를 시도하면 "여기
서 응아를 하는 거야."라고 알려준다.

3. 어느정도 변기와 친숙해지면 아이가 대변을 보려
고 할 때 변기를 가리키며 '여기서 해볼까' 하고 기저
귀를 채운 채로 앉혀서 대변을 보게 한다.

[본격 배변훈련 시작하기]
*준비사항
3중으로 된 배변훈련 팬티 10장, 변기 위치를 화장
실로 옮긴다. 아이가 혼자서 드나들 수 있는지 화장
실을 점검한다.

괜찮아, 우리도 몬테소리가 처음이야

목적

스스로 변기를 사용하며 독립심을 발달시킨다.

집중력을 발달시킨다.

위생관념을 배울 수 있다.

흥미점

트레이닝 팬티 고르기

변기 커버가 씌워진 어른 변기 사용하기

용변후의 다른 느낌

손씻기

1. "이것은 팬티야. 오늘부터 기저귀가 아니라 팬티를 입고 생활할거야."라고 말해주고 팬티를 입혀준다.

2. 팬티를 입은 채 쉬를 하면 아이에게 "이것 봐. 팬티가 젖어서 축축하네. 다음에는 변기에 가서 쉬를 해보자.""변기는 이제 화장실에 있어. 엄마랑 아빠처럼 이제 OO이도 쉬나 응아가 마려우면 화장실에서 하면 돼."라고 팬티에 볼일을 볼 때마다 말해준다.

3. 동시에, 시간마다 아이에게 "이제 화장실 갈 시간이야. 가서 쉬를 하자."라고 말하고 시간마다 화장실을 데리고 간다.

4. 아이가 용변이 마려운 느낌이 들면 표현하기 시작한다. "응아가 마렵구나. 화장실에 가서 응아 할까?""엄마가 도와줄게. 같이 가보자."라고 말한다.

5. 아이가 거부를 하면 강요하지 않는다.

6. 화장실 앞에서 바지와 팬티를 혼자 벗도록 하고 도움이 필요하면 도와준다.

정리

볼일을 보고 난 후 "자 이제 세면대에서 손을 씻고 나가자"라고 말해준다.

화장실 앞에 낮은 의자를 두어 스스로 팬티를 벗고 입을 수 있도록 한다.

주의점

방수 기능이 좋은 기저귀를 사용하고 아이가 촉각에 예민하지 않다면 축축한 느낌을 잘 모를 수 있다. 팬티에 쉬를 했을 때 '이건 축축한거야. 다음에는 변기에 가서 해보자'라고 꾸준히 말해주는게 도움이 되었다.

아이에게 변기를 사용하는 모습을 자주 보여준다. 특히, 남아의 경우 아빠가 변기에 앉아서 볼일을 보는 모습을 보여주면 훨씬 더 변기 사용에 거부감이 없다. 아이가 걸음마를 할 즈음부터 변기를 노출시키면 아기 변기에 친숙함을 느낀다.

본격적으로 배변훈련을 할 때는 낮 동안에 집에서 배변훈련 팬티만 입고 생활한다.

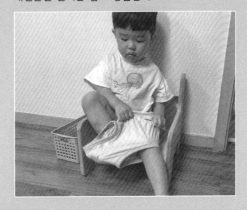

책상 닦기

연령 _ 18개월 이후
교구 _ 닦기 관련 물건을 담을 바구니, 방수
기능이 있는 천 (큰 목욕 타월로 대체 가능), 분무
기 (분무기 안에는 천연 세제가 소량 들어있음),
마른 행주, 솔, 스펀지, 빈 병

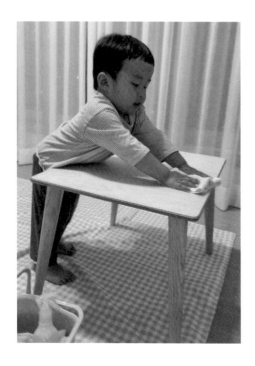

준비(초대하기)

아이를 부른다. "우리 책상 닦는 법에 대해 알아보기
로 해요. 어떻게 하는지 보여줄게요."

활동

1. 닦을 책상 아래에 방수천을 깔고 필요한 물건이
들어있는 바구니를 가져온다.
2. 책상 위에 분무기로 천연세제가 소량 들어있는
물을 뿌린다.
3. 솔로 책상 위를 시계 반대 방향으로 문지른다.
4. 바구니 안 통에 담겨있는 스펀지를 꺼낸다.
5. 스펀지로 책상 위에 남아있는 물기를 왼쪽에서
오른쪽으로, 위에서 아래 쪽 방향으로 흡수시킨다.
6. 마른 행주로 닦는다.

괜찮아, 우리도 몬테소리가 처음이야

7. 아이에게 권한다. "이제 OO가 해볼까요?"

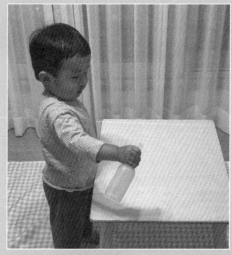

정리
아이가 책상을 다 닦으면 "책상을 다 닦았나요? 더 해볼까요?"라고 물어본다. 이제 그만하고 싶다고 하면 "그럼 우리 물건을 바구니에 정리해보아요."라고 이야기하며 정리를 시작한다.

목적
가족의 일상생활에 참여할 수 있다.
대, 소근육 운동발달을 도와준다.
동작의 조절력과 집중력을 길러준다.
기본생활 습관을 형성하며 자신감과 독립심을 길러준다.

흥미점
책상에 묻은 먼지를 제거하는 것
천연세제 사용하는 것
깨끗해진 책상을 발견하는 것
다양한 도구 (천, 분무기, 솔 등) 의 사용법

주의점
책상을 솔로 문지르거나 스펀지와 행주로 닦을 때, 위에서 아래, 왼쪽에서 오른쪽 방향으로 시범을 보여준다. 이러한 순서는 후에 글자를 쓰는 방향의 기초가 된다.

유리창 닦기

연령 _ 18개월 이후
교구 _ 고무밀대, 분무기, 수건

준비(초대하기)
더러운 유리창을 확인한다. "엄마하고 유리창을 닦아보기로 해요."

활동
1. 고무밀대, 분무기, 수건을 가져와서 이름을 알려준다. "이것은 고무밀대라고 해요. 그리고 이것은 분무기라고 해요. 이것은 수건이라고 해요."
2. 분무기 사용법을 알려준다. "분무기를 어떻게 사용하는지 보여 줄게요." 하며, 오른손 엄지로 분무기 몸체를 잡고, 네 손가락으로 분무기 손가락을 잡은 후 왼손으로 분무기의 바닥 부분을 받친다. 분무기 손가락을 당겨 물을 분사한다.
3. 고무밀대 사용법을 보여준다. "분무기로 물을 뿌리고 나면, 고무밀대로 위에서 아래로 닦아요."

4. 분무기로 물을 뿌리고 고무밀대로 닦는 작업을 여러 번 반복한다.

5. 유리창을 다 닦은 후 얼룩이 남았는지 확인한다.

6. 창에 남은 얼룩이나 물기는 수건으로 닦는다. "창에 얼룩이 남았으면 수건으로 닦을 거예요."

7. 아이에게 권한다. "OO이가 해볼까요?"

정리

고무밀대에 남은 물기를 수건으로 닦는다. 고무밀대, 분무기, 수건을 제자리에 가져다 둔다. 사용한 수건이 더러우면 빨래바구니에 가져다 둔다.

목적

청소도구 (고무밀대, 분무기) 사용법을 습득한다.
유리창 닦는 기능을 습득한다.
스스로 환경을 깨끗하게 하는 습관을 길들인다.

흥미점

분무기로 물을 뿌리는 것
고무밀대로 물기를 제거하는 것
더러워진 유리창이 깨끗해지는 것을 발견하는 것

주의점

분무기에는 1회 분량(유리창을 한 번 닦을 만큼)의 물만 넣어서, 물 뿌리는 놀이로 변하지 않도록 한다.
고무밀대 사용 시 위에서 아래, 왼쪽에서 오른쪽으로 사용하도록 한다.
고무밀대, 분무기, 수건 각각 아이 손에 쥐기 적당한 사이즈의 것으로 준비한다.

걸레질하기

연령 _ 18개월 이후
교구 _ 마른 걸레

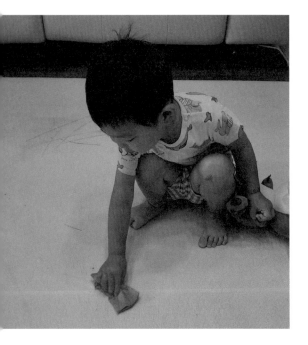

준비(초대하기)
"엄마하고 바닥/책상을 닦아보기로 해요."

활동
1. 걸레를 가져와서 이름을 소개한다. "이것은 걸레
예요."
2. 걸레를 한번 접어 오른손으로 쥐고 바닥/책상을
닦는다.
3. 위에서 아래, 왼쪽에서 오른쪽으로 움직이며 닦
는다.
4. 지저분한 부분은 같은 자리를 반복해서 닦는다.
5. 아이에게 권한다. "00이도 해볼까요?"

괜찮아, 우리도 몬테소리가 처음이야

정리
다 닦은 뒤 걸레를 제자리에 둔다. 걸레가 더러우면
세탁바구니에 넣는다.

목적
독립심을 기를 수 있다.
주변환경을 스스로 청소할 수 있다.
걸레 사용법을 익힐 수 있다.

흥미점
바닥/ 책상의 더러운 때가 깨끗해지는 것을 눈으로
확인하는 것
걸레로 닦는 동작

주의점
걸레의 크기는 아이 손에 쥐기 적당한 정도로 준비
한다.
걸레의 한 면을 먼저 사용한 뒤, 다른 면으로 사용
하도록 한다.

쓸기

연령 _ 18개월 이후
교구 _ 빗자루, 쓰레받기, 먼지, 휴지통

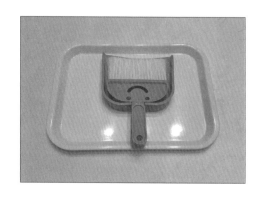

준비(초대하기)

바닥/책상에 떨어진 먼지들을 확인한다. "엄마하고 바닥을 쓸어보기로 해요."

활동

1. 빗자루와 쓰레받기를 가져와 이름을 소개한다. "이것은 빗자루라고 해요. 그리고 이것은 쓰레받기라고 해요."
2. 오른손으로 빗자루를 잡고 바닥/책상의 먼지를 천천히 쓸어 모은다.
3. 왼손으로 쓰레받기를 잡고 먼지 가까이에 댄 후 오른손의 빗자루로 먼지를 쓸어 쓰레받기에 담는다.
4. 먼지가 쓰레받기에 다 담기면, 빗자루는 바닥에 내려놓는다.
5. 쓰레받기를 들고 휴지통으로 가져가 먼지를 쏟아낸다.
6. 아이에게 권한다. "○○이도 해볼까요?"

정리

활동이 끝나면 빗자루와 쓰레받기를 제자리에 가져다 놓는다.

목적

청소도구 (빗자루와 쓰레받기) 사용법을 습득한다.

스스로 주변 환경을 청소한다.

흥미점

더러웠던 책상/바닥이 깨끗해지는 것을 보는 것,

먼지가 쓰레받기에 모이는 것

빗자루, 쓰레받기 사용하는 것

주의점

빗자루와 쓰레받기는 아이 손에 쥘 수 있는 사이즈
의 것으로 준비한다.

휴지통의 입구가 아이 손에 충분히 닿을 수 있는 높
이에 있는 것을 준비한다.

휴지통은 가급적 쓸기 활동이 이루어지는 장소 가까
운 곳에 위치하도록 한다.

빨래 널기

연령 _ 22개월 이후
교구 _ 젖은 빨래가 담긴 바구니, 건조대(아이 키에 맞는 것으로 준비)

준비(초대하기)
아이를 부른다. "우리 같이 빨래 널기 해볼까요? 따라오세요."

활동

1. 젖은 빨래가 담긴 바구니 앞에 함께 간다. "여기 젖은 빨래가 담긴 바구니가 있네요. 어떻게 들고 가는지 보여줄게요."

2. 바구니를 두손으로 들고 배 앞에 가져가 댄다. "00이가 들어보세요."

3. "엄마를 따라오세요."하며, 건조대 앞으로 간다.

4. 건조대 옆에 빨래 바구니를 내려놓도록 한다. "여기에 바구니를 놓아보세요."

5. 건조대 이름과 용도를 소개한다. "이것은 건조대예요. 건조대에 젖은 빨래를 넣어서 말릴 거예요."

6. 빨래 바구니에 있는 세탁물의 이름을 아이가 알고 있는 경우 이름을 물어본다. "여기에 젖은 빨래들이 있네요. 이게 무엇인지 아나요?"

7. 아이가 "손수건" 이라고 대답하면 "맞아요 손수건이에요. 손수건이 젖었네요. 한번 만져보세요." 하며, 아이가 손수건을 만져보도록 한다.

8. 손수건을 건조대에 너는 방법을 알려준다. "이제 엄마가 손수건을 건조대에 널게요. 잘 보세요." 건조대 옆에 서서 손수건을 양 손으로 잡고 탁탁 턴다. "뒤에서 앞으로. 쏙" 하며 손수건을 얹는다.

9. 아이가 해보도록 권한다. "00이도 해볼까요?"

10. 세탁물이 남았다면 "더 해보고 싶어요?" 물어보고, 세탁물이 없다면 "이제 다 널었어요. 다음에도 00이가 도와주세요."하고 마무리한다.

정리

"빨래 바구니는 제자리에 가져다 두기로 해요. 어떻게 들고 가는지 기억나나요?" 하며, 바구니를 제자리에 두는 것으로 정리한다.

목적

대/소근육의 발달을 돕는다.
독립심을 기른다.
언어 발달을 돕는다.
빨래를 건조대에 너는 기술을 습득한다.

흥미점

젖은 빨래를 만져 보기. 빨래를 털면서 나는 소리. 건조대에 널린 빨래 보기.

주의점

처음에는 손수건과 같이 아이 손에 쉽게 잡을 수 있는 크기의 빨래를 같은 종류로 여러 장 준비해서 아이가 잘 따라할 수 있도록 돕는다.
차츰 빨래널기가 익숙해지면 다양한 종류의 세탁물을 소개한다. (티셔츠, 바지, 속옷, 양말 등)
연계된 활동으로 마른 빨래 개기도 해볼 수 있다.

수건 접기

연령 _ 24개월부터
교구 _ 수건 또는 가재 손수건

준비(초대하기)

건조대에 빨래가 다 마른 것을 확인 후 "빨래가 다
말랐네, 우리 함께 빨래를 개어 보자"라며 아이를
초대한다.

괜찮아, 우리도 몬테소리가 처음이야

활동

1. 건조 된 수건을 몸 앞으로 가져온다.

2. "수건을 반으로 접어볼까?" 라고 하며 수건을 반
으로 접는다.

3. "한번 더 반으로 접어보자." 수건을 보관하기 위
해 조금 더 작은 사이즈로 한번 더 접는다.

4. "큰 수건이 점점 작아졌네." 보관함에 들어가는
사이즈로 접은 수건을 차곡차곡 포갠 후 두 손으로
들어 옮긴다.

정리

접은 수건을 지정된 장소에 갖다 놓고 정리한다.

목적

집안일에 참여하면서 소속감을 배운다.

천접기를 통한 수학적 두뇌가 길러진다.

환경을 관리하며 독립심, 집중력을 기를 수 있다.

흥미점

수건을 접을수록 크기가 점점 작아지는 것.

주의점

좀 더 큰 아이들은 건조대에서 마른 수건만 직접 가
져와서 작업할 수 있다.

의자 옮기기

연령 _ 18개월 이후 (걷기에 능숙해진 시기 이후)

교구 _ 의자

준비(초대하기)

아이를 부른다. "우리 의자를 옮기는 법에 대해 알아보기로 해요. 어떻게 하는지 보여줄게요."

138

5. 의자를 든 채 옮기고자 하는 곳까지 천천히 걸어간다.

6. 옮기고자 하는 곳에 도착하면 의자를 천천히 내려 놓는다.

7. 의자 다리 4개가 한꺼번에 바닥에 닿는 것이 아니라 다리 한 개씩 바닥에 닿도록 한다.

8. 의자의 등받이 양 쪽을 손으로 잡고 살짝 들어서 책상 아래로 넣는다.

9. 아이에게 권한다. "이제 00가 해볼까요?"

정리

의자를 제자리에 가져다 놓는다. "다시 제자리에 의자를 가져다 놓을까요?"

목적

스스로 의자를 옮기며 독립심을 기를 수 있다.

환경을 관리하며 자신감을 기를 수 있다.

대근육 운동발달과 동작의 조절력을 기를 수 있다.

흥미점

무거운 물건을 운반하며 넘치는 에너지를 사용할 수 있는 것

자신이 원하는 곳에 의자를 직접 옮겨 놓는 것

활동

1. 의자의 뒤쪽으로 가서 선다. 등받이 양쪽을 손으로 잡고 의자를 몸쪽으로 끌어당긴다.

2. 의자 옆으로 돌아가서 상체를 숙인다.

3. 몸을 숙인 채 한 손으로 의자의 등받이를 잡고, 다른 한 손으로는 의자의 앉는 부분을 잡는다.

4. 의자를 살포시 들어 배꼽 위치에 의자 앉는 부분이 닿도록 붙인다.

주의점

의자의 사이즈가 아이에게 적합해야 한다. 아이 혼자 옮길 수 있을 정도의 무게와 크기의 의자를 준비한다.

매트가 깔려 있는 바닥보다 맨 바닥이 아이가 물건을 들고 중심을 잡기에 더 수월하다.

쟁반 옮기기

연령 _ 18개월 이후 (잘 걷기 시작한 이후)
교구 _ 쟁반, 쟁반 위에 올려 놓을 물건 1~2개,
책상

준비(초대하기)

아이를 부른다. "우리 쟁반 옮기는 방법을 알아보기
로 해요. 어떻게 하는지 보여줄게요."

괜찮아, 우리도 몬테소리가 처음이야

활동

1. 교구장 앞으로 가서 옮기고 싶은 쟁반을 선택한다.
2. 한 손으로 쟁반의 한 쪽을 잡고, 다른 한 손으로 반대 쪽을 잡는다.
3. 쟁반을 올려 둘 장소를 확인한다.
4. 쟁반을 들고 천천히 목표 장소를 향해 걸어간다.
5. 책상 위에 쟁반을 올려놓는다.
6. 아이에게 권한다. "이제 00이가 해볼까요?"

정리

제자리에 쟁반을 가져다 놓는다. "다시 제자리에 쟁반을 가져다 놓을까요?"

목적

대근육 운동 발달을 통한 동작의 조절력이 길러진다. 독립심을 길러준다.

흥미점

하고 싶은 활동을 스스로 선택하여 필요한 교구를 가져오는 것.

주의점

처음에는 떨어져도 깨지지 않는 물건으로 1~2가지 제공한다.

물건이 너무 많거나, 높이가 높아서 기울어지기 쉬운 것은 쟁반 옮기기가 익숙해진 다음에 제공한다.

아이 수준에 맞게 모든 활동은 최대한 짧게 나눠 소개한다.

분리수거하기

연령 _ 18개월 이후 (물건을 들고 옮길 수 있는 나이부터)

교구 _ 분리 수거할 물건을 담을 상자 (아이가 들 수 있는 크기로 준비)

환경 돌보기

QR 코드를 스마트폰이나 태블릿 PC의 카메라로 스캔하면 활동 동영상을 보실 수 있습니다.

준비(초대하기)

아이를 부른다. "엄마와 함께 분리 수거해보기로 해요."

활동

1. 분리 수거를 할 물건을 담은 상자를 소개한다. "이것은 상자예요. 여기에 있는 것들은 분리 수거를 할 물건들이에요. 어떤 것들이 있는지 볼까요?"

2. 상자 안의 물건을 하나씩 꺼내서 탐색한 뒤 다시 상자에 담는다.

3. "이제 상자를 들고 분리수거장까지 같이 가기로 해요. 상자를 드는 법을 알고 있나요?" 물어보고, 모른다고 하면 상자를 양손으로 들어 배에 붙여서 드는 법을 보여준다.

4. "엄마를 따라오세요." 분리수거장까지 함께 간다.

5. 분리수거장에 가서 상자를 내려 놓는다.

6. 상자 속의 물건을 한 개 꺼낸다. "이것은 요거트통이예요. 요거트통은 플라스틱이에요. 플라스틱은 여기에 넣도록 해요." 라고 하며, 플라스틱 모으는 곳에 물건을 넣는다.

7. 아이에게도 권한다. "00이도 해볼까요?"

정리
빈 상자는 다시 제자리에 가져다 둔다. 손을 씻는 것으로 마무리한다.

목적
대근육과 소근육의 운동발달을 길러준다.
스스로 주변환경을 깨끗하게 하며 소속감과 만족감을 느낄 수 있다.
환경보호를 위한 활동에 참여할 수 있다.
종이, 플라스틱 등으로 재질에 따라 물건을 분류할 수 있다.
언어발달, 주의력, 집중력 등이 발달할 수 있다.

흥미점
물건 운반하기. 물건을 종류에 맞게 분류하기.

주의점
뾰족하고 위험한 물건은 아이에게 제공하지 않는다.
분리 수거할 물건은 깨끗하게 씻어 물기를 제거한 상태로 준비한다. 처음에는 2종류로 분류되는 물건 각 1~2개 정도로 준비한다.
상자는 아이가 양 손으로 들 수 있는 사이즈의 것으로 준비한다.

설거지하기

연령 _ 24개월 이후
교구 _ 설거지가 필요한 식기, 대야, 스툴, 세제,
스펀지, 건조대, 타올

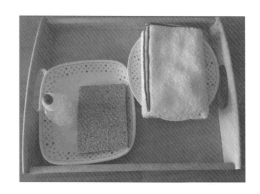

QR 코드를 스마트폰이나 태블릿 PC의 카메라로
스캔하면 활동 동영상을 보실 수 있습니다.

준비(초대하기)
간식이나 식사를 마친 후 아이에게 "엄마랑 같이 설
거지 해볼까?"
"우리가 쓴 그릇 깨끗하게 같이 닦아볼까?" 라고
제안한다.
싱크대가 높은 경우, 스툴이나 러닝타워 등을 이용
한다.

활동
1. 명칭 알려주기
"이것은 스펀지, 이것은 세제예요."
2. 대야에 물 담기
"이것은 대야에요. 여기에 깨끗한 물을 받아보자"
3. 스펀지 사용하기
"엄마가 어떻게 거품을 내서 그릇을 닦는지 보여줄
게, 잘 보자."
스펀지에 세제를 짜고, 주물주물 거품을 낸다.
4. 그릇 닦기
왼손으로 그릇을 잡고, 오른 손으로 거품을 이용하
여 닦는다.
5. 거품 헹구기

"거품이 묻은 그릇을 물이 담긴 대야에 넣자"
손을 넣어 그릇을 헹군다.
6. 대야를 천천히 기울여 비눗물은 조심이 버린 후,
새 물을 받아 깨끗이 헹군다.

7. 건조하기
건조대에 정리하거나, 마른 수건을 이용한다.
"이것은 건조대예요. 헹구어 낸 그릇을 여기 위에
올려놓자."
"건조대에 놓을 때는 그릇을 뒤집어 놓아야 잘 마
른단다.
"마른 수건을 이용하여 물기를 닦아 놓자."

정리
주변의 물기를 닦는다.
"설거지를 하고 나니 주변에 물이 많이 튀었구나.
여기 행주로 물기를 닦아주자."

목적
일의 순서를 의식하고 활동한다.
집중력, 독립심을 기른다.

흥미점
거품이 일어나는 것을 발견하는 것
오염이 제거되는 것을 눈으로 보는 것
다양한 도구 (스펀지, 마른 행주) 사용하는 것

주의점
처음 시도할 때에는 자신이 먹은 식기 1~2가지를 닦
아보면서 흥미를 느낀다.
소량의 세제를 약병에 준비해 주면 사용 시 조절에
용이하다.

나뭇잎 닦기

연령 _ 24개월부터
교구 _ 잎이 넓고 두꺼운 식물, 쟁반, 작은 피처,
작은 그릇 2개, 작은 수건

준비(초대하기)
먼지가 많이 쌓여 있는 식물을 확인 후 "엄마랑 나뭇
잎 닦아주러 갈까?" 라고 아이를 초대한다.

괜찮아, 우리도 몬테소리가 처음이야

활동

1. 식물 옆 교구장에서 교구가 들어있는 쟁반을 들고 와 식물 옆에 둔다.

2. 피처를 들고 화장실에 가서 물을 받는다.

3. 작은 그릇에 피처의 물을 붓는다.

4. 작은 수건을 물이 담긴 그릇에 가져가서 물을 적신다.

5. 물을 적신 수건으로 나뭇잎을 하나씩 닦아준다.

6. 나뭇잎 뒤에 손바닥을 대고 위에서 아래로 나뭇잎을 닦아준다.

7. 모든 잎이 깨끗하게 닦였는지 확인한다.

정리

사용한 교구를 정리한 후 제자리에 둔다.

목적

소근육 운동과 손의 감각을 세련시킨다.

눈과 손의 협응력을 발달시킨다.

식물의 소중함을 깨달을 수 있다.

환경에 대한 배려심을 향상시킨다.

주의력, 집중력, 질서감을 발달시킨다.

흥미점

잎사귀의 먼지가 사라지는 과정을 보는 것.

주의점

피처를 조절하지 않으면 많은 물을 받아올 수 있기 때문에 어린 아이는 아주 작은 피처를 사용하거나 피처 위에 테이프 혹은 고무줄등으로 받아야 할 물의 양을 미리 표시해둔다.

화분에 물 주기

연령 _ 18개월 이상
교구 _ 식물, 쟁반, 물조리개, 스펀지, 투명 피처

준비(초대하기)

"엄마랑 화분에 물 주러 갈까?" 초대한다.

148

활동
1. 식물을 가리키며 "화분에 물을 주도록 하자".
2. 식물 옆 교구장에서 교구가 담긴 쟁반을 들고 와 식물 옆에 둔다.
3. 피처를 들고 화장실에 가서 물을 받는다.
4. 물이 담긴 피처를 기울여 물조리개에 물을 붓는다.
5. 물조리개로 화분에 물을 준다.
6. 물을 모두 부은 후 바닥이나 화분에 흘린 물을 스펀지로 닦는다.

정리
사용한 교구를 정리한 후 제자리에 올려 둔다.
스펀지는 세척해서 둔다.

목적
눈과 손의 협응력을 세련시킨다.
자기 통제력, 주의력, 인내심을 발달시킨다.
환경을 돌보며 소속감을 느낄 수 있다.
집중력, 독립심, 질서감이 발달된다.

흥미점
화분에 물을 주는 것.
물조리개를 사용하는 것.

주의점
고무줄 등으로 피처에 받을 물의 양을 표시하기.

꽃꽂이 하기

연령 _ 18개월 이상
교구 _ 꽃, 가위, 꽃병, 물조리개, 쟁반, 스펀지,
분무기, 앞치마

QR 코드를 스마트폰이나 태블릿 PC의 카메라로
스캔하면 활동 동영상을 보실 수 있습니다.

준비(초대하기)
아이를 불러 "엄마하고 꽃꽂이 하러 가자"고 초대
한다.

활동
1. 꽃 이름을 알려준다. "이 꽃의 이름은 장미예요. 노
란색 장미, 빨간색 장미, 분홍색 장미."
2. 꽃 줄기를 보여주며 "줄기가 너무 길어서 가위로
잘라줄 거예요."

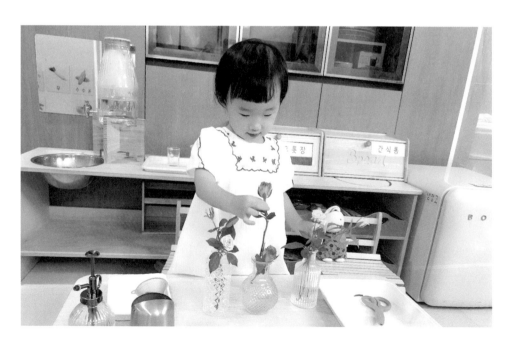

괜찮아, 우리도 몬테소리가 처음이야

적당한 부분을 먼저 잘라 보여주고 아이가 하도록
한다.

3 나머지 교구들을 보여주며 "이것은 꽃병이에요. 이
것은 물조리개예요. 이 깔때기는 꽃병에 꽂으면 물
을 쉽게 받을 수 있어요. 엄마가 어떻게 하는지 보
여줄게."

4 워터디스펜서로 가서 물조리개에 물을 받는다.

5 꽃병에 깔때기를 꽂고 물조리개의 물을 따른다.

6 "꽃병에 물이 있어서 꽃을 꽂을 수 있겠다. 우리
한번 꽂아보자."

물이 담긴 꽃병에 다듬어진 꽃을 꽂는다.

정리

물을 흘리면 스펀지로 닦는다.

꽃꽂이 꽃과 잎을 분무기로 한번 뿌려준다.

"바닥에 물이 흘렀으니 걸레로 닦아주자."

목적

꽃꽂이 하는 방법을 배운다.

소근육 운동 발달을 돕는다.

눈과 손의 협응력을 돕는다.

환경을 돌보며 소속감을 느낀다.

독립심, 집중력, 자신감이 발달한다.

흥미점

깔때기 사용하기

꽃병에 꽂힌 아름다운 꽃을 감상하는 것

주의점

0~3세 몬테소리 교육 환경에서는 꽃꽂이 활동 시 가
위를 사용하지 않는다. 아직 조절력이 발달하지 않
았기 때문이다. 그러나 아이에 따라서 가위 사용과
조절력이 충분히 발달된 아이라면 위와 같이 꽃꽂이
를 가정에서는 제공할 수도 있다.

물고기 밥 주기

연령 _ 스스로 먹이를 줄 수 있을 때부터
교구 _ 어항, 물고기, 물고기 먹이, 먹이를 줄 작은 스푼

QR 코드를 스마트폰이나 태블릿 PC의 카메라로 스캔하면 활동 동영상을 보실 수 있습니다.

준비(초대하기)

아이와 함께 어항 앞으로 간다. "엄마와 함께 물고기 먹이 주기 해볼까요?"

활동

1. 어항을 소개한다. "이것은 어항이에요. 물고기가 사는 곳이에요. 어항 속에 물고기가 있지요? 오늘은 물고기가 먹는 밥을 줄 거예요."
2. 어항 옆에 놓인 먹이가 담긴 통과 스푼을 가져와 소개한다. "이것은 물고기 먹이예요. 이것은 스푼이예요. 스푼으로 물고기 먹이를 줄 거예요."
3. 왼손으로 물고기 먹이 통을 잡고, 오른손으로 스푼을 잡고 물고기 먹이를 담는다.
4. 먹이를 어항 위에서 물고기가 모여 있는 곳에 조금씩 떨어뜨린다.
5. 아이가 해보도록 권한다. "00이가 해볼까요?"

정리
먹이를 담은 통과 스푼을 제자리에 둔다.

목적
생명의 귀중함과 책임감을 배운다.
동식물의 성장을 관찰할 수 있다.
물고기에게 먹이를 주는 능력을 습득한다.
소근육 운동 발달을 돕는다.

흥미점
평상시의 물고기 모습 관찰하기.
물고기가 먹이를 먹는 모습 관찰하기.
스스로 스푼을 사용하여 먹이를 떠서 제공하기.

주의점
아이 연령이 어려 물고기 먹이 제공하는 양을 조절
할 수 없는 경우, 물고기 먹이는 1회분만 제공한다.

강아지 물주기

연령 _ 18개월 이후
교구 _ 투명한 물컵, 정수기, 강아지 물그릇,
러닝타워, 수건

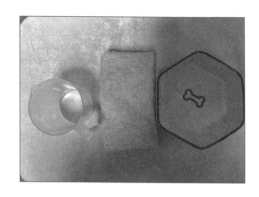

QR 코드를 스마트폰이나 태블릿 PC의 카메라로
스캔하면 활동 동영상을 보실 수 있습니다.

준비(초대하기)

아이를 부른다. "엄마하고 강아지 물 주러 가보기
로 해요."

활동

1. 정수기, 물컵의 이름을 알려준다. "이것은 정수기
예요. 그리고 이것은 물컵이예요."
2. "어떻게 컵에 물을 받는지 보여줄게요."라고 하
며, 물이 나오는 곳에 컵을 올려 둔다.
3. "컵은 이곳에 두고 물 나오는 버튼을 눌러서 물
을 받아볼게요." 말하고 물 나오는 버튼을 누른다.
4. 컵에 담긴 물의 양을 아이에게 보여준다.
"이만큼 물을 담을 거예요."
5. 물컵을 두 손으로 쥐고 천천히 걸어가도록 안내한
다. "물컵을 들고 빠르게 뛰어 가면 물을 다 쏟을 수
있으니, 천천히 가기로 해요."

6. 함께 강아지 물그릇이 있는 장소에 도착하면, 강아지 물그릇을 가리키며, "여기 강아지 물그릇이 있어요. 여기에 물을 담아줄게요." 하며, 엄마가 먼저 물컵의 물을 반 정도만 강아지 물그릇에 부어준다.
7. 아이에게 물이 반 정도 남아있는 물컵을 건네며, 직접 해보도록 권한다. "이제 00가 해볼까요?"

정리
물그릇 주변에 흘린 물은 수건으로 닦는다.
"여기에 흘린 물은 수건으로 닦기로 해요."
물컵은 아이 스스로 러닝타워에 올라가 싱크대에 올려 놓도록 한다.
"물을 다 줬다면 물컵은 싱크대에 두기로 해요."

목적
대/소근육 발달을 돕는다.
균형감각을 발달시킨다.
눈과 손의 협응력을 돕는다.

흥미점
컵에 물을 받기.
물을 들고 이동하기.
물을 그릇에 붓기.

주의점
컵에 물을 받을 때 강아지가 1회 마시는 분량만큼만 받도록 한다.
컵에 물을 받는 활동을 처음 할 때 아이가 물이 나오는 것에 흥미를 가져 계속 물만 받으려고 하는 경우, 아이가 정한 양 만큼의 물을 받는 활동에 먼저 익숙해지도록 한다.

달팽이 키우기

연령 _ 30개월 이상 (사진은 35개월)
교구 _ 달팽이와 달팽이 집, 계란껍질, 그릇,
숟가락, 절구, 절구방망이, 작은 쟁반, 상추.

준비(초대하기)

미리 씻어서 말려 둔 계란 껍질, 씻어 둔 상추 등 교
구를 준비한다.
아이에게 달팽이 먹이 줄 시간을 안내하고 초대한
다.

활동

1. 달팽이 집으로 가서 먹이 그릇과 집 환경을 아이
와 함께 살펴본다.
"아침에 넣어둔 상추와 계란 껍질이 어떻게 되었을
까? 달팽이는 오늘 하루 잘 지냈을까?" 질문을 아
이에게 한다.
2. 숟가락을 사용하여 집안 곳곳에 있는 달팽이 배
설물과 먹지 않고 남긴 채소(상추, 애호박)들을 휴
지통에 버린다.

3. 미리 준비해서 씻어 둔 상추 및 애호박을 달팽이 집 안에 조심스럽게 넣는다.

4. 미리 씻어서 말려 둔 계란 껍질을 아이가 절구통에 넣고 빻는다.

"달팽이 패각을 튼튼하기 위해서는 계란껍질이 필요한데 오늘은 얼마 만큼 줄까?" 질문을 하며 껍질의 양을 조절한다.

5. 잘게 빻아진 계란 껍질을 먹이 그릇에 숟가락으로 담는다.

6. 집 안으로 조심스럽게 넣는다.

정리

정돈된 달팽이 집 환경을 아이와 다시 한번 살펴본다.

목적

눈과 손의 협응력 발달을 돕는다.

동물을 사랑하고 달팽이를 보살필 줄 알게 된다.

집중력, 주의력이 발달한다.

흥미점

달팽이의 상태를 관찰 하는 것.

배설물을 처리하는 것.

먹이를 바꿔주는 것.

주의점

달팽이 관련 책과 자료들을 달팽이 집 옆에 함께 배치해 아이가 원할 때 언제든 자료를 찾아 볼 수 있게 한다. 먹이에 따라 변하는 달팽이 똥 살펴보기, 다른 곤충들 먹이 주기 활동들로 확장 연계한다. 36개월 이후부터는 스프레이에 물을 담아 달팽이 집에 뿌려주는 활동을 통해 손가락 힘 길러주기 활동도 함께 진행한다.

고양이 돌보기

연령 _ 18개월부터
교구 _ 고양이 화장실, 고양이 화장실 삽,
고양이 화장실 모래, 밀봉 쓰레기통(or지퍼
백), 작은 빗자루와 쓰레받기

준비(초대하기)

고양이가 화장실에 가서 모래를 파내며 용변 볼 준비를 한다.

고양이가 용변 보기를 끝낸 후, 모래를 덮고 나오는 소리에 아이가 흥미를 보일 때 초대한다. "우리 고양이 화장실 치워줘볼까?"

고양이 화장실 앞에 서서 명칭을 알려준다.

"이것은 고양이 화장실" "이것은 고양이 화장실 모래" "이것은 고양이 쉬나 응가를 치우는 삽" "이것은 쉬나 응가를 버리는 쓰레기통"

아이가 교구를 살펴볼 시간을 준다.

활동

1. 고양이 화장실에 꽂혀있는 삽을 꺼내서 바닥에 내려둔다. "엄마가 삽을 어떻게 드는지 보여줄게." 오른손으로 삽의 손잡이 부분을 잡고 왼손으로 한번 더 감싼다. 삽의 퍼내는 부분이 위쪽으로 가도록 배 앞에 들고, 아이에게 보여주며 잠시 멈춘다. "이렇게 드는 거예요." 다시 바닥에 내려두고, 아이도 해볼 수 있도록 한다.

2. "이번엔 어떻게 고양이 쉬를 치우는지 보여줄게." 삽을 들고 고양이 화장실 앞에 선다. 아이가 보고 있는지 한번 살펴본다. 화장실 앞에 삽을 내려두고, 왼쪽 무릎을 접어서 앉는다. 다시 한번 아이를 살펴본다. 삽을 오른손으로 들고 모래를 퍼낸다. 두세 번 퍼내면 단단하게 굳은 고양이 소변이 보인다. "고양이 쉬가 단단하게 굳었네? 엄마가 퍼내어볼게." (고양이 모래는 물이 닿으면 뭉쳐서 덩이가 된다.) 삽으로 고양이 소변을 퍼내고 삽을 좌우로 살짝 흔들어서 같이 퍼진 모래를 아래로 떨어뜨린다. 2~3회 반복한다. (두 세덩이로 부서져 있을 수 있다. 가장 큰 덩이를 치운다.)

3. "이번엔 쓰레기통에 버려볼게." 삽을 살포시 화장실 위에 올려둔다. 그리고 옆에 마련된 쓰레기통을 연다. 오른손으로 삽을 들어 쓰레기통에 버린다. 그리고 삽을 바닥에 내려둔다. 일어선 뒤, 삽을 제자리

에 다시 꽂아둔다.

4. "○○이도 한번 해볼래?"라며 아이에게 기회를 준다. 남아있는 덩이들을 아이가 치워본다. "깨끗해졌나요?" 아이가 반복하며 충분히 치워볼 시간을 준다.

정리

깨끗하게 다 치웠다고 하면 삽을 제자리에 꽂아두도록 안내한다.

"바닥에 모래가 떨어져있는데, 쓸기를 더 해볼래요? 아니면 손이 더러워졌으니 손을 닦으러 가볼까?"라며 활동에 선택권을 준다.

쓸기를 먼저 하더라도, 이후에 손 닦는 활동으로 다시 연결해준다.

활동 연결

쓸기 : 떨어진 고양이 모래를 쓸어 담을 수 있는 전용 빗자루와 쓰레받기를 준비한다.

손 씻기 : 손에 세균이 묻을 수 있기 때문에 비누칠해서 손 씻도록 안내한다.

목적

환경을 배려하는 실제적 행동을 배운다

기능적 독립을 돕는다.

협응된 운동(대근육, 소근육, 눈과 손의 협응력)의 발달을 돕는다.

언어 발달을 돕는다.

집중력 발달을 돕는다.

자아 존중과 긍정적인 자아 이미지 구축을 돕는다.

논리적 순서에 대한 이해를 증진시킨다.

기억력을 높여준다.

의지와 지식, 운동의 통합을 돕는다.

감각적인 경험을 제공한다.

공동체에 대한 인식이 증대된다. 공동체에는 함께는 반려동물도 포함된다.

흥미점

고양이가 소변이나 대변을 본 것을 발견하는 것

구멍이 뚫려있는 삽으로 변을 퍼내는 것

같이 퍼진 모래가 구멍으로 빠져나가는 것

변을 쓰레기통에 잘 맞춰서 버리는 것

쓰레기통에서 냄새가 나지 않도록 잘 밀봉하는 것

깨끗해진 화장실을 고양이가 사용하는 것을 보는 것

주의점

고양이가 변을 본 후 발견한 순간에 제공한다.

모래가 집안으로 흘러가지 않도록 교구는 고양이 화장실 주변에만 둔다.

어린이가 삽으로 변을 치우지만, 그 이외에 정기적인 화장실 닦기나, 새 모래 붓기는 어른이 돕는다.

냄새나 세균을 예방하기 위해 고양이와 아이가 없는 시간에 소독약을 뿌려둔다.

고양이 모래는 벤토나이트와 두부 모래 등이 있다. 두부 모래가 아이에게 더 좋은 소재이지만, 고양이의 취향을 우선적으로 고려한 후 준비하도록 한다.

텃밭 돌보기

연령 _ 30개월 이상
교구 _ 유아용 샵, 심고 싶은 씨앗, 물조리개,
모종, 이름표.

준비(초대하기)
아이가 심고 싶은 씨앗과 모종들을 선택 및 구입
후 이름표, 유아용 샵, 물뿌리개 등을 준비하고 초
대한다.

괜찮아, 우리도 몬테소리가 처음이야

정리
사용한 도구들을 정리하고 제자리에 둔다.

목적
눈과 손의 협응력 발달을 돕는다.
식물을 사랑하고 보살필 수 있다.
일상생활의 적응력을 높이고 집중력과 독립심을 발달시킨다.

흥미점
화분에 물을 주는 것.
물조리개를 사용하는 것.
잡초를 뽑는 것.

활동
*씨앗 뿌리기
1. 정해진 구역 내 퇴비와 흙을 골고루 섞는다.
2. 씨앗들을 살펴보고 이름을 알려준다.
3. 삽으로 흙에 구멍을 파고 씨앗들을 한 줄로 뿌린다.
4. 씨앗을 뿌린 자리에 흙을 살짝 덮는다.
5. 물조리개에 있는 물을 화분에 준다.
6. 이름표에 이름을 써서 심은 작물들을 구별해 준다.

*식물의 성장 과정 지켜보기
1. 텃밭으로 가서 아이와 함께 심은 작물들을 살펴본다.
"오늘 우리 텃밭은 잘 있을까? 날씨가 OO해서 물을 주어야겠다." 등의 이야기 나눈다.
2. 텃밭에 자란 잡초들을 알려주고 뽑는다.
3. 물조리개로 물을 뿌릴 때 흙이 젖어서 색이 짙어지는 정도를 알려준다.

주의점
아파트 공동체에서 하는 옥상텃밭 화분을 분양 받아 진행했다. 씨앗보다는 모종이 더 잘 자란다. 공동체라서 다른 가족들이 심은 작물을 함께 구경하고 수확할 수도 있다.

풀 뜯기

연령 _ 20개월 이상
교구 _ 수레, 수건

준비(초대하기)
잡초가 자란 땅을 확인한다. "엄마하고 풀 뜯기
하자."

괜찮아, 우리도 몬테소리가 처음이야

활동

1. 도구를 가져온 후 "이것은 수레예요." 이름을 알려준다.

2. 양손으로 수레의 손잡이를 잡고 이동하는 방법을 알려준다.

3. 흙, 풀 등을 수레에 담는 모습을 보여준다.

4. "뜯은 풀을 천천히 담아주세요." 아이가 풀을 담는 모습을 확인힌다.

5. 땅에 자라고 있던 잡초들이 잘 뜯겼는지 확인한다. "다 담은 후 수레를 이동해요."

정리

풀은 비닐봉지에 붓고, 수레는 정리해서 제자리에 갖다 놓는다.

목적

잡초를 구분하고 풀 뜯기를 배운다.

식물과 환경을 소중히 여길 수 있다.

주의력, 집중력이 길러지고 환경에 대한 배려심이 높아진다.

흥미점

자신의 에너지를 사용해서 풀을 뽑는 동작,
잡초가 정리된 깨끗한 환경

주의점

영양분을 앗아가는 잡초를 뽑도록 한다.

작물 수확 및 작물 옮기기

연령 _ 20개월 이상
교구 _ 볼(담는 통/수레/바구니)

준비(초대하기)

수확이 가능한 식물의 열매를 확인한다. "엄마하고
작물을 수확해서 옮기자."

164

목적
익은 작물을 확인하는 방법을 배운다.
작물을 수확하는 방법을 배운다.
식물과 환경을 소중히 한다.
주의력, 집중력, 독립심이 길러진다.

흥미점
익은 작물을 직접 따기
수확한 후 용기에 담고 이동하기
수확한 작물 시식하기

주의점
익은 작물만 수확하도록 한다.

활동
1. 교구를 가져온 후 "이것은 볼 이에요." 이름을 알려준다.
2. 한손으로 볼을 들고 작물이 있는 밭으로 간다.
3. 익은 작물을 변별하는 방법을 알려준다. "빨갛게 익은 토마토를 따서 볼에 담을 거예요."
4. 작물을 수확하는 방법을 알려준다. "꼭지 부분을 돌려서 한번에 따는 거예요."
5. 아이가 잘 익은 토마토를 꼭지까지 따서 볼에 넣는지 확인한다.
6. 따온 토마토를 씻기 위해 다른 볼로 옮긴다.

정리
도구를 정리해서 제자리에 갖다 놓는다.

간식 코너

연령 _ 18개월 이상
교구 _ 아이 손이 닿는 공간, 간식거리, 컵, 스푼 등 도구, 낮은 테이블 및 의자

QR 코드를 스마트폰이나 태블릿 PC의 카메라로 스캔하면 활동 동영상을 보실 수 있습니다.

⬆ 요리 활동

괜찮아, 우리도 몬테소리가 처음이야

준비(초대하기)
아이 손에 닿는 곳에 소량의 간식들을 준비한 후 아이를 초대한다.

활동
1. 간식 코너를 가리키며 "00야, 여기 좋아하는 간식들이 있네. 밥을 먹은 후 먹을 수 있는 것들이야. 주스, 과자, 영양 젤리, 빵이 있네."
2. 아이와 간식을 보며 정량을 정한다. "이건 하루에 얼만큼 먹을까? 주스는 하루에 1개만 먹도록 하자" "영양제 젤리는 아침밥 먹고 3개 먹을 수 있어" "여기 빵과 잼이 있네, 먹고 싶을 때 먹을 수 있어"
3. 아이가 간식과 필요한 식기를 챙겨 간식 테이블로 이동한다.
4. 준비된 빵 위에 잼을 발라 먹거나, 빈 그릇에 정량의 과자를 덜어 먹을 수 있다.

정리
먹은 후, 자리를 정리하고 간식 그릇은 싱크대에 갖다 놓는다.

목적
식사와 간식의 개념을 배울 수 있다.

스스로 적당한 양을 선택해서 먹을 수 있다.
자신의 몸을 돌보며 독립심이 발달한다.

흥미점
빵에 잼을 바르기
스스로 먹을 만큼 정하기

주의점
'밥먹기 전이라 간식은 안돼요'라고 누구나 실랑이를 한 경험이 있을 것이다. 간식을 스스로 먹을 수 있도록 하면, 아이가 밥을 충분히 먹지 않을 것 같아 걱정이 될 수 있다. 하지만 연습을 통해 절제력을 키우고 자신의 건강을 돌볼 수 있도록 자유와 격려가 중요하다.
간식 코너에는 너무 많은 간식을 두지 않고 종류별로 1~2개를 준비해서 연습을 통해 조절 능력을 키울 수 있게 한다.

식탁 차리기

연령 _ 12개월 이상
교구 _ 책숟가락, 포크, 유리컵, 식탁매트, 물병,
그릇, 의자, 쟁반

QR 코드를 스마트폰이나 태블릿 PC의 카메라로
스캔하면 활동 동영상을 보실 수 있습니다.

준비(초대하기)
아이에게 "이제 곧 식사시간이야. 밥 먹을 준비하
자"라고 말한다.

괜찮아, 우리도 몬테소리가 처음이야

2. 식탁 차리는 법을 알려준다.

2-1. 식탁 매트를 펼친다.

2-2. 매트 그림에 맞춰 식기류를 올려 놓으며 명칭을 말해준다.

"이것은 매트란다. 숟가락, 포크, 유리컵 이에요."

3. 물병에 물을 따르도록 한다.

4. 미리 준비한 음식을 아이 그릇에 덜어준다. 이후 스스로 덜어먹을 수 있도록 한다.

"얼만큼 먹고 싶니? 다 먹고 부족하면 더 먹을 수 있단다."

정리

식기를 정리한다.

"다 먹었니? 쟁반에 그릇을 담아보자"

목적

일대일 대응을 경험한다.

질서감과 집중력을 돕는다.

언어발달을 돕는다.

독립심을 발달시킨다.

흥미점

일대일 대응하기

물병에 물따르기

스스로 움식을 덜어먹기

주의점

의자는 아이 스스로 오르내릴 수 있다.

식탁 매트에는 식기 놓는 자리가 그려져 있다.

확장활동) 러닝타워(또는 의자)를 이용하여 아이가 직접 설거지를 할 수 있다.

작은 꽃병으로 식탁을 장식할 수 있다.

먹을 만큼 덜어 먹어 식사의 양을 조절하는 연습을 한다.

활동

1. 손이 닿는 수납장에서 아이가 스스로 식탁매트와 식기를 하나씩 꺼내 옮긴다. (엄마가 트레이에 준비물을 미리 담아 둘 수 있다)

부엌 찬장 정리

연령 _ 18개월 이상
교구 _ 아이가 쉽게 꺼낼 수 있는 부엌 하부장
한 켠에 아이가 사용할 수 있는 물건

170

준비(초대하기)

아이에게 "네가 사용할 수 있는 식기류가 여기에 있어, 필요할 때 꺼내 쓸 수 있단다" 라고 안내한다.

활동

1. 하부장 또는 서랍의 문을 여는 방법을 알려준다.
"문을 열 때에는 조심이 열기로 해요." "문을 닫을 때에도 조심이 닫아요. 손이 다치지 않도록 조심하자."
2. 하부장 안에 있는 도구들의 명칭을 알려준다.
"이것은 숟가락, 포크 유리컵이에요." 등
3. 아이가 문을 열고, 식사 시간이나 간식 시간에 필요한 식기를 꺼내 사용할 수 있다.

정리

하부장의 문을 닫지 않았다면, 도와줄 수 있다.
"사용 후 문을 닫아주세요." 이야기 한다.

목적

질서감, 주의력, 분별력, 기억력, 독립심을 기를 수 있다.
언어발달을 돕는다.
의지를 통합할 수 있다.

흥미점

스스로 물건을 종류별로 분류하기
필요한 물건 쉽게 찾기

주의점

사용하는 도구의 수를 각각 2-3개 정도로 제한해서 제공한다.

트레이 없는 식탁 이용하기

연령 _ 18개월 전후(스스로 잘 오르내릴 수 있는 시기부터 사용 가능)
교구 _ 발 받침이 있고, 트레이가 없는 하이체어

 QR 코드를 스마트폰이나 태블릿 PC의 카메라로
스캔하면 활동 동영상을 보실 수 있습니다.

준비(초대하기)

아이에게 "이 의자는 식탁 의자예요."라고 안내한다.

활동

1. 의자를 잡고 오르내리는 법을 알려준다.

"여기 발 받침이 있네. 밟고 올라갈 수 있겠니?"

2. 의자에 바른 자세로 앉아 식사하는 곳임을 알려준다.

3. 내려오는 방법을 알려준다.

"내려올 수 있겠니? 발 받침을 밟고 내려오자"

정리

사용하지 않은 의자는 식탁 가까이 밀어 넣는다.

목적

어른의 도움없이 스스로 의자에 앉거나 내려올 수 있다.

독립심, 의지력을 발달 시킬 수 있다.

대근육운동을 발달 시킬 수 있다.

흥미점

스스로 식탁에 오르는 것

스스로 식탁에서 내려오는 것

어른들과 함께 식탁에서 식사하는 것

주의점

의자가 너무 높은 경우, 의자 옆에 작은 계단을 같이 사용할 수 있다.

이유식기가 지나고, 이 의자에 오르고 내릴 수 있는 연령이 되면 가족과 함께 식사시간을 갖는다.

식기세척기 사용하기

연령 _ 24개월부터
교구 _ 컵, 접시, 수저 등 식기류

준비(초대하기)
아이가 식기세척기 사용에 관심을 가지면 함께 할
수 있다.
"사용 해보고 싶니? 방법을 알려줄게."

활동
1. 명칭을 알려준다.
"이것은 설거지를 도와주는 식기 세척기라고 해. 식
기세척기."

2. 그릇 넣기

2-1. 세척기를 열어 사용한 그릇을 하나씩 들어 조심
히 식기 세척기 안에 넣는 모습을 보여준다. "깨질 수
있으니 조심히 넣어보기로 하자."
2-2. 밥 그릇은 이렇게 엎어 놓기로 하자."
2-3. 접시는 세워서 넣는 거야."
3. 세제 투입구 열고 닫기 및 세제 넣기
"구멍에 세제를 하나만 넣자"
4. 식기 세척기 뚜껑 닫기

괜찮아, 우리도 몬테소리가 처음이야

정리

식기를 모두 넣은 후, 버튼을 눌러 세척을 시작한다.
세척 후 제자리에 넣는 것을 함께 할 수 있다.

목적

식기 사용법을 익힐 수 있다. 가족 구성원으로서 기여
하며 소속감이 발달한다.
깨질 수 있는 물건을 조심히 다루며 주의력을 기를
수 있다.
질서감, 독립심, 주의력이 발달한다.
환경의 배려, 의지력, 자신감이 발달한다.

흥미점

식기류를 거꾸로 세워 놓는 것
식기류를 질서정연하게 배치하는 것
세제를 넣는 것
깨끗해진 식기들을 발견하는 것

주의점

식기세척기가 작동이 완료되면 뜨거우니 조심한다.
식기 정리를 할 경우, 미리 공간을 마련하고, 아이가
다루는 식기는 종류별로 소량만 준비한다.

서빙하기

연령 _ 18개월 이후
교구 _ 미리 준비된 시리얼, 우유, 그릇, 숟가락,
식탁 매트, 쟁반

준비(초대하기)
식사 메뉴를 두 개중 고를 수 있도록 한다. "오늘 아
침은 시리얼이랑, 에그 스크램블 중 뭘 먹고 싶니?"
선택한 메뉴에 필요한 재료들이 아이가 다루기 쉬운
크기의 용기에 준비되어 있다.

176

활동

1. 필요한 식기를 테이블에 차린다.

"아침 먹을 준비를 하자. 시리얼을 선택했으니 필요한 것들을 식탁으로 가져가자."

2. 아이가 스스로 필요한 것(식탁 매트, 숟가락, 컵, 우유 등)을 서빙하고, 빼먹은 것이 있다면 추후 알려준다.

3. 빈 그릇에 우유를 붓는다.

4. 시리얼을 먹을 만큼 담아 함께 먹는다.

정리

쟁반에 담아 싱크대로 가져간다.

"다 먹었니? 사용한 그릇은 쟁반에 담아보자"

쟁반을 양손으로 잡고 배 앞쪽에 들고 조심히 옮긴다.

목적

식사 준비에 필요한 일을 배운다.

깨질 수 있는 물건 조심히 다룬다.

흥미점

스스로 필요한 것 준비하는 것

우유(물, 쥬스) 따르기

스스로 먹기

주의점

우유를 따를 때 너무 무거우면 조절하기 어렵고 쏟을 수 있으므로 적당량 미리 준비해 제공한다.

아이의 높이에 맞는 수납장에 식기를 보관한다.

간식 코너를 활용하여 간단한 아침 식사를 미리 준비할 수 있다.

장보고 정리하기

연령 _ 18개월 이후
교구 _ 그림이 함께 있는 장보기 목록, 재사용이
가능한 장바구니 (아이용/어른용)

QR 코드를 스마트폰이나 태블릿 PC의 카메라로
스캔하면 활동 동영상을 보실 수 있습니다.

준비(초대하기)

"함께 장보러 갈까? 무엇을 살지 목록이 있는데 함
께 사러 가자"

활동에 앞서 외출 준비를 스스로 할 수 있도록 안
내한다.

마트에서 사고 싶은 것을 미리 약속하고, 필요한 것
이외에는 구매하지 않기로 약속하는 것도 좋다.

괜찮아, 우리도 몬테소리가 처음이야

5. 정리하기
장바구니의 물건을 냉장고 또는 수납함 제자리에 둔다. "그건 간식 코너에 넣어주세요. 냉장고에 야채칸에 넣자" 등 위치를 알려준다.

6. 요리하기
장보기 및 정리가 끝난 후, 장 봐 온 식자재를 이용해 요리를 할 수 있다.

정리
사용한 장바구니를 접어 제자리에 둔다.

목적
필요한 물건을 고르고 구입하는 법을 배운다.
실물(과일, 야채 등)의 감각적 탐색을 도울 수 있다.
주의력, 자기 효능감을 발달 시킬 수 있다.
독립심, 질서감, 주인의식, 사회적 적응력을 도울 수 있다.
언어발달을 도울 수 있다.

흥미점
식물 탐색하기 (냄새, 색깔, 크기, 질감, 모양 느끼기)
직접 골라서 바구니에 담기

활동
1. 명칭 알려주기
마트에 도착해 아이가 관심을 보이는 식자재가 있다면 명칭을 알려준다. "이건 네가 좋아하는 감자네. 감자"
2. 장보기 목록의 것을 찾아 바구니에 담는다.
3. 계산대에 물건을 올려놓을 때 아이가 함께 도울 수 있도록 기회를 준다.
4. 계산을 마치고 아이용 장바구니에 들 수 있을 만큼 물건을 담아준다.

주의점
장보기 리스트는 마트 전단지를 활용한다.
장보는 시간은 사람이 붐비지 않는 시간대를 활용하는 것이 좋다.
물건의 위치를 기억하고 정리할 수 있다.
익숙해지면 냉장, 냉동, 상온 식품을 고려할 수 있다.

귤 까기

연령 _ 18개월 이상
교구 _ 귤, 그릇, 쟁반

QR 코드를 스마트폰이나 태블릿 PC의 카메라로
스캔하면 활동 동영상을 보실 수 있습니다.

준비(초대하기)
"간식으로 귤 먹을까? 귤을 까보자"라고 말한다.

활동
1. 명칭 알려주기
"이건 네가 좋아하는 귤이야. 따라 말해볼까? 귤"
2. 아이에게 식재료를 건네며 탐색한다.
"주황색 껍질을 자세히 보니 점이 많이 있네?"

괜찮아, 우리도 몬테소리가 처음이야

3. 귤 까는 시범을 보여준다.
"엄마가 먼저 껍질을 까볼게. 어떻게 하는지 잘 보렴"
한손에 귤을 올려놓은 후, 다른 손으로 귤 껍질을 살살 벗겨낸다.
4. 껍질과 귤을 각각 다른 그릇에 둔다.
"껍질은 여기 그릇에 두고, 다 깐 귤은 여기에 놓자."
5. 아이도 해본다. "너도 해볼래?"
아이에게 제공해줄 때, 꼭지 부분의 껍질을 조금 까서 건네주는 것이 좋다.
6. 귤을 작게 나눠 접시에 담아 함게 먹는다.
"귤을 나눠서 아빠에게 나눠드릴까? 접시에 가지런히 놓아보자"

정리
"귤 다 깠니? 다깠으면 정리하자" 라고 말한다.
"껍질은 음식물 쓰레기통에 버릴거예요. 싱크대에 가져다 놓고 올래?"

목적
눈과 손의 협응력을 발달시킨다.
후각을 자극한다.
스스로 먹을 수 있으며 독립심이 발달한다.

흥미점
귤 껍질을 까는 동작
귤의 향기를 맡는 것
스스로 깐 것을 먹는 즐거움

주의점
처음에는 힘조절이 어려워 귤을 쥐어 짜며 촉감놀이를 할 수도 있다.
껍질을 조금 까서 건네주고 연습할 수 있도록 한다.
처음 제공할 때는 귤을 1~2개 소량 제공한다.

계란 깨고 풀기

연령 _ 18개월 이상

교구 _ 계란, 용기 2개, 쟁반, 거품기, 앞치마, 행주

QR 코드를 스마트폰이나 태블릿 PC의 카메라로 스캔하면 활동 동영상을 보실 수 있습니다.

준비(초대하기)

아이 쟁반 위에 재료를 준비한 후 초대한다. "우리 계란 깨기 해보자"

괜찮아, 우리도 몬테소리가 처음이야

활동

1. "자 앞치마를 입을게요" 앞치마 입는 모습을 모델링하고 아이도 착용할 수 있도록 한다.

2. "이건 계.란, 계란이라고 해" 또박또박 명칭을 알려준다.

3. "자, 이제 계란 깨는 법을 보여줄게" 계란을 깬 후 용기 1개에는 계란을 담고 다른 용기 1개에는 계란 껍질을 담는다.

4. "자 이제 00이가 해볼까?" 아이에게 활동을 권유한다.

5. 계란을 깬 후 거품기를 한 손에 쥐고 계란 풀기를 한다.

6. 계란을 흘릴 경우 대신 닦아주는 대신 키친 타올이나 행주를 건넨다.

7. 활동을 마친 뒤 아이에게 "또 하고 싶어?" 물어본다.

정리

"자 이제 정리할까요?" 껍질이 담긴 그릇은 쓰레기통에 비우고 물로 닦는다.

목적

대/소근육 운동 발달을 돕는다.

일상생활의 논리적 순서를 배울 수 있다.

언어발달, 주의력, 집중력, 독립심을 배울 수 있다.

가정 구성원으로서 기여하며 소속감을 느낄 수 있다.

흥미점

계란 깨기, 계란 풀기, 행주로 닦기.

주의점

계란은 물로 헹군 뒤 준비 해둔다. 처음에는 껍질이 많이 섞여 들어가므로 용기 위에 채를 올려 두고 계란을 깰 수 있도록 한다. 요리하기 활동으로 연결할 수 있다.

오이 껍질 벗기고 자르기

연령 _ 30개월 이상
교구 _ 오이, 도마, 감자칼, 유아 안전 칼, 오이
보관 통, 음식물 쓰레기통

준비(초대하기)

오이 반찬 준비를 위해 아이를 초대한다. "엄마와 오
이 껍질을 벗겨볼까?"

괜찮아, 우리도 몬테소리가 처음이야

활동

1. 책장 앞에 함께 가서 아이가 오이 겉을 씻는다.
2. 도마 위 오이를 가로로 두고 감자칼로 먼저 오이 껍질을 벗긴다.
3. 한손으로 감자칼의 손잡이를 잡고 다른 한손으로 오이 끝을 잡은 후 껍질을 벗긴다.
4. 껍질을 다 벗기고 유아 칼로 오이를 썬다.
5. 음식 보관통에 오이를 담는다.

정리

오이가 담긴 통을 냉장고에 넣는다.

목적

오이 껍질 벗기기와 자르기를 할 수 있다.
손의 조절력을 연습할 수 있다.
일의 논리적 순서를 배울 수 있다.
요리에 참여해서 음식에 대한 흥미도를 높일 수 있다.
가정 구성원으로 기여하며 소속감을 느낄 수 있다.

흥미점

오이껍질 벗기기 (도구) 를 사용하는 것
오이를 칼로 자르는 것

주의점

감자칼의 위험한 부분을 미리 설명하고 사용법을 미리 보여준다. 감자칼 사용시 유아를 잘 지켜본다.
(너무 어린 아이는 칼이 위험하다)

도토리묵 자르기

연령 _ 20개월 이상
교구 _ 테이블 매트, 도마, 묵 칼, 묵, 앞치마,
접시, 행주

준비(초대하기)
아이에게 식사 준비 시간을 말하고 함께 하자고 이
야기 한다.
"OO아, 이제 곧 저녁먹을 시간이야, 오늘은 가족과
함께 먹을 도토리묵을 직접 잘라 주겠니?"

괜찮아, 우리도 몬테소리가 처음이야

활동

1. 묵의 질감 및 식재료를 탐색한다.

2. 유의해야 할 점을 알려준다.

"묵은 손으로 잡으면 쉽게 깨질 수 있어, 조심히 다루자."

"칼의 날카로운 부분으로 묵을 자른단다. 대신에 손이 다칠 수 있으니 날 부분은 절대 만지지 않기로 약속해요."

3. 테이블 매트를 깔고, 도마를 올린다.

4. 묵을 도마 위에 올린 후 묵 칼로 천천히 자른다.

5. 자른 묵은 살살 잡아서 그릇에 놓는다.

정리

앞치마를 풀고 접고 사용한 도구들은 씻어서 제자리에 놓는다. 자른 묵을 옮겨 담은 접시는 식탁 위에 올린다.

목적

안전하게 묵칼을 사용하는 방법을 배운다.

다양한 식재료의 탐색 및 맛보기를 한다.

주의력, 질서감, 집중력이 발달한다.

일상생활의 논리적인 순서를 배운다.

흥미점

묵칼 사용하는 방법

잘려진 묵을 보는 것

묵을 조심스럽게 다루는 것

가족과 함께 시식하는 것

주의점

행주로 식재료에서 나온 물기를 닦는다.

깨 빻기

연령 _ 20개월 이상
교구 _ 깨, 깨 담은 통, 숟가락, 작은 절구와 절구 공이, 깨소금 담을 통, 깔때기

요
리
활
동

QR 코드를 스마트폰이나 태블릿 PC의 카메라로 스캔하면 활동 동영상을 보실 수 있습니다.

준비(초대하기)

깨를 소분해 둔 통과 도구를 트레이에 준비해 둔 후 아이를 초대한다. "요리에 넣을 깨소금 준비 해 볼까?"

괜찮아, 우리도 몬테소리가 처음이야

9. 절구통을 양손으로 들어 깔대기 입구로 가져간다.

10. 천천히 깨를 옮겨 담는다.

11. 깨를 옮겨 담은 통을 오른손으로 잡고 왼손으로 뚜껑을 닫는다.

"이제 너의 차례야." 하고 트레이를 건넨 후 아이가 순서대로 작업을 한다.

정리

깨 빻기를 끝냈으면 통을 닫아 제자리에 둔다. 떨어진 깨는 빗자루와 쓰레받기로 정리한다.

목적

소근육 운동발달을 돕는다.

눈과 손의 협응력을 돕는다.

아이의 식습관 형성에 도움을 줄 수 있다.

일상생활의 논리적 순서를 배울 수 있다.

가족 구성원으로 기여하며 소속감을 느낄 수 있다.

언어발달, 주의력, 집중력, 독립심이 발달한다.

흥미점

식재료를 직접 손질하며 질감과 향기 맡기.

요리 활동에 대한 흥미.

주의점

깨가 쏟아졌을 땐 "괜찮아, 다하고 청소하자." 말해주면서 작업을 계속 이어 할 수 있도록 유도한다.

견과류, 굵은 소금 등으로 대체하여 작업할 수 있다.

아이가 빻는 것에만 흥미를 느낀다면 충분히 작업하는 시간을 준다. 하지만 심한 저지레를 칠 경우 "다음에 다시 해보자." 하며 정리한다.

활동

1. 명칭을 알려준다. "이것은 깨, 절구, 깔때기야. 요리에 넣을 깨소금을 만들어보자. 엄마가 보여줄게, 잘 보렴."

2. 왼손으로 깨가 담긴 통을 잡고 오른손으로는 뚜껑을 잡고 천천히 연다.

3. 오른손으로 숟가락 잡고 깨를 퍼서 절구에 옮겨 담는다. (1회분만)

4. 옮겨 담은 후 깨가 담긴 통의 뚜껑을 닫는다.

5. 왼손은 절구의 중간을 잡고 오른손으로 절구공이를 들고 절구에 넣은 깨를 빻는다.

6. 옮겨 담을 통을 가져와서 오른손으로 통의 중간을 잡고 왼손으로 뚜껑을 연다.

7. 뚜껑을 옆에 두고 깔때기를 가져와 통의 구멍에 천천히 넣는다.

8. 절구통에 있는 절구공이를 옆으로 빼놓는다.

납작콩 줄기 떼기

연령 _ 18개월 이후
교구 _ 납작콩, 담을 그릇 2개, 앞치마

⌂
요
리
활
동

준비(초대하기)
아이에게 "엄마랑 납작콩 줄기를 떼보자" 라고 말
한다.

괜찮아, 우리도 몬테소리가 처음이야

활동

1. 탐색하며 명칭을 알려준다. "이것은 납작콩 이에
요. 만져 볼래?"

2. 줄기 떼는 법을 보여주고 아이도 해본다.
"왼손으로 잡고 오른손으로 줄기를 떼주세요."

3. 줄기와 콩을 각각 다른 그릇에 담는다.
"줄기는 여기에 놓아주세요. 콩은 여기에 놓자."

정리

아이와 협력하여 정리를 유도한다.
"다 했으면 정리하자. 엄마가 그릇을 들게, 네가 쟁
반을 들어볼까?"

목적

소근육 사용 및 발달을 돕는다.
올바른 식습관을 형성하는데 도움을 준다.
가족 구성원으로서 먹거리 준비에 참여하며 소속감
을 느낄 수 있다.
집중력, 주의력, 독립심이 발달한다.

흥미점

납작콩 줄기 떼는 법
줄기와 콩이 분리되는 것을 보는 것
자신이 준비한 것으로 가족이 맛있게 먹는 것을 보
는 것

주의점

소근육 발달 정도에 따라 아이가 할 수 있도록 줄기
를 살짝 떼어놓을 수 있다.

오렌지 주스 만들기

연령 _ 18개월 이후
교구 _ 오렌지, 오렌지 착즙기, 유리컵, 행주,
앞치마, 빈 그릇

준비(초대하기)
아이에게 "오렌지가 있네, 주스 만들어 먹을까?"라
고 말한다.
오렌지는 반으로 잘라 준비한다.

활동
1. 앞치마를 착용한다.
2. 과일을 탐색하고 이름을 알려준다. "이것은 오렌
지예요. 즙이 많고 새콤한 맛이나요"
3. 즙을 짜는 방법을 보여주고 아이도 할 수 있도록
기회를 준다.
"이것은 오렌지 착즙기예요" 잘린 오렌지를 위에 올
려놓는다.
"손으로 잡고 돌려주면 즙이 나와. 너도 해 볼래?"
4. 즙을 짠 오렌지 껍질은 빈 그릇에 담는다.
5. 즙을 유리컵에 담는다.

괜찮아, 우리도 몬테소리가 처음이야

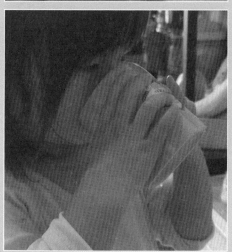

정리

흘린 경우, 행주로 닦는다.

"흘릴 수도 있어요. 행주로 닦으면 돼."

아이와 협력하여 정리를 유도한다.

"다 했으면 정리하자. 엄마가 쟁반을 들게, 네가 껍질 담은 그릇을 들어볼까?"

목적

일의 논리적 순서를 배울 수 있다.

소근육 운동을 발달시킨다.

미각, 후각의 감각적 탐색을 할 수 있다.

주의력, 집중력, 독립심을 도울 수 있다.

흥미점

오렌지 착즙기를 사용하는 것

오렌지에서 즙이 나오는 것을 발견하는 것

오렌지 주스를 시식하는 것

주의점

오렌지 착즙기가 가벼울 경우, 쉽게 움직일 수 있으므로 무게가 있는 것으로 사용하는 것을 권장한다.

확장활동) 세척, 자르기 등 확장활동을 할 수 있다.

쿠키 만들기

연령 _ 18개월 이후
교구 _ 바나나, 밀가루, 설탕 등 베이킹 재료,
베이킹 도구, 키에 맞는 작업대 또는 스툴, 접시,
수건

요
리
활
동

준비(초대하기)

아이에게 "바나나 쿠키를 만들어 먹을까?" 라고 말
한다.
베이킹에 사용되는 재료는 미리 준비하거나, 함께
계량을 하는 것도 좋다.

활동

1. 앞치마를 착용한다.
2. 식재료을 탐색하고 이름을 알려준다. "이것은 바
나나예요. 달콤한 향기가 나요"
3. 베이킹 도구의 이름을 알려준다.
"이것은 계량기, 양을 잴 때 사용하는 도구야"
"이것은 스패츌러, 스패츌러는 으깰 때 사용한단
다" 등
4. 바나나 껍질 벗겨서 스패츌러 등으로 으깬다.
5. 반죽하기
으깬 바나나 – 가루류 – 액체류 순으로 이름을 말해
주며 섞어 반죽한다.
6. 틀에 반죽 옮기기
7. 오븐에 굽기
내용물을 오븐에 넣고, 온도를 맞춰 굽는다.
8. 쿠키를 굽는 동안 뒷정리를 한다.
"맛있게 구어지는 동안 우리는 깨끗이 정리하자"

정리

가루나 반죽 등이 흘린 경우, 행주로 닦는다.

"흘릴 수도 있어요. 행주로 닦으면 돼"

구어진 쿠키를 식힌 후 접시에 담는다.

"접시를 가져와 줄래? 식은 쿠키를 담아 먹자"

목적

요리를 하며 일에 순서가 있음을 배운다.

소근육 사용 및 발달시킨다.

미각, 후각 자극한다.

흥미점

바나나 향기 맡기

바나나 으깨고 반죽하기

오븐 사용하기

완성된 쿠키 서빙하기

스스로 만든 쿠키 맛있게 먹기

주의점

오븐 사용시 화상을 입을 수 있으니 주의한다.

쌀 씻기

연령 _ 18개월 이후
교구 _ 쌀 또는 다양한 곡식, 빈 용기, 물이 담긴 저그, 채망, 작은 수건

준비(초대하기)
아이에게 "밥을 준비할 거예요. 함께 쌀 씻기를 해 보자" 라고 말한다.

활동
1 앞치마를 착용한다.
2 식재료의 이름을 알려준다. "이것은 쌀, 이것은 보리야"

3 소량을 건네 주며 탐색한다. "보리에는 가운데 선이 있네"
4 쌀 씻기
4-1 쌀이 담긴 용기에 천천히 물을 붓는다.
4-2 오른손을 담가 천천히 쌀을 씻는다.
4-3 왼손으로 채를 들고, 물을 덜어낸다.
위 과정을 두 세번 반복한다.
5 손의 물기를 수건을 닦는다.

괜찮아, 우리도 몬테소리가 처음이야

정리

1 바닥에 쌀이 떨어져 있다면 쓸어 담기를 할 수 있다.

2 물을 흘린 경우, 행주로 닦는다.

"흘릴 수도 있어요. 행주로 닦으면 돼"

3 아이와 협력하여 정리를 유도한다.

"다 했으면 정리하자. 엄마가 씻은 쌀을 가져 갈게, 네가 빈 그릇을 옮겨 줄래?"

목적

일에 순서가 있음을 배운다.

소근육 사용 및 발달시킨다.

촉각을 자극한다.

올바른 식습관 형성에 도움을 준다.

주의력, 집중력, 독립심을 발달시킨다.

흥미점

쌀과 보리 씻기

물따라 버리기

쌀과 보리가 달라진 모습 발견하기

주의점

처음 쌀을 탐색할 때 손을 털 경우, 사방에 곡물을 흘릴 수 있다. 곡물 탐색 시 소량만 덜어 제공한다.

멸치 다듬기

연령 _ 18개월 이상
교구 _ 마른 멸치, 빈 통, 접시, 행주

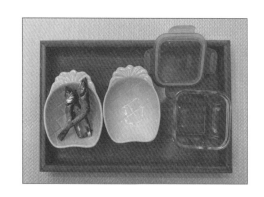

QR 코드를 스마트폰이나 태블릿 PC의 카메라로
스캔하면 활동 동영상을 보실 수 있습니다.

준비(초대하기)
아이에게 "국물 요리에 사용할 멸치를 다듬어보자"
라고 말한다.

활동
1. 식재료의 이름을 알려준다. "이것은 멸치예요."
2. 멸치가 담긴 통을 여는 방법을 천천히 보여준다.
"여기 멸치가 담겨 있어요, 똥 부분은 먹지 않아서
떼어낼 거야."
3. 멸치를 하나 꺼내 빈 접시 위에 놓는다.
4. 왼손으로 멸치의 몸통을 잡고, 오른손으로 멸치의
똥을 잡아 뗀다.
5. 똥이 제거된 멸치는 반찬 통에 넣고, 똥을 접시
에 둔다.
6. 아이도 같은 방법으로 한다.

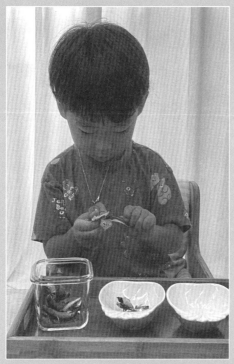

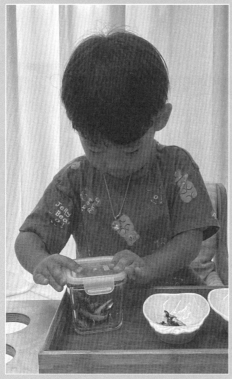

정리

1 "더 해볼까? 다 다듬었니?"

2 다듬은 멸치는 뚜껑을 닫아 보관한다.

3 부스러기가 있다면 행주로 책상을 닦는다.

목적

일에 순서가 있음을 배운다.

소근육 사용 및 눈과 손의 협응력 발달을 돕는다.

올바른 식습관 형성에 도움을 준다.

요리 활동에 흥미를 느낄 수 있는 기회를 제공한다.

가족이 함께 먹을 식재료를 준비하면서 가족구성원
으로 소속감을 느낄 수 있다.

주의력, 집중력, 독립심을 길러준다.

흥미점

멸치똥 찾아내기

멸치냄새 느껴보기

주의점

처음에는 1~2회분만 준비하고, 능숙해질 경우 양을
증가한다.

확장활동) 다듬은 식재료를 실제 요리 활동으로 연
결할 수 있다.

사과 자르기

연령 _ 18개월 이상
교구 _ 사과, 슬라이서, 도마, 쟁반, 접시 2개,
앞치마

준비(초대하기)
아이에게 "간식으로 먹을 사과를 잘라보자."라고
말한다.

괜찮아, 우리도 몬테소리가 처음이야

활동

1. 앞치마를 입는다.

2. 과일을 탐색하고 이름을 알려준다.
"이것은 사과예요. 무슨 색이지? 빨갛게 익었네"

3. 사과 자르기

3-1. 도구의 명칭을 알려준다. "이것은 도마, 슬라이서 라고 해." "슬라이서는 날카로우니 날은 만지지 않아요. 조심하기로 하자."

3-2. 슬라이서를 도마 위에 올린다.

3-3. 슬라이서를 양손으로 잡고, 사과 위에 올리며 위치를 맞춘다.

3-4. 상체를 앞으로 숙이며 힘을 줘 사과를 자른다.

4. 사과의 씨 부분과 먹는 부분을 각각 다른 접시에 담는다.

5. "또 하고 싶니?"라고 묻는다.

정리

사과의 씨 부분은 음식물 쓰레기통에 버린다.
도구를 싱크대로 정리한다.
"엄마가 슬라이서를 들게, 네가 나머지를 옮겨줄 수 있니?"

목적

일에 순서가 있음을 배운다.
소근육 사용 및 눈과 손의 협응력 발달을 돕는다.
미각 발달에 도움을 준다.
가족이 함께 먹을 식재료를 준비하며 가족 구성원으로 소속감을 느낄 수 있다.
요리 활동에 흥미를 높일 수 있다.
주의력, 집중력, 독립심을 길러준다.

흥미점

슬라이서 힘껏 누르기
자른 사과조각을 집게로 꺼내기

주의점

자르고 난 후, 사과를 접시에 담을 때 슬라이서의 날 부분을 조심해야 함을 미리 안내한다.

마늘 까기

연령 _ 18개월 이후
교구 _ 꼭지를 자른 통마늘, 쟁반, 빈 용기 2개

준비(초대하기)
아이에게 "요리에 쓰는 마늘의 껍질을 까보자"라
고 이야기 한다.

괜찮아, 우리도 몬테소리가 처음이야

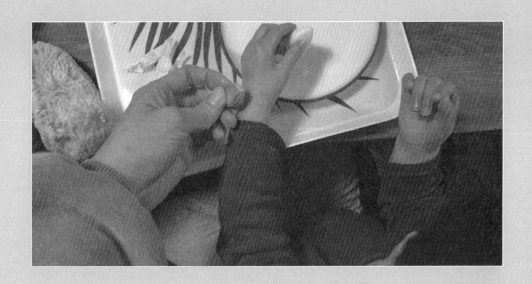

활동

1. 명칭 알려주기

"이건 마늘이야. 마늘 따라 해볼까? 마늘."

"엄마가 국이나 나물 요리를 할 때 많이 사용해."

2. 아이에게 식재료를 건네며 탐색한다.

"껍질로 싸여 있고, 단단하구나." "무슨 냄새가 나나 맡아볼래?"

3. 아이의 오른쪽에서 마늘 까는 방법을 천천히 보여준다.

"이렇게 하는거야, 너도 해볼래?" 아이에게 기회를 준다.

4. 껍질과 깐마늘을 구분해 놓는다.

"껍질은 여기 그릇에 놓고, 깐 마늘은 여기에 놓자."

정리

마늘 껍질은 쓰레기통에 버리고 온다.

깐 마늘은 용기 뚜껑을 닫아 보관한다.

손을 씻고 온다.

목적

후각을 자극한다.

요리에 앞서 식재료를 관리한다.

소근육 운동발달을 돕는다.

가족이 함께 먹는 식재료를 준비하며 가족구성원으로 소속감을 느낄 수 있다.

주의력, 집중력, 독립심을 길러줄 수 있다.

흥미점

마늘 냄새 맡아보기

껍질을 까기 전과 후의 달라진 마늘 모양 관찰하기

주의점

마늘을 물에 껍질째 불린 뒤 사용하면 조금 더 쉽게 활동을 접할 수 있다

콩나물 다듬기

연령 _ 20개월 이상
교구 _ 콩나물, 접시, 반찬통

QR 코드를 스마트폰이나 태블릿 PC의 카메라로
스캔하면 활동 동영상을 보실 수 있습니다.

요
리
활
동

준비(초대하기)

재료 준비하기 세척한 콩나물을 물을 빼서 준비한다.
초대하기 "오늘 반찬으로 사용할 콩나물을 다듬어
보자."라고 말한다.

괜찮아, 우리도 몬테소리가 처음이야

7 반찬통에 담긴 콩나물은 "뚜껑을 닫아서 냉장고에 넣자"

목적
소근육 발달을 돕는다.
가족이 함께 먹을 식재료를 준비하면서 가족구성원으로 소속감을 느낄 수 있다.
올바른 식습관 형성에 도움을 줄 수 있다.
일의 논리적 순서를 배울 수 있다.
집중력, 주의력, 독립심을 기를 수 있다.

흥미점
콩나물의 뿌리 끝 떼기
콩나물 껍질 골라내기
콩나물 머리떼기

주의점
맨 처음에는 콩나물의 양을 1~2회분만 준비하고 능숙해질 경우 양을 증가한다.
콩나물의 머리를 떼는 경우 제지 하지 않고 반찬통에 넣도록 유도한다.
다듬어 둔 식재료를 실제 요리 활동으로 연결 시킬 수 있다.

활동
1. 명칭 알려주기
"이건 콩나물이야. 따라 말해볼까? 콩나물."
2. 아이에게 식재료를 건네며 탐색한다.
"줄기가 있고 끝에 단단한 콩이 붙어 있네? 향기를 맡아볼래?"
3. 콩나물 다듬기
"엄마가 먼저 다듬어 볼게. 어떻게 하는지 잘 보렴."
3-1. 왼손으로 콩나물을 잡고, 오른손으로 뿌리 끝을 조금 잡고 뗀다.
3-2. 뿌리를 접시에 두고, 다듬어진 콩나물은 반찬통에 넣는다.
4. 아이도 해본다.
"다듬는 방법 알겠니? 한번 해보자."

정리
"콩나물 다 다듬었니?" "또 해볼래?"라고 묻는다.
"뿌리 부분은 음식물 쓰레기통에 버릴거예요. 싱크대에 가져다 놓고 올래?"

책 읽기

연령 _ 아이가 이동이 가능해진 시기
교구 _ 책, 전면 책장, 책상과 의자 (아이 사이즈에 맞는 것을 권장함)

음악 • 미술 • 기타

준비(초대하기)
아이를 부른다. "엄마랑 책 읽기로 해요."

활동
1. 책장 앞에 함께 가서 아이가 책을 선택하도록 한다. "어떤 책을 읽고 싶어요?"
2. 아이가 책을 선택하면 "책상으로 가서 읽기로 해요." 말하며 책을 들고 가도록 한다.
3. 책상을 사이에 두고 아이와 마주보고 앉는다.
4. 책 제목을 먼저 읽어준다.
5. 책장을 넘기며 아이의 수준에 맞춰 책을 읽어준다. 아이의 시선을 따라가며, 아이가 가리키는 것이 있다면 그것을 먼저 설명해준다.

6. 다 읽은 뒤, 다시 한번 읽고 싶은 지 물어본다. "한번 더 읽어볼까요?"
7. 그만 읽고 싶다고 하면 다른 책을 읽고 싶은 지 물어본다. "그럼 다른 책을 읽어볼까요?"
8. 다른 책을 읽고 싶다고 하면 먼저 읽은 책을 제자리에 놓고, 새로운 책을 고른다. "읽은 책은 제자리에 두고, 다른 책을 골라보기로 해요."
9. 더 이상 읽고 싶은 책이 없다면, 책을 책장에 가져가 정리하는 것으로 마무리한다. "그럼 책을 책장에 다시 가져다 놓기로 해요."

괜찮아, 우리도 몬테소리가 처음이야

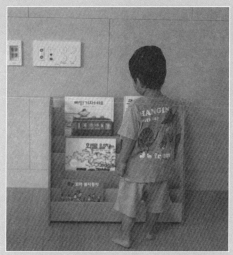

정리

책장에 책을 다시 가져다 놓고 돌아와서 책상에 의자를 넣어 정리한다.

목적

책에 대한 관심과 흥미가 높아질 수 있다.
독립심, 주의력이 발달한다.
언어의 발달을 돕는다.
올바른 독서 습관을 기른다.
아이와 어른이 상호작용할 기회를 갖는다.
아이의 관심사를 세분화하고, 확장할 수 있게 된다.

흥미점

좋아하는 분야(내용)의 책 읽기.
새로운 지식 쌓기.

주의점

책장에 너무 많은 책을 한번에 꽂아서 제공하지 않는다.
전면 책장에 표지가 보이도록 책을 비치하여 아이 스스로 흥미를 느끼는 책을 꺼내 읽고 정리하기가 쉬운 환경을 준비한다.
아이의 연령이 어릴수록 그림이 단순한 그림책으로 제공한다. 특히 0~3세 시기에는 사실적인 정보를 다룬 책을 고른다.
책을 읽어줄 때는 아이와 마주보고 앉아서 눈맞춤을 하며 입모양을 보여주는 것을 권한다. 아이가 손가락으로 가리키는 것이 있으면, 그 시선을 따라 정확한 발음으로 명칭을 알려준다.
아이가 책장을 넘기거나, 순서대로 읽지 않더라도 순서대로 읽기를 강요하지 않는다.
책을 소중하고 깨끗이 다루어야 하는 것을 알려준다.

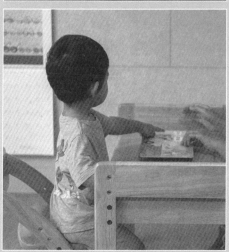

끄적거리기

연령 _ 12-13개월, 손에 쥘 수 있을 때
교구 _ 아이 책상, 선택할 필기구를 담아갈 쟁반, 혹은 필통, 필기구 (크레용, 연필과 지우개, 볼펜), 종이

음악 • 미술 • 기타

준비(초대하기)

"엄마가 그림 그리는걸 알려줄게. 이리 와봐." 필기구를 가지고 책상 위에 올려놓도록 한다.

크레용 하나가 담겨있는 상자를 제공한다면, "여기 크레용이 있는 상자예요. 어떻게 들고 가는지 보여줄게요."

만일 필기구를 여러개 제공한다면, 아이가 그 중 원하는 것을 골라서 쟁반에 담아가도록 알려준다.

종이를 가지고 아이가 이동하도록 알려준다.

활동

1. 사물의 이름 알려주기

연필, 크레용 등 가지고 온 필기구의 이름을 천천히, 두번 반복해 말한다.

아이가 필기구를 관찰할 시간을 준다.

다시 원래의 자리에 두도록 한다.

2. 그리기 시연

"자, 크레용을 어떻게 사용하는지 봐봐. 엄마가 먼저 하고, OO이가 하는거야."

왼손으로 종이를 누르고, 오른손으로 크레용를 들어 모서리를 본다. 크레용을 세워서, 납작하게 등등 다양한 방식으로 크레용을 잡아 좌->우 방향으로 선을 긋는다. 선의 모양도 곡선, 직선 등 여러 가지를 보여준다.

활동 후에는 쟁반 안에 내려둔다.

3. 아이가 해보도록 함.

"이제 OO이가 해보세요."

정리

날짜 쓰기

"그럼 여기 이름을 써야하니까 잠깐만 기다리세요."

아이가 작업한 종이 아랫부분에 날짜를 적는다.

괜찮아, 우리도 몬테소리가 처음이야

흥미점
자유롭게 근육운동을 하는 것
종이에 필기구의 흔적을 남기는 것
다양한 손의 형태
왼손으로 누르고, 양손을 활용해 그림 그리는 것
다 그린 후 날짜를 쓰는 것

주의점
정해진 자리에 필기구와 종이가 있고, 바르게 사용
한 후 제자리에 가져다 두도록 알려준다.
보통 원기둥 모양의 필기구는 굴러가곤 하므로, 그
림을 그리지 않을 때에는 쟁반이나 필통에 올려두
도록 알려준다.
아이와 엄마가 각각의 종이에 그림을 그릴 수 있고,
함께 할 수도 있다.
종이를 너무 낭비하지 않도록, 그림 그린 것을 소중
하게 대한다.
어느 정도 자란 아이라면, 그림을 그리면서 나름대
로 의미를 부여하기도 한다. 어떤 것은 아빠, 어떤 것
은 엄마 등등… 모양을 어떻게 해야 한다고 알려주
기보다, 아이가 자유롭게 표현할 수 있도록 함께 즐
긴다. 아이가 원하는 경우 작품을 소개하는 시간을
가질 수 있다.
아이가 활동성이 높다면, 바닥에 큰 종이를 두고 그
위에서 마음껏 그려보는 활동도 제공한다.

교구 정돈
종이를 제자리에 갖다둔다.
낱장의 종이라면 별도의 작품 보관함을 마련해둔다.
종합장이라면 원래의 자리에 가져다 둔다.
크레용을 제자리에 가져다둔다.

목적
자신의 표현력을 길러준다.
기능적 독립심, 집중력, 자기 존중감과 긍정적인 자
기 이미지의 발달을 돕는다.
눈과 손의 협응력, 대, 소근육 발달을 돕는다.
감각 탐색을 위한 기회를 제공한다.
인간의 경향성과 민감기, 흡수정신, 발달의 4단계
를 지원한다.
의지와 지식과 운동의 통합을 돕는다.
언어 발달을 도와준다.
정상화를 돕는다.
논리적인 순서체계를 도와준다.
기억력을 발달시킨다.

밀가루 반죽하기

연령 _ 18개월 이상
교구 _ 밀가루, 큰 그릇 2개, 물이 담긴 컵,
식용 색소 또는 물감, 숟가락, 앞치마, 콩, 쟁반,
밀폐용기

준비(초대하기)

큰 그릇에 밀가루를 담아 준비한다.

아이에게 "밀가루로 말랑 말랑한 반죽을 만들어보
자"라고 초대한다.

손을 씻고 온다. "먼저 반죽을 만들기 전에 깨끗하
게 손을 씻고 오자"

가루가 날릴 수 있으니 앞치마를 한다.

활동

1. 큰 그릇에 밀가루를 조금 덜어 아이에게 주면서 재
료를 탐색하고, 이름을 소개한다.

"이것은 밀가루야. 한번 만져볼래?" "하얀색이지"

2. 물을 천천히 부어 숟가락으로 저어 준다. 어느 정
도 반죽이 되면 손으로 반죽한다.

"숟가락으로 천천히 섞어줄래?" "이제 손으로 주물
러서 반죽을 만들어 보자"

3. 색소를 선택하고 밀가루에 섞는다.

"여기 세가지 색소가 있어요. 빨간색, 파란색, 노란
색. 어떤 색을 하고 싶니?"

4. 밀가루가 색이 변화하면서 반죽이 되는 것을 관
찰한다.

"하얀 밀가루 반죽이 빨간색이 됐네"

5. 만들어진 반죽은 쟁반에 둔다.

6. 같은 방법으로 밀가루를 덜어 반죽을 한다.

7, 콩 등으로 반죽에 모양을 만들어보고 촉감을 느낀다.

정리

"반죽하기가 끝났으니, 정리해보자" "엄마가 유리그릇을 가져 갈게, 쟁반을 들고 와 주겠니?"

"반죽은 여기 통에 넣어두고, 하고 싶을 때 또 할 수 있어요"

목적

표현력이 발달될 수 있다.

소근육 운동을 발달시킬 수 있다.

만지고 싶은 충족감을 채울 수 있다.

흥미점

반죽의 촉감을 느끼는 것

원하는데로 모양을 만드는 것

주의점

가루가 날려 눈에 들어갈 수 있으니 소량으로 제공하고, 아이가 불지 않도록 주의한다.

방부제가 들어가지 않은 반죽이므로 장기간 사용하지 않는다.

미술활동 후 작업 정리하기

연령 _ 18개월 이후
교구 _ 스펀지, 수건, 세척이 필요한 물건, 책상

준비(초대하기)

미술활동을 마친 모습을 확인한다. "활동을 다 했나요? 그럼 정리를 하기로 해요. 책상에 묻은 물감을 닦고 붓과 팔레트도 다음에 사용하기 위해 물로 세척해야 해요. 어떻게 하는지 보여줄게요."

활동

1. 팔레트와 붓을 세면대로 가져간다.
2. 물을 틀고 팔레트의 물감을 붓을 이용해서 흐르는 물에 닦아 낸다.
3. 붓의 남은 물감도 손바닥에 비비면서 흐르는 물에 닦아 낸다.
4. 수건으로 팔레트와 붓의 물기를 닦아준다.
5. 책상은 스펀지로 물감을 닦고 수건으로 물기를 닦는다.
6. 아이에게 권한다. "○○이도 해볼까요?"

정리

팔레트와 붓을 제자리에 가져다 둔다.

목적

대/소근육의 운동발달을 돕는다.
스스로 환경을 깨끗하게 돌보는 능력을 습득한다.
마무리 정리는 다음 활동을 위해 꼭 해야 하는 일임을 인식한다.

흥미점

물로 물감이 묻은 팔레트와 붓이 깨끗하게 씻기는 모습 관찰하기.
책상이 깨끗해지는 모습 관찰하기.
스펀지 사용하기.

주의점

팔레트와 붓의 물감을 닦을 때 물의 세기를 조절하여 주변으로 많이 튀지 않도록 한다.

악기 연주하기

연령 _ 18개월 이후
교구 _ 악기 (장난감 악기보다 실제 악기 사용을 권장함)

준비(초대하기)

거실이나 아이 방 한 켠 교구장이나 바구니 등에 악기를 진열한다.

아이가 악기에 관심을 보일 때 초대한다. "같이 우쿨렐레 연주해볼까요?"

괜찮아, 우리도 몬테소리가 처음이야

활동

1. 악기의 명칭을 알려준다. "이것은 우.쿨.렐.레. 우쿨렐레라고 해요."
2. 먼저 우쿨렐레를 유심히 관찰하는 모습을 보여준 뒤 아이가 우쿨렐레를 관찰하도록 한다. "00이도 만져볼래요?"
3. "우쿨렐레 연주하는 법을 보여줄게요." 왼손으로 우쿨렐레를 잡고 오른손 엄지나 검지로 줄을 튕긴다.
4. 각 줄을 튕기면서 모든 음을 들려준다.
5. "자, 이제 00이가 해볼까요?" 악기 스트랩이 있다면 아이의 키에 맞게 조절해서 걸어주거나 악기를 바닥에 둔 채로 줄을 튕겨보도록 한다.
6. 아이가 원하는 만큼 연주하도록 한다.
7. "또 해볼까요?" 아이의 의사를 물어보고 싫다고 하면 정리한다.

정리

"자 이제 우쿨렐레를 제자리에 놓기로 해요." 악기를 제자리에 가져다 둔다.

목적

대/ 소근육의 운동발달을 돕는다.
청각이나 촉각 등의 감각기관을 사용하고 발달한다.
조절능력이 발달된다.
악기 연주의 즐거움을 경험한다.

흥미점

악기 연주하기.
튜닝하는 소리 듣기

주의점

연주하기 전 항상 튜닝하는 법을 모델링하여, 튜닝 활동은 악기의 소리를 더욱 정확하고 아름답게 조율하는 활동임을 보여준다. 아이가 튜닝하는 법에 관심을 보일 때는 한 음씩 스스로 맞추어 볼 수 있도록 돕는다.

우쿨렐레 이외에도 탬버린, 캐스터네츠, 피아노, 실로폰, 리코더, 오카리나, 칼림바, 북, 트라이앵글, 휘슬, 셰이커 등의 악기 연주 활동도 권장한다.

반드시 악기를 사용하지 않더라도 형식에 얽매이지 않고 집안의 다양한 크기의 냄비를 두드리며 각각의 다른 소리를 들어보는 것도 훌륭한 연주 활동이 될 수 있다.

취침 준비 독서하기

연령 _ 출생 후 (걷기 시작한 후)
교구 _ 전면책장, 책

준비(초대하기)

아이를 부른다. "자기 전에 책을 골라서 읽자. 00이
한 권 고르고, 엄마가 한 권 고를게."

괜찮아, 우리도 몬테소리가 처음이야

목적

수면 습관을 형성한다.

심리적 안정감과 생활의 질서감을 형성한다.

독서에 대한 좋은 습관을 형성한다.

흥미점

양육자와 둘만의 시간을 즐기는 것

스스로 책을 고르는 것

주의점

잠자리에서 책을 읽어줄 때는 무한정 오래 읽어주지는 않았다. 아이가 고른 책을 4번 정도 반복해서 읽으면 자연스럽게 엄마가 고른 책으로 넘어갔다. 그리고 총 10분 이내로만 잠자리에서 책을 읽고 다 읽으면 불을 끄고 자는 패턴으로 넘어갔다. 더 읽고 싶은 책을 내일 읽어주겠다고 말하고 실제로 다음 날 읽어주는 것을 반복했다.

1년 이상 습관이 되니 아이도 순순히 잠자리독서 패턴에 익숙해졌다.

활동

1. 책 고르기

잠자리 옆에 있는 전면 책장에서 책을 골라서 가져온다.

2. 책 읽기

"이제 엄마가 5분 간 책을 읽어 줄게."

아이가 원하는 횟수만큼 책을 읽어준다.

3. 엄마가 고른 책 읽기

"엄마가 고른 책도 5분 간 읽어 줄게."

아이가 원하는 횟수만큼 책을 읽어준다.

정리

책 정리하기

"이제 마지막으로 읽고 책 정리하자."

"읽던 책은 다시 제자리에 둘게."

책을 두 손으로 잡고 배꼽 앞 쪽에 가까이 댄 채로 책장에 놓고 온다.

대화하기

연령 _ 태어난 직후부터
교구 _ 엄마, 아이, 아빠

준비(초대하기)
아이와 잠자러 들어간다.

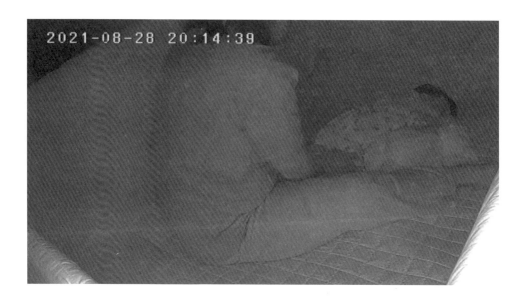

활동

1.아이의 머리를 아주 천천히 쓰다듬거나 몸을 천천히 쓰다듬으며 잠자기 전에 아이의 흥분을 가라 앉힌다.

2.오늘 있었던 일을 말해본다.

"00아 오늘 엄마랑 아빠랑 동물원에 다녀왔지? 우리 엄청 큰 호랑이도 보고 사자도 보고 목이 긴 기린도 봤어. 00이가 있던 버스에서 기린 밥주기 체험했던 거 생각나? 엄마는 기린이 밥먹는 거 처음 봤는데 혀를 엄청 길게 내밀고 풀을 먹는게 너무 신기 했어. 우리 오늘 동물원 너무 재밌었다. 다음에 엄마 아빠랑 또 가자."

정리

아이에게 이야기해준다.

"00아, 엄마 아빠가 우리 00이를 엄청 많이 사랑해. 엄마 아빠 딸(아들) 해줘서 너무 고마워.
00이는 존재만으로 정말 귀한 사람이야.
잘 자고, 엄마 아빠랑 우리 내일 또 재밌게 놀자.
사랑해. 잘자."

목적

자기전에 아이에게 수면의식을 심겨주어 이제 잠자는 순간이라는 것을 알려준다.
부모와 의사소통 하는 방법을 알려준다.

흥미점

아이와 밀도있는 시간을 보내면서 안정감을 느끼도록 유도하는 것

주의점

아이에게 잠자기 전에 좋은 기억을 알려주고 잠을 들게 해주고 싶어서 아이와 대화하고 잘자라고 인사했다. 나는 아이가 50일쯤부터 했었는데 태어나자마자 바로 했었다면 아이에게 엄마의 목소리를 더 많이 들려주고 사랑한다는 표현을 더 많이 할 수 있지 않을까 생각이 들었다. 돌 전에 아기인 데도 엄마가 자기전에 인사를 건네면 옹알이로 답했던 적도 있고, 이제 돌이 지나서 간단한 단어 정도 말 할 때는 나에게 "진짜?"라며 질문을 하기도 했었다. 자기전에 건네는 대화였지만 그 짧은 순간에 아이에게 사랑을 전해주고 아이와 의사소통 하는 것을 경험하게 되었다.

미술관 가기

연령 _ 18개월 이상
교구 _ 미술관, 어른 높이에 작품이 전시된 것은 지양한다.
방문객이 많은 날은 피한다 (ex)금요일
환상적이지 않은 일상의 것들이 보여지는 전시를 선택한다.

준비(초대하기)

"오늘은 엄마랑 미술관에 가서 멋진 작품을 볼 거에요. 피카소라는 작품이에요.전시에 가기 전에 피카소가 그린 그림을 살펴볼까요?"라며, 가지고 있는 그림 엽서나 책을 펼쳐준다.

"오늘은 피카소라는 화가의 그림을 보러 미술관에 갈 거에요. 엄마랑 같이 가볼까요?"

활동

1.입장권 구매

미술관에 도착해서 티켓을 사러 간다. "이 미술관은 티켓을 사야해요. 같이 가볼까?" 티켓을 구매해서, 아이에게 준다. "이것은 미술관 티켓이야."

2. 입장하기

"입장할 때 티켓을 보여주고 확인하고 들어가야 한단다." 어른이 입장권을 보여주고 들어가는 것을 보여주면 아이도 따라한다.

3. 주의사항 알려주기

"미술관에서는 소곤소곤 이야기 해야하고, 천천히 걸어가야 해요. 보고싶은 그림이 있으면 선을 넘지 않고 보면 돼."

음악 • 미술 • 기타

4. 작품 관람하기

어른이 그림 앞에 서서 유심히 작품의 이곳저곳을 골똘히 관찰한다.

아이가 작품에 대해서 물으면 대답을 해준다.

작가의 이름, 작품에 보여지는 사물, 동물, 사람들, 사람들의 생김새와 옷차림 등 작품 안에 담겨진 다양한 정보를 언어로 주고 받는다.

아이가 목소리가 커지더라도 지적하지않고, 어른이 지속적으로 작은 소리로 이야기해서 조용한 대화를 이끈다.

다음 작품으로 넘어갈 때에는 관람객들과의 순서를 지키며 천천히 걸어간다.

한 작품 한 작품 유심히 관찰한다.

5. 관람후 이야기 나누기

전시가 끝나면 아이와 작품에 대한 대화를 한다.

어떤 작품이 기억 나는지, 마음에 든 이유는 무엇인지 아이의 자기표현을 돕는다.

사람들은 어떻게 관찰을 했는지, 미술관의 분위기는 어떠했는지도 묻는다.

미술관의 건축이나 분위기, 음악소리가 있었다면 관련해서 전체적인 감상에 대해서도 이야기 한다.

미술관을 퇴장하면, 다시 들어올 수 없으니 혹시 다시 보고싶은 작품이 있는지 묻는다.

정리

다시 보고싶은 작품을 기억을 따라 찾아가서 다시 감상해보고, 아이가 충분히 집중할 시간을 준다.

더 보지 않겠다고 하면 퇴장한다.

목적

다양한 예술 작품을 경험한다.

자기 표현의 욕구가 증진된다.

언어발달을 돕는다.

집중력 발달을 돕는다.

자아존중감과 긍정적인 자아 이미지를 구축하는데 도움을 준다.

문화에 적응하도록 돕는다.

의지, 지식, 운동의 통합을 돕는다.

감각적인 경험을 제공한다.

독립심과 정상화를 돕는다.

흥미점

작가의 얼굴, 역사를 아는 것

작품의 특이성을 아는 것

전시회를 보는 사람들을 살펴보는 것

특히 부모가 전시를 관람하는 태도를 관찰하는 것

전시 공간의 변화를 경험하는 것

작품에서 자신이 좋아하는 것을 발견하는 것

전시 티켓을 들고 있는 것

주의점

입장하기 전에 꼭 미리 안내를 하며, 화장실을 들린다. 더불어 화장실의 위치도 파악해 둔다.

작품 뿐만 아니라 사람들의 모습도 관찰할 수 있도록 한다.

연계 활동으로 미술활동을 지원한다.

빛과 소리가 강한 체험형 전시는 아이가 놀랄 수 있으므로 주의한다.

이 활동은 동물원, 수족관, 식물원 등에서도 적용될 수 있다.

작품을 훼손하거나 시끄러운 소리를 일부러 반복적으로 낼 경우, 조용히 퇴장한 후 규칙을 다시 안내한 후 재입장을 시도한다.

가능하다면 입장 티켓을 모아, 아이가 기억을 더듬으며 다시 자기 표현을 할 수 있는 소재로 삼는다.

눈높이에 맞지 않는 작품들은 설명을 곁들여 도움을 주기도 한다.

내가 아이를 양육하면서 후회가 되는 것은?

첫번째는 아직도 때때로 시간을 넉넉히 잡지 않아 아이가 체득하고자 하는
소중한 시간을 빼앗는 경우가 많이 있다. 아기가 어린이집 가기 전
준비에 필요한 시간은 1시간이 아니라 2시간이고, 다 준비한 뒤 현관에서
신발 신고 나가는 시간은 5분이 아니라 15분이다. 내가 생각한 시간의
2배~3배만큼 넉넉하게 아이의 시간을 고려해야 한다는 점을 명심하고,
실천으로 옮기는 것이 내 목표다.

두번째로는 아이 앞에서 불안한 환경을 조성했던 순간이 제일 후회된다.
제아무리 좋은 교육이라 할지라도 가정이 화목하지 않으면 그 모든 것의
근간이 흔들리는 일이라 생각한다. 아기를 낳고 달라진 가치관과 생활양식에
서로를 아껴주던 부부 사이가 예민해지고 날이 서 있었다.

아이가 있는 공간의 공기를 차갑게 얼리고, 아이 등 뒤에서 서로에게
모진 말을 내뱉기도 했었다. 지금도 서로를 이해하는 과정 중에 있지만,
그래도 서로 아이 앞에서는 정말 정신 차리자며 많이 바뀌었다.

우리를 위해 그리고 아이를 위해 불안한 환경이 조성되지 않도록
양보하고, 사랑하고, 이해하며 행복한 가정을 만들고 싶다.

- 안선미

4

30인 엄마가 생각하는
몬테소리 교육

"괸찮아,

우리도
몬테소리가
처음이야"

이미경

나는 21개월 아들을 두고 있는 엄마이다. 현재 육아휴직 중인데, 아기를 낳기 전에는 초등학교 교사로 10여 년간 근무했다. 비교적 꽉 찬 나이에 결혼을 하고 아이를 낳아, 주변의 같은 나이의 아이를 둔 엄마들에 비해서는 나이가 많은 편이다.

초등학교 교사로 근무했음에도 불구하고, 영유아는 완전히 다른 생명체라는 생각이 들었다. 아이를 어떻게 키워야 할지 막막한 마음에 AMI 몬테소리 오리엔테이션 코스에 참여하게 되었고, 그 수업이 나에게 육아의 길잡이가 되어 주었다. 특히 내가 없어지는 듯한, 내가 이루어온 것들이 모두 멈춘 것 같은 어두운 마음이 들 때, "육아는 정말 중요하고 고귀한 일이다."라는 생각을 내 마음에 심어주었고, 육아에 대한 의미 부여를 해 주어서 기쁜 마음으로 육아를 할 수 있게 된 계기가 되었다.

디플로마 코스를 듣게 된 것은, 오리엔테이션 코스를 통해 동기 부여와 방향성은 잡았지만, 그 구체적 방법에 대한 궁금증이 커졌기 때문이다. 지금 디플로마 코스를 들으면서 육아에 큰 도움이 되고, 쏟아지는 정보들 속에서 헤매지 않고, 흔들리지 않고 소신 있는 육아를 할 수 있게 되었기에 만족한다.

이 책 만들기 프로젝트를 통해 나와 같은 엄마들이 도움을 받을 수 있을 것을 생각하니 기쁘다. 나 또한 이 프로젝트를 통해 더 성장하고, 몬테소리 가정 교육을 더 제대로 실천해 볼 수 있다면 좋겠다.

1) 내가 생각한 몬테소리 교육이란?

아이가 호르메에 따라 스스로 성장해 나갈 때, 환경을 조성해주고, 비계를 설정해 주어, 그 성장을 도울 수 있는 교육이라고 생각한다. 몬테소리 교육의 목표는 아이의 정상화와 자립에 있다고 생각한다. 정상화된 아이는 스스로도 독립되고 충만하고 행복한 삶을 살 수 있고, 더 나아가 주변 사람들도 도울 수 있고, 공동체에도 공헌하는 건설적인 인간이 될 수 있을 것이라고 생각한다. 몬테소리 교육에서 어른은 아이를 애정을 가지고 잘 관찰하고, 아이에 대해 이해하고 배워서 그에 꼭 맞는 환경을 조성해 주어야 한다. 특히 0-3세에 있어서는 어른 자신이 아이의 가장 큰 환경이므로, 어른 자신도 정상화된 사람이 될 수 있도록 늘 자신을 성찰하고 스스로도 건강한 사람이 되기 위해 노력하는 것이 중요하다고 생각한다.

따라서 몬테소리 교육이란, 어른과 아이가 동반자로서, 모두 행복하게 함께 살아가는 삶의 교육이라고 생각한다.

2) 내가 생각한 몬테소리 교구란?

아이 주변의 환경의 모든 것들이 몬테소리 교구가 될 수 있다.

다만, 중요한 것은 아이를 관찰하는 것이다. 아이가 무엇을 할 수 있고, 무엇을 하고 싶어 하는지, 어떤 충동이 아이 안에 있는지를 확인하면 주변 환경에서 알맞은 것

괜찮아, 우리도 몬테소리가 처음이야

들을 찾아서 안전을 고려하여 제공해줄 수 있다. 비계를 설정해주는 것도 가능하다. 예를 들어, 계단 오르내리기를 좋아하는 아이라면, 주변에서 낮은 계단이 많은 장소에 데려가 줄 수 있고, 구멍에 무언가를 꽂고 싶어 한다면, 받대와 구멍이 뚫린 상자 등을 제공할 수 있다.

비싼 교구도 아이에 대한 관찰이 없이 무분별하게 제공되면 그 교구의 목적을 달성할 수 없다. 더욱이 우리가 알고 있는 몬테소리 교구들은 사실은 공동체를 위한 것이다. 가정에서는 굳이 들여서 사용할 필요가 없다고 생각한다. 가정환경에서는 집안의 모든 살림살이들이 몬테소리 교구가 될 수 있다. 중요한 것은 그것을 부모가 어떤 방식으로 아이에게 제공하고 아이를 가정의 구성원으로서 참여시키는가라고 생각한다.

3) 내가 아이를 양육하면서 후회가 되는 것은?

더 일찍 몬테소리 교육에 대해 배우지 못한 것이 후회된다. 아직 제대로 적용하기에 내가 아는 것이 부족하고, 지금 이 순간에도 아이는 정말 놀랍도록 빠른 속도로 성장해 나가고 있다.

임신을 했을 때와 아이를 낳은 초기에 내 마음이 우울했던 것도 많이 후회된다. 엄마로서 더 힘을 냈어야 했는데, 하는 생각이 든다. 아이에게는 티를 내지 않는다고 내 나름대로 노력하기는 했지만, 혹시나 나의 그 감정이 아이에게 영향을 미치지는 않았을까 하는 걱정도 된다. 그때, 힘들고 우울한 생각 대신, 이렇게 짧은 아이의 영유아 시기가 얼마나 소중한지를 알았다면, 더 경이롭고 애틋한 마음으로 아이에게 집중해서 시간을 보낼 수 있었을 텐데. 돌이킬 수 없는 그 시간이 가장 아쉽고 후회된다.

4) 몬테소리 교육을 실천하면서 변화된 아이의 모습

내가 운이 좋았던 것은 아이가 일탈된 모습을 보이기 전, 아주 어린 시절에 몬테소리 교육을 접할 수 있었던 것이다. 내가 잘 실천을 했다기엔 부족한 점이 많고, 기질적으로 아이가 그런 면들을 가지고 있었을 수도 있지만, 몬테소리 교육의 효과라고 생각되는 점들이 몇 가지 있다.

먼저, 한 가지 활동에 집중을 오래 하는 편이다. 한 가지 놀이에 집중하기 시작하면 하루에도 몇 시간씩 몇 주 혹은 몇 달을 그 놀이를 하고 또 한다. 이로 인해 약간 곤란한 상황도 발생하는데, 문화센터 수업에 가서도 한 가지 활동만 계속하고 싶어 한다는 것이다. 선생님이 많은 활동을 준비하였는데, 그 활동 중 가장 흥미 있는 한 가지만 계속하려고 해서 민망한 적도 많이 있다. 몬테소리 교육을 접하지 않았다면 아이가 모든 활동에 참여하도록 더 독려했을 것 같지만, 아이의 흥미에 따라 집중할 수 있도록 선생님의 양해를 구해 아이가 관심 있는 활동을 좀 더 할 수 있도록 배려하였다.

아이를 양육하면서 가장 힘든 일 중 하나가 훈육이라고들 한다. 그런데 몬테소리 교육 이론에 따라 제한과 자유를 설정해 주면, 훈육을 할 상황을 처음부터 줄일 수 있다는 것을 경험적으로 느꼈다. 어떤 물건을 다루거나, 어떤 장소에 갈 때, 처음 접할 때부터 자기 마음대로 함부로 하지 않고, 질서 있게 행동하도록 자유와 제한을 적절히 설정하여 안내할 수 있다. 예를 들어, 길을 가다가 공사장을 구경하고 싶어 해서 길에서 멈추어 서서 구경을 하는데, "도로에는 가면 안 돼."라는 제한을 주되, 시간에는 자유를 주었다. 아이는 인도에서만 50분을 구경하고, 일탈행동을 하지 않았다. 마트에 가서도 구경하는 것에는 자유를 주었지만, 만질 수는 없는 제한을 주었더니, 그 경험이 반복되자, "아찌꺼" 라고 하면서 장난감을 눈으로만 보거나 만지더라도 살짝 만지고 그것을 꺼내거나 사달라고 조르지 않는다. 싱크대나 세면대에서도 충분히 놀 수 있는 자유를 주었지만, 물을 바닥에 버리지 않는다는 제한을 주었더니, 1시간을 놀면서 물 버리기를 바닥에 하지는 않는다. 또한 물 뱉기에 요즘 관심을 가지게 되었는데, 물을 뱉는 행위에는 자유를 주고 장소는 화장실로 제한하였더니, 화장실에서만 수십 번 물을 뱉고, 화장실이 아닌 장소에서는 하지 않았다. 그 결과 아이에게 "하지 마!"라는 말을 해야 하는 순간들이 많이 줄어들고 평화롭게 일상을 보낼 수 있게 된 것 같다. 몬테소리 교육을 배운 덕분이라고 생각한다.

5) 내가 몬테소리 교육을 실천하면서 소개하고 싶은 아이템 혹은 활동

- 집안일 같이 하기
- 밖에 나갔다 돌아왔을 때의 루틴 만들기 (신발 벗고 신발장에 넣고 손 닦고, 양말 벗어 빨래통에 넣기)
- 제자리에 물건 갖다 놓기
- 사고의 과정 가르치기 ("괜찮아.", "방송은 무서운 것이 아니야.", "아빠는 너를 많이 사랑해.", "다른 생각 하자." 등)
- 인내심 가르치기 (먼저 이것을 하고 저것을 하자, 이 과자는 한 번에 한 개만 먹는 거야 등)
- 식물 기르기 (식물 꺾지 않고, "아이, 예쁘다."하고 쓰다듬기, 식물에게 물 주기, 적당한 양만 물 주기 등)
- 라임이 있는 노래를 통해 단어 가르치기

고경은

나는 유아교육과 심리학을 전공하고 유치원 교사로 근무하면서 21개월 된 아기를 키우고 있다. 학부 때부터 몬테소리라는 학자의 이름은 익히 들어 알고 있었지만 자세히 접할 기회도 그리고 몬테소리 교육을 배우고자 하는 생각도 없었다. 하지만 나의 아이를 키우며 여러 가지 육아 서적을 읽고 몬테소리 교육을 제대로 배워보고 싶었고, 오리엔테이션 과정을 거쳐 디플로마 과정까지 수강하고 있다.

1) 내가 생각한 몬테소리 교육이란?

아이가 가진 본연의 모습과 인격을 잘 발휘하여 독립적인 인간으로 성장할 수 있도록 자연스러운 환경을 만들어 주는 것이라고 생각한다.

2) 내가 생각한 몬테소리 교구란?

일상생활에 있는 모든 것. 그리고 자연이다.

우리 엄마들이, 그리고 주 양육자가 가정 안에서 몬테소리 교육을 실현하기 위해 사용할 수 있는 교구는 시중의 교구들이 아니라 일상생활의 모든 것들과 자연이라고 생각한다. 인위적으로 어른의 물건을 모방하여 흉내낸 것이 아니라 우리가 생활에서 직접 사용하는 물건으로 생활 속에서 필요한 활동을 하는 것이 아이에게 더 흥미 있고 많은 경험을 쌓는 것이라 생각한다. 일상생활의 모든 물건 중에서도 아이의 각 연령에 맞는 크기와 사이즈를 가진 것이면 적합할 것이다.

어른도 자연에 가면 흔히 힐링 한다고 한다. 이처럼 아이도 자연 속에서 태양의 온기를 느끼고 살랑이는 바람을 느끼고 식물의 성장을 함께 발견하고 자연을 소중히 여기는 것 또한 아이에게 배움을 주는 또 하나의 교구라고 생각한다.

3) 내가 아이를 양육하면서 후회가 되는 것은?

아기가 6개월 무렵이 되었을 때 몬테소리 철학에 더욱 관심을 가지고 AMI 오리엔테이션 과정을 수강하였기에 그 이후에는 비교적 몬테소리 철학과 발 맞추어 가고자 노력하였지만 아이의 6개월 시기 이전의 양육 방식에서 후회되는 장면이 몇 가지 있다. 생각나는 에피소드로 아기를 겉싸개나 무거운 이불을 덮어 최대한 못 움직이게 하면서 잠을 재웠던 것, 그 당시 나는 엄마 자궁처럼 최대한 감싸고 모로 반사를 막아주는 것이 아이의 수면에 도움이 된다는 잘못된 정보를 가지고 있어서 아이를 그렇게 재웠는데 몬테소리 교육을 접하고 그것이 얼마나 아이의 자유로운 움직임을 방해하고 있었을까. 그 당시를 생각하면 많이 미안해진다. 그리고 산후조리원에 간 것. 출산 후에는 조리원에 가는 것이 주변 모든 엄마들의 공통적인 방식이었기에 나 또한 어떤 조리원이 신생아 대 간호사 비율이 가장 적합한지, 시설은 어떠한지, 밥은 어디가 제일 맛있는지 등을 따져보며 조리원을 선택하였다. 하지만 아기에게, 그리고 부모인 나와 남편에게 가장 중요한 것은 무엇인지, 정말 소중한 것을 놓치고 있었다는 것을 뒤늦게 깨달았다. 초보 부모라 많이 서툴고 어설프지만 그럼에도 불구하고 내 아기를 가장 사랑하는 손길로 정성스럽게 돌보며 따뜻한 눈빛으로 교감할 수 있는 유일한 사람은 나와 남편이라는 것을…

4) 몬테소리 교육을 실천하면서 변화된 아이의 모습

아기가 아주 어렸을 때부터 몬테소리 교육을 실천하고자 나름 노력하였기에 이전과 달라졌다고 볼 수 있는 모습은 크게 없다. 또한 몬테소리 교육을 실천했다고 하여서 아이의 드라마틱한 변화를 기대하지도 않았다. 다만 아이의 각 시기에서 스스로 할 수 있는 것은 혼자 힘으로 할 수 있도록 환경을 마련해 주는 것이 중요하다고 배웠기에 이 부분을 실천하고자 생활 속에서 반복하고 있다. 그래서 내가 느끼는 아이의 긍정적인 모습을 생각해보면, 아이가 21개월인 지금 외출할 때는 스스로 자신의 옷장에서 옷을 골라와 함께 외출준비를 하고, 집에 돌아온 뒤에는 신발을 벗어 신발장에 정리하고 자신이 입었던 옷과 양말을 세탁기에 넣어둔다.

질문의 초점과 달라 기술하지 못했지만 몬테소리 교육을 실천하면서 가장 많이 변화된 것은 엄마로서의 내 자신일 거라고 확신한다.

5) 내가 몬테소리 교육을 실천하면서 소개하고 싶은 아이템 혹은 활동

첫째 아이템으로는 아이 키에 맞는 옷장, 식기와 아이 간식을 담을 수 있는 수납장, 책상과 의자 등이다.

모두 아이의 독립적인 활동을 지원하는 것들이다.

둘째 소개하고 싶은 활동으로 산책, 자기 물건 정리하기, 외출 가방 챙기기 등이다.

산책을 통해 아이의 신체 능력과 정서적 안정을 줄 수 있었다. 또한 자기 물건을 정리하고 외출 가방을 챙기면서 아이 자신도 가족 구성원의 일원으로 역할을 할 수 있다는 것을 느끼는 것 같다.

문지영

나는 15개월 남자아이를 키우고 있는 엄마이다. 직업은 은행원이고 현재는 육아 휴직 중이지만 복직을 앞두고 있다. 수많은 육아 정보 속에서 어떤 정보를 취할 것인지 고민하던 중 모래알 속 보석 같은 몬테소리를 만났다. 그마저도 어떤 것이 진짜 아이를 위한 몬테소리인지 엄마들을 고민하게 하는 현실에 답답해하던 중이었다. 운 좋게도 AMI 0-3세 오리엔테이션 코스를 만났고 깊은 감동과 함께 디플로마 과정을 진행하고 있다.

1) 내가 생각한 몬테소리 교육이란?

어른의 눈높이를 아이의 시선으로 옮겨 가는 교육이라고 생각한다. 몬테소리 교육을 접하지 않았다면 '작은 어른'처럼 취급했을 아이를, '아이다운 아이'로 온전히 살게 하는 교육이다. 아이는 몬테소리 교육을 통해 어떤 교육에서도 쉽게 배울 수 없었던 스스로 자라는 힘을 얻는다.

2) 내가 생각한 몬테소리 교구란?

삶과 함께 하는 모든 물건이 몬테소리 교구가 될 수 있다고 생각한다. 필요에 의해 놓여졌던 수납장에서 양말을 고르고, 신발장에서 신발을 꺼내고, 스툴에 앉아 신발을 신는 등 일련의 과정에 있는 모든 물건이 아이에게 스스로 자라는 힘을 얻게 하는 몬테소리 교구이다.

3) 내가 아이를 양육하면서 후회가 되는 것은?

첫 번째는 산후조리원 입소, 또 산후도우미와 함께하는 생활로 공생 기간을 아기와 제대로 함께 하지 못한 점이다. 당시에는 이러한 과정이 당연하고 나와 아이를 위한 것이라고 생각하였는데, 공생 기간의 중요성을 배우고 난 후로는 엄마와 아이의 소중한 시간을 놓친 것 같아 후회가 된다.

두 번째는 아이에게 너무 많은 양의 물건을 제공했던 점이다. 흔히들 좋다고 하는 육아템은 모두 사들여 마치 이러한 물건들이 없으면 큰일 날 것처럼 생각했던 기간이었다. 보행기, 쏘서, 점퍼루, 베이비 룸처럼 아이의 자연스러운 발달을 방해하는 물건이나, 번쩍번쩍 불빛과 큰 소리가 나는 수많은 장난감 속에서 혼란을 느꼈을 아이에게 미안하다.

4) 내가 몬테소리 교육을 실천하면서 소개하고 싶은 아이템 혹은 활동

출수형 분유포트이다. 신생아 시기에 배앓이 때문에 생수, 정수기, 수돗물 등을 사용하기 어려울 때 높은 온도까지 물을 끓였다가 분유를 타기 좋은 온도로 식혀 유지시켜주는 분유포트를 많이 사용한다. 내가 출산할 시기만 해도 기능은 위와 같으나 물을 직접 따라야 하는 주전자형 분유포트를 많이 사용하였다. 그러나 출수형 분유포트는 물을 채워두면 정수기와 비슷한 형태의 버튼으로 일정량의 물을 나오게 한다. 깨지지 않고 휴대가 간편하다는 장점이 있다. 이것을 추천하는 이유는 수유시기가 끝나면 아이가 직접 물을 마시고 싶을 때 가서 버튼을 누르고 마시는 '워터존'을 위한 아이템으로 쓸 수 있다는 점 때문이다. 출수형 분유포트와 컵을 아이가 쉽게 접할 수 있는 공간에 놓아두면 아이는 스스로 할 수 있는 물 마시기를 좋아하기 시작한다.

추교진

11개월 남매둥이를 기르고 있는 엄마이다. 초등교사이자 에니어그램 전문 강사로 활동해왔으며 현재는 육아휴직 중이다. 교사로서 전문성을 쌓기 위해 여러 분야를 공부해왔지만, 영유아 교육에 관해서는 전혀 아는 바가 없어서 그저 사랑하는 마음만으로 아기들을 대하는 것 같아 불안했다. 육아에 대한 기틀과 체계가 잡혔으면 하는 바람이 있었고, 영유아 교육에 관해 제대로 된 공부를 해보고 싶다는 열망이 생겼다. 육아 공부를 위해 유튜브 영상을 찾다가 몬테소리 교육에 대해 알게 되었고, 짧은 영상이었지만 평소 내가 추구하는 교육관과 매우 잘 맞는다 생각되어 몬테소리 교육에 대해 강력한 끌림을 느꼈다. 그러던 중 지인분이 몬테소리 오리엔테이션 및 디플로마 과정이라는 것이 있다고 이야기를 해주었다. 전문적이고 체계적인 교육을 받고 싶었던 터라 당시 오리엔테이션 과정이 이미 신청 마감된 상태였지만, 정이비 교수님께 간곡히 부탁드려서 오리엔테이션 과정에 참여하게 되었다.

1) 내가 생각한 몬테소리 교육이란?

아이들을 존재 '그 자체로 존중'하고, 타고난 '본성을 믿으며', 아이의 '잠재력을 건강하게 발현'시켜줄 수 있는 교육이라고 생각한다. 아이가 어리니까 실제와 다른 가공된 물건을 제공하거나, 현실과 다른 그림책을 읽어주는 것들이 전혀 문제가 없으며 오히려 권장되는 기존의 교육과는 달리 현실이 그대로 반영된 환경을 제시해준다는 것이 나에게는 꽤 충격적이었다. 아이를 존중한다는 의미를 아이를 사랑하는 마음, 아이를 대하는 인격적인 언행을 주로 생각했던 나에게 현실 그대로 반영한 환경을 제시한다는 것은 생각해보지 못한 관점이었기 때문이다. 나도 모르게 '영유아기 아이들은 아직 너무 어리니까' 라는 생각에 갇혀 있었던 듯하다. 다만 아기들의 신체발달을 고려하여 아기 사이즈에 맞는 물품을 제공한다는 것까지.. 몬테소리 여사가 얼마나 섬세하게 아이들을 배려했는지 지금 이 시대에 생각해보아도 놀라울 따름이다.

또한 아이의 본성을 믿는 관점 자체가 몬테소리 교육 자체를 매우 강력하게 만든다고 생각한다.

인간의 본성에 관한 관점에 대해 사람마다 의견이 다르지만 나는 늘 '성선설'을 선택해왔다. 이 주제에 대해 무엇이 옳고 그르냐를 가지고 논쟁을 한다면 상반된 입장을 서로 굽히지 않는 수평적인 논쟁이 이어지겠지만, 나는 옳고 그름을 넘어 그저 나의 가치관이 인간의 본성을 신뢰하는 것에 기반하였기 때문에 학교에서 아이들을 만날 때에도 성선설에 기반하여 관계를 맺어왔다. 겉으로 보기에 문제행동으로 보이는 행동을 선택한 아이가 있다면, '아이가 그런 행동을 할 수밖에 없는 그럴 만한 이유가 있었겠지. 그 이유는 뭘까?' 라고 궁금한 마음으로 아이를 바라보고 아이 존재와 연결되고자 시도했다. 그러한 태도로 아이를 마주한다면 문제행동처럼 보였던 것들이 자연스레 수그러드는 경험들을 해왔다. 다만 안타까운 것은 아이의 연령이 높아질수록, (즉 상처받은 경험과 시간이 많을수록) 아이와 안정적인 관계를 맺는 데 더 많은 시간과 노력이 들 수밖에 없었다는 것이다. 그런데 아이의 일생에 가장 중요한 0-3세 시기부터 아이의 타고난 본성을 믿고 주변 환경을 통해 건강하게 발현시킬 수 있는 교육을 할 수 있다면 그 아이에게도, 아이와 함께 살아갈 주변 사람들에게도 축복이지 않을까 싶다.

2) 내가 생각한 몬테소리 교구란?

아이와 환경을 연결하는 매개체, 그리고 호르메가 자연스레 발현되도록 도와주어 아이 주도적인 발달을 돕는 것이라고 생각한다. 다만 그 교구는(특히 0-3세 아이들에게는) 시중에 나와있는 고가의 세트로 구성된 교구가 아닌, 일상생활에서 아이가 관심 갖는 모든 것들이 몬테소리 교구가 될 수 있다고 생각한다. 몬테소리 교육을 그저 고가의 교구를 활용하는 교육이라고 생각하는 경우가 많은데, 가정에 있는 여러 물건들이 아이를 위한 좋은 교구가 될 수 있음을 더 많은 부모님들이 아시면 좋겠다.

3) 내가 아이를 양육하면서 후회가 되는 것은?

몬테소리 교육을 아기들 6개월 때 처음 접하게 되었는데, 몬테소리를 알기 전에 내가 했던 행동들 중 후회되는 것들이 있다. 아기침대를 사용한 것, 아기가 잠을 잘 잔다는 이유로 역류방지쿠션에서 꽤 긴 시간을 재운 것, 조리원에서 산후조리를 하여 아기와 함께할 귀한 공생기간을 제대로 누리지 못하고 흘려버린 것이 매우 아쉽다.

4) 몬테소리 교육을 실천하면서 변화된 아이의 모습

처음 이 주제를 보고 명확히 떠오르는 것이 없었다. 왜 그럴까? 천천히 생각해보니, 몬테소리 교육을 양육의 초기인 6개월에 접하여 나에게도, 아기들에게도 몬테소리 교육에 기반한 환경이 꽤 자연스러워졌기 때문인 듯하다. 하지만 분명하게 변화된 사례가 하나 있다. 몬테소리 교육을 알기 전 아기들을 아기침대에서 재우고, 역류방지쿠션에서 목이 앞으로 쏠리도록 잠을 자던 쌍둥이는 개월수에 비해 대근육 발달이 늦은 편이었다. 몬테소리 수업을 듣고 아기침대 대신 바닥매트를 활용하여 자유롭게 움직이며 잠을 잘 수 있게 해주었고, 터미 타임을 힘들어해서 운동매트와 그 옆에 가로로 긴 거울을 설치하여 몸의 움직임을 관찰하도록 해주었다. 아기가 조금씩 잡고 일어서려고 할 때 주변에 아기가 잡고 일어날 만한 여러 물체들을 설치해주었고, 소파에 올라가고 싶어서 다리를 한쪽을 들어 올리려 할 때 집 곳곳에 계단을 설치해 두었다. 그 결과 한참 발달이 늦었던 쌍둥이는 최근 발달에 전혀 이상이 없고 잘 성장하고 있다고 대학병원 재활의학과 교수님으로부터 답변을 받게 되었다. 이 시기에 몬테소리 교육을 받지 않았더라면 어땠을지… 상상만 해도 아득해진다.

5) 내가 몬테소리 교육을 실천하면서 소개하고 싶은 아이템 혹은 활동

첫째는 몬테소리 이유식 방법이다. 몬테소리 교육에서 제안하는 규격의 책상과 의자, 아기 손에 꼭 맞는 유리컵 사용하기, 다 먹은 그릇 엄마와 함께 정리하기(컵, 숟가락, 접시 등을 엄마에게 건네주기) 등을 아기와 해볼 수 있다.

둘째는 일상생활 사진을 활용한 몬테소리 활동이다. 아이가 일상에서 경험하는 일들을 가지고 하루 일과 책을 만들고 이야기 나눌 수 있다. 또한 계절에 따라 주변에 산책하며 관찰하는 자연환경의 사진을 찍어 가정 환경의 적절한 곳에 게시하여 아기와 함께 이야기 나눠볼 수 있다. 아기 자신이 나오는 사진과 주변 자연환경 사진을 가지고 이야기를 나누기 때문에 아기가 굉장히 흥미를 갖고 집중하는 모습을 볼 수 있게 된다.

셋째는 선택의 기쁨 누리기이다. 돌 이전의 아기들도 충분히 선택할 수 있는 기회를 제공할 수 있다. 예를 들어 옷 선택하기, 머리핀 선택하기, 아기가 먹을 숟가락, 식기 선택하기, 간식 메뉴 선택하기 등을 해볼 수 있다. 말을 하지 못해도 아기가 쳐다보는 방향, 눈빛, 더 나아가 손가락 포인팅으로 아기의 의견을 반영할 수 있다.

넷째는 집에 있는 물건으로 아기와 놀이하기이다. 여러 가지 냄비 및 주방용품, 여러 가지 끈(커튼 끈, 전등 끈, 운동화 끈 등), 작은 용기(소스통, 화장품 통, 약통 등)이 돌 이전 아기들에게 재미있는 놀잇감이 될 수 있다. 부모가 먼저 아기에게 제시해주어도 좋고, 아기가 자유롭게 가정 환경을 탐색하다가 흥미로워하는 것을 아기에게 제공하는 것도 좋다.

다섯째는 아기 신체 발달을 돕는 비계 설정 도구 및 방법 등이다. 아기가 누워 지내거나 뒤집고 고개를 들기 시작하는 시기에는 가로로 설치한 큰 거울을 곁에 두는 것, 아기가 조금씩 무언가 잡고 일어나려고 할 때 곁에 단단하면서도 둥근 모서리로 된 스툴 또는 물건 제공하기, 아기가 다리 한쪽을 올려 어디에 올라가려는 의지를 보이면 계단 제공하기(1단, 2단, 손잡이가 있는 3단 계단 등)을 해볼 수 있다.

여섯째는 안정적이고 지속적으로 흘러가는 일상생활 루틴의 힘 경험하기이다. 무엇보다도 안정적이고 일상적으로 흘러가는 루틴을 아이가 경험하는 것은 아이 내면에 질서감이 형성되고, 안정감을 느끼는 데 큰 도움이 된다. 일상생활 루틴 책을 만들고 아이와 함께 읽으며, 부모와 함께 정해진 시간이 되면 그에 맞게 실천하는 습관을 기르도록 한다.

김혜미

엄마가 되고 많은 것을 해주고 싶은 나를 보면서, 옳은 선택일지 매번 고민하게 되었다. 그래서 교육이란 무엇일까, 다시 생각해봤다. 교육의 정의를 찾아보니 지식과 기술을 가르치며 인격을 길러준다고 되어있었고, 그래서 몬테소리 교육을 양육의 큰 틀, 기준으로 선택하고, 먼저 3-6세 디플로마 과정을 지나왔다.

자주적인 아이를 어른의 바람에 끼워 맞춰 키울 수는 없다고 생각한다. 몬테소리 이론 덕분에 아이를 이해할 수 있고, 나 또한 성숙한 어른으로 성장하는 과정이 행복하다.

현재는 내 아이만을 위한 몬테소리가 아닌 내 아이와 함께 미래의 사회 구성원이 될 친구들을 위해, 그리고 나처럼 하루를 정성으로 육아하는 부모님들을 위해 몬테소리 교육을 알리는 일을 하면서 0-3세 과정을 배우고 있다.

1) 내가 생각한 몬테소리 교육이란?

자신이 속한 환경에서 학습하고 적응하는 것은 인간의 목표이다. 이것을 위해 몬테소리 교육과 교구가 고안되었다고 생각한다. 인간의 발달 과정을 이해하고 접근하기 때문에 자연스러운 교육을 이끌기 충분하다. 이것의 대 전제는 '진정한 자유'라는 것에 감동했다.

몬테소리 교육을 실천하면서 얻게 된 가장 큰 것을 묻는다면 '내 아이의 시간'을 꼽는다. 아이는 매 순간 자신을 마주하고, 지금 이 순간 무엇을 해야 만족스러울지 고민한다. 그 힘은 일생의 가장 큰 자양분으로 남을 것이라 확신한다.

2) 내가 생각한 몬테소리 교구란?

몬테소리 교구의 첫인상은 '참 친절한 아이용품이구나' 생각했다. 오감을 자극하고, 능력을 향상시키는 것에 그치는 것이 아니라, '이렇게 만들어진 이유가 있구나' 그 체계성, 과학성에 감탄했기 때문이다.

판매되는 고가의 교구만이 정통성 있는 몬테소리 교구는 아니다. 길가의 꽃이 교실로 들어오면 훌륭한 꽃꽂이 교구가 될 수 있기 때문이다. 일련의 과정의 중요성, 일 감각의 고립, 틀림의 정정 등 큰 특징을 이해하고 적용한다면 아이의 발달 과업을 친절하게 지지해주는 몬테소리 교구가 될 수 있다고 생각한다.

3) 내가 아이를 양육하면서 후회가 되는 것은?

아이가 두 돌 즈음부터 몬테소리 교육을 알았지만, 그 때 당시 36개월 미만의 몬테소리 이론을 잘 알지 못해, 막연히 사랑하고 존중하며 키우자며 남편과 의기투합했던 것 같다.

가정환경 앨범에서 실천 사례를 담기 위해 핸드폰 사진첩의 만 5년의 시간을 거슬러 올라갔다. 부모됨의 가이드를 배운 뒤 되돌아본 우리 집은 아쉬움 투성이다. 몇 시간이고 흐르고 있는 타이니 모빌 음악소리, 허구와 추상화된 이미지로 가득한 그림책들... 그 중 가장 눈에 밟히는 것은 다름아닌 침대이다. 범퍼 침대의 가드를 건너려는 작은 아기, 그리고 머리로 바닥을 콩 했던 소리까지 선명히 기억난다.

되돌아갈 수 있다면 출산 직후부터 아이를 좀 더 곁에 두고 싶다. 산후 조리원에서 꿀맛 같은 휴식으로 시간을 보낼 때 내 아이는 엄마의 향기를 찾고 있었을 생각을 하니 마음이 미어진다. 부모인 우리 부부는 몬테소리 교육을 알기 전과 후로 나뉘는 것 같다. 과거보단 현재와 미래를 생각하는 부모가 되어야 겠다.

4) 몬테소리 교육을 실천하면서 변화된 아이의 모습

타인과 커뮤니케이션을 하는 것을 좋아하는 우리 아이는 낯선 사람이나 환경에 쉽게 적응하고, 도전적인 모습을 보인다. 그런데 4살이 되며 어린이집을 거부하기 시작했는데, 상담결과 담임선생님은 어린이집 커리큘럼이 아이와 맞지 않다고 하셨다. 가정에서는 하고 싶은 일들을 찾아 몰입하는 시간이 즐거웠다면, 어린이집에서는 선생님이 제공해주시는 일들에 매력을 느끼지 못했기 때문이다. 이후, 3-6세 통합 몬테소리 유치원으로 전학을 했다. 처음에 아이는 무엇을 해야할 지 모르고 탐색하는 시간을 가졌다. 만약 아이를 이해하지 못했더라면, 적응하지 못한다고 오해할 수 있었지만, 아이는 어깨너머 배우고 호기심을 채우고 있었다. 지금은 어엿한 형님이 되어 완성하려는 경향성을 보이며 작업에 몰두하고, 동생들을 안내한다. 기다림을 경험하지 못한 외동딸 아이에게 혼합반은 큰 선물과 같다.

몬테소리 교육과 함께 크는 아이는 자신의 하루를 기획하고 실천한다. 엉성한 기획에 실패할 때도 있지만, 자유에 따른 책임감 때문인지 스스로 감정 컨트롤을 하고 안정을 찾는 모습을 보면 대견하다.

5) 내가 몬테소리 교육을 실천하면서 소개하고 싶은 아이템 혹은 활동

우리 아이는 현재 만 5세이다. 0~3세 아이에게는 적용하기 어려운 활동이지만 현재 유용하게 활용하고 있어서 소개한다.

첫째는 간식테이블이다. 나도 달콤한 유혹과 사투를 벌이는 부모였기 때문에 그 어려움을 잘 안다. 그래서 몬테소리 교실의 자율 간식 시스템은 매우 흥미로웠다. 그리고 코로나로 원격 수업을 하면서 가정에서 적용해보았는데, 아이는 이미 모든 것을 알고 있었다. 왜 조금만 먹어야 하는지, 왜 지금 먹으면 안되는지 많이 들어봤기 때문이다.

이제 필요한 것은 자신을 절제하고 통제해보는 연습이다. 뭐든지 단계별로 시작해야한다. 오늘 먹을 비타민이나 영양 젤리부터 개수를 조절하며 먹을 수 있도록 한다. 이렇게 하면 스스로 건강을 챙기는 건강한 습관으로 달콤한 간식도 조절할 수 있고, 장을 볼 때 스스로 간식의 양을 정하기도 한다.

둘째는 달력 읽기 활동이다.

육아를 하다 보면 "오늘은 무슨 요일이니까 무엇을 할거야, 그건 엄마가 내일 해줄게. 약속할게"라는 이야기를 하게 된다. 하루, 일주일 등 추상적인 개념을 잘 알지 못하는 아이들에게 달력 읽기 활동은 매우 유용하다.

달력 교구를 활용하거나 일반 달력에 오늘 해당하는 숫자를 동그라미 한다. 또는 스티커 붙이기 활동을 하는 것도 좋다. 첫째로 숫자를 익힐 수 있고 시간의 흐름을 시각적으로 느낀다. 매일 아침 눈을 떠서 달력 활동을 루틴화 하면, 아이는 오늘 하루를 기대하고 계획하는 경험을 하게 된다. 이것이 인생에서 아이의 주도성을 키우는 첫걸음이라 생각한다.

괜찮아, 우리도 몬테소리가 처음이야

김민영

나는 두 돌이 아직 안된 남자 아이를 키우고 있다. 초보 엄마로서 어떻게 해야 아이를 잘 키울 수 있을까 하는 방법을 찾아 몇 권의 책, 다수의 유투브 채널, 선배 엄마들의 이야기들을 통해 정보를 듣고 참고하였지만 내 아이를 위한 우리 가정의 육아 방향을 먼저 세워야 한다는 생각이 들었다. 그러던 중 몬테소리 교육 철학에 대해 알게 되었고, 독립된 아이로 키우기 위한 몬테소리 교육 방법에 대해 전문가를 통해 배우고 싶어서 AMI 오리엔테이션, 디플로마 과정을 듣게 되었다.

나는 결혼 전 십여 년 동안 어린이 책을 디자인했다. 몬테소리 수업을 통해 아이들을 전보다 이해하게 되었는데 미리 알았더라면 어린이 책을 만드는 과정에서도 좋은 영향이 있지 않았을까하는 아쉬움이 들었다.

1) 내가 생각한 몬테소리 교육이란?

몬테소리 교육은 아이를 관찰하며 아이 개개인의 기질, 아이의 속도, 움직임의 형태, 표현 방법 등 그 아이에 맞는 육아 방법을 찾아가고, 아이를 최대한 인격체로 존중해주는 교육 방법이라고 생각한다.

또한 몬테소리 교육에서 아이를 돌보는 어른들은 아직은 느리고 서툴고 실수 투성인 아이들에게 스스로 해 볼 수 있는 기회를 주어, 그 경험이 쌓이면서 성취감, 자존감, 집중력, 자기 통제력 등이 길러져 독립된 인간으로서 성장하도록 돕고, 본인 뿐만 아니라 주변 환경과 친구들까지 돌볼 수 있는 여유로움을 갖게 하는 교육을 추구한다.

2) 내가 생각한 몬테소리 교구란?

시중에서 판매하고 있거나 몬테소리 센터 혹은 가정 방문을 통해 접할 수 있는 몬테소리 교구가 있지만, 이러한 규격화 된 교구뿐만 아니라 가정에서의 일상 생활 속에서 시도해 볼 수 있는 도구들도 몬테소리 교구만큼 아이의 독립심 성장에 큰 의미가 있다고 생각한다.

예를 들면 집안에서 사용하는 물건들은 아이에게 언어를 가르쳐 줄수 있는 언어 교구가 될 수 있다.

아이가 관심을 가지는 물건이나 활동(물 따르기, 청소하기, 걸레질 하기 등 어른이 하는 행동의 모든 것)을 할 수 있도록 가정 환경을 만들어 준다면 아이의 소근육, 대근육 발달과 정신적인 발달 또한 성장하는데 도움이 될 것이라고 생각한다.

3) 내가 아이를 양육하면서 후회가 되는 것은?

나는 아이를 출산하기 전, 주변에서 많이 사용하는 이케아 아기 침대를 큰 고민 없이 구매했다.

이케아 아기침대는 사방이 울타리 같은 것으로 둘러싸여 있는데 한쪽 면의 가드를 열어 놓고 사용했다. 아기를 들어올리기 쉽다는 이유였다. 아기가 백일째 되던 날 새벽, 순둥이 아기가 목이 터져라 우는 소리를 듣고 놀라서 침대를 보니 아기는 그 안에 없었고 바닥에 떨어져 있는 것을 발견했다. 뒤집지 않는 아기가 조금씩 움직일 것이라는 것도 알지 못한 무지한 초보 엄마였다. 아이의 발달에 대해 미리 깊게 공부했더라면 아이의 물건을 구입하는데 더 신중했을 것이다. 또한 아이 입장이 아닌 어른의 편리성을 생각했던 것이 후회가 많이 들었다.

4) 몬테소리 교육을 실천하면서 변화된 아이의 모습

나는 외국에서 아이를 출산했고 아이가 태어난 해부터 코로나 바이러스로 인한 팬데믹 상황이었다.

출산 후, 병원에서 모자 동실로 2박 3일을 지냈고 집으로 돌아와서는 방문하는 가족이나 산후 조리사의 도움을 받을 수 없는 상황이었고, 오롯이 남편과 내가 아이를 맡아서 육아를 시작했다. 다행히 모유 수유가 잘 되어 이유식 전까지 완모를 했다. 그 당시에는 산후에 육체적, 정신적으로 많이 힘들기도 했지만 최근에 몬테소리 교육을 공부하며 알고 보니 공생 기간을 잘 보낸 것 같아서 다행이라 생각이 든다.

아이가 20개월이 된 지난 달, 한국으로 들어오게 되어 친가와 외가 식구들을 처음으로 만나게 되었다. 가족들은 20개월인 아이가 스스로 음식을 먹고, 컵으로 물을 마시는 등 혼자서 할 수 있는 것들에 대해 많이 감탄하셨다.

아이에게서 몬테소리 교육의 실천 전과 후를 분명하게 구분하기는 어렵지만, 스스로를 통제하려고 노력하는 아이를 알아봐 주는 주변 사람들의 칭찬으로 나 스스로에게도 격려가 되었다.

주변 어른들이 아이와 함께 있을 때 도와주려고 하면 아직 말문이 터지지 않은 우리 아이는 그 손을 뿌리치며 자신의 가슴을 두드리며 자기가 하겠다는 의사를 표시한다. 아이는 자신이 할 수 있는 것을 도와주려는 것을 거부하고 혼자 해냈을 때 표정이 편안하다.

5) 내가 몬테소리 교육을 실천하면서 소개하고 싶은 아이템 혹은 활동

이유식 시기가 될 무렵, 아이의 사이즈에 맞는 실제 물건(아이를 위한 작은 그릇, 물컵, 숟가락, 포크, 테이블과 의자 등 어른의 것과 같은 디자인일수록 좋다)을 준비하는 것을 추천한다.

목을 가누지도 못하던 갓난 아이가 부쩍 자라서 독립적인 존재가 되었다고 느꼈던 첫 번째 순간은 이유식의 시작 시기였다. 비록 아이가 처음부터 잘 활용하지 못하더라도 아이에게 기회를 주는 것은 어른의 역할이라고 생각한다.

위와 같은 아이템이 주어졌다면, 그 다음은 아이 혼자서 먹을 수 있도록 어른은 지켜봐 주는 것이다. 흘린 음식을 닦아주고, 준비한 음식을 골고루 입에 넣어주고 싶더라도 참아야 한다. 힘든 이유식의 순간이 몇 개월 지나고 나면 아이의 소근육은 눈부시게 발달해 있고 어느 새 어른들과 식사 시간을 즐기는 한 인간으로 앉아 있게 되기 때문이다.

김보라

20년 9월생 아이를 키우며 영유아 교육에 관심을 가지게 되었고, AMI 한국지부에서 진행하는 코스들을 알게 되었다. 아이가 생후 6개월 전부터 스스로 하려는 모습이 자주 보였기 때문에, 자기 주도적인 교육법에 관심이 생겼다. 그리고 그 해답을 몬테소리 교육에서 찾게 되었다.

1) 내가 생각한 몬테소리 교육이란?

자주적인 교육이다. 아이가 스스로 활동을 선택하고, 혼자 뿌듯함을 느끼고, 그러면서 집중하는 힘이 생기는 교육이다. 내면의 동기를 키워주는 가장 기본적인 교육이기에 가장 어린 연령의 아이들에게 꼭 필요한 교육이라고 생각한다. 아이가 자라면서 접하는 교육법은 종류가 너무나 많다. 몬테소리 교육은 단순히 교육법이 아니라 철학이다. 내가 아이를 키우는 방식 중에 몬테소리 교육 철학이 기본 뼈대가 되고, 나머지 여러 교육방법들은 살이 되어 붙는다고 생각한다. 아이를 바라보는 시선이 완전하게 달라질 수 있는 교육이라 생각하고, 나의 삶을 바라보는 시선도 달라졌다.

2) 내가 생각한 몬테소리 교구란?

일상 생활에 있는 모든 것들이다. 아이를 위해 따로 구매하지 않아도 된다. 아이를 위해 플라스틱으로 만들어져 있지 않다. 어른이 생활하는 방식을 그대로 접하는 것이 바로 몬테소리 교구이다. 다만 아이의 신체 사이즈에 맞게 교구도 사이즈가 작아야 한다. 내가 앉아있는 식탁과 의자를 그대로 아이에게 제공해 줄 수는 없다. 아이를 배려하는 태도는 작아진 사이즈의 가구와 물건으로 전해진다.

그리고 이러한 일상생활용품 외에도 특정 능력(두 손가락으로 집기 등)을 위하여 제작된 교구들이 있다. 그러한 교구는 조작 교구라고 할 수 있고 0-3세 시기에 필요한 조작 교구의 수는 일상 생활에서 접하는 일상생활용품 보다는 적다.

3) 내가 아이를 양육하면서 후회가 되는 것은?

아이 교육에 대해 아기가 태어난 후부터 고민한 것이다. 잠을 잘 시간도 부족하고, 밥을 먹을 시간도 부족했던 신생아 육아 시절이 가장 후회가 된다. 미리 고민을 하고 아이를 위해 환경을 준비해 놓지 못한 점이 아쉽다. 임신 기간에 차분히 고민을 시작했다면 아이를 맞이하는 자세가 더 긍정적이었을 것 같다. 그리고 집 안의 물건을 많이 비워 두지 못한 것이 후회가 된다. 아이가 커갈수록 아이의 옷, 침대, 신발 등 물건의 수가 늘어난다. 이 공간을 미리 확보했으면 아이를 양육할 때 더 수월했을 것 같다.

4) 몬테소리 교육을 실천하면서 변화된 아이의 모습

아이에게 조금의 참을성이 생겼다. 그리고 사소한 것부터 선택하기를 즐긴다. 우리 아이는 자기주장이 강하고 급한 성격이다. 특히 먹을 것에 관련해서 기다리는 시간이 너무 짧아서 신생아 때는 분유 타는 시간을 기다리는 것도 버거워 했었고, 돌 전까지 배고플 때마다 땀을 흘리며 우는 날이 많기도 했다. 그런데 자기주장이 강한 것은 몬테소리에서 굉장한 강점이다. 내가 원하는 활동을 주도적으로 선택하기에 어려움이 없기 때문이다.

현재 20개월인 우리 아이는 놀이터에 가면 항상 시소나 그네를 타고 싶어 한다. 다른 친구나 언니, 오빠가 타고 있으면 조금 떨어져서 기다릴 줄 안다. 시선을 떼지 않고 기다리다가 순서가 오면, 더 재미있고 즐겁게 놀이터를 즐긴다. 불과 18개월 즈음에는 옆에 가서 소리를 지르며 본인이 타겠다고 화를 내던 아이였다. 몬테소리 교육을 실천 하다 보니, 아이는 다른 사람이 결정해서 즐기고 있는 순간을 배려한다.

마트에 갔을 때는 아이가 원하는 간식 한 두 가지를 손에 쥐고 계산이 될 때까지 기다린다. 이렇게 되기까지는 몇 개월이 걸렸다. 처음에는 간식을 손에 쥐고 소리를 지르며 얼른 먹고 싶다고 간식을 내 쪽으로 내밀었다. 하지만 계산이 되어야만 먹을 수 있다는 것을 그때마다 차분히 얘기해줬다. 처음에는 아이 간식을 바로 계산해서 주었고, 점점 장보는 시간을 늘려가며 기다리는 시간이 길어졌다. 엄마가 항상 자신의 간식을 사준다는 것을 깨달은 아이는 본인이 원하는 간식을 고르며 그 시간을 순수하게 즐긴다. 그리고 급하게 결정했던 순간 순간을 되돌아 봤는지, 조금 천천히 결정하려고 하는 순간들이 보인다. 계산대 위에 올리기 전까지 두 세 번 선택을 번복하며 신중하게 생각한다. 그리고 계산이 끝난 뒤 간식을 맛있게 먹는다. 아이는 사소한 선택을 매일 하면서 그 결과를 받아들이는 연습을 하고 있다.

5) 내가 몬테소리 교육을 실천하면서 소개하고 싶은 아이템 혹은 활동

옷이나 신발을 입거나 신을 때, 두 가지의 선택지를 주고 아이에게 고를 수 있게 하는 것을 추천하고 싶다. 몬테소리가 일상에 녹아드는 순간은 굉장히 사소한 순간들이라고 생각한다. 사소한 선택이 모이고, 그 결과에 대한 책임을 본인이 지는 시간이 모인다. 그러면서 신중히 결정할 수 있는 아이 내면의 힘이 길러진다고 생각한다.

김유리

메타버스 미디어 전시 및 축제 기획사를 운영하며 영어와 몬테소리 교육 강의를 하고 있는 워킹맘이다. 캐나다에서 오래 거주했는데 그 당시 거의 매일 지나가며 구경했던 잔디 위에서 놀고 있던 아이들의 평화로운 활동과 기쁨 넘치던 웃음에 매료되어 몬테소리 교육을 알게 되었다. 처음엔 그곳이 몬테소리 기관인지 모르고 구경했다가 몬테소리가 정확히 어떤 거지 하는 궁금증에 다양한 책을 찾아보았다. 나중에 몬테소리 교육 이념을 알게 된 후엔 내가 미래에 아이를 낳게 되면 이렇게 아이를 키우면 좋겠다 했던 생각이 지금은 현실화 되어 3~6세 정교사 과정을 마치고 0-3세 정교사 과정을 들으며 20개월 아들을 몬테소리 교육 방식으로 양육하고 있다.

1) 내가 생각한 몬테소리 교육이란?

아이를 관찰하며 아이 눈 높이에서 세상을 바라보고 건강한 정신적 및 신체적 독립을 돕기 위해 아이를 배려하고 존중하는 마음으로 아이가 마음껏 탐색하고 주도적으로 선택 및 작업하며 성장할 수 있는 안전한 환경을 만들어 가는 것이 몬테소리 교육이라고 생각한다.

무엇보다 개월 수가 어릴수록 인적 환경인 '어른'의 역할이 정말 중요한데 엄마의 사심 가득 담긴 주관적인 시선이 아닌 객관적인 시선으로 아이를 관찰하기 위한 노력이 아이에게 필요한 환경을 적당한 시기에 제공해 줄 수 있기에 더 매력적인 것 같다.

2) 내가 생각한 몬테소리 교구란?

아이의 전반적인 성장 발달 단계에 맞춰 세세한 근육 움직임까지 과학적으로 고려하여 제작된 아이의 독립을 도와주는 도구라고 생각한다. 몬테소리 교육에 대해 알기 전에는 꼭 정통 교구를 통해서만 교육을 이행 할 수 있다고 생각했는데 사실 이 뿐만 아니라 아이가 일상에서 흔히 접하는 모든 익숙한 소품, 도구(주방용품 등), 가구 등 모두 몬테소리 교구가 될 수 있다. 그렇기에 몬테소리 하면 비싼 정통교구라고 생각하고 계신다면 값비싼 교구들을 구입하기 전 몬테소리 철학을 이해하고 교육의 본질이 무엇인지 아는 것이 더 중요하다고 생각한다.

3) 내가 아이를 양육하면서 후회가 되는 것은?

아이가 태어나서 어렸을 때부터 몬테소리 교육 철학을 기반으로 양육했기 때문에 양육 과정에서는 후회스러운 점이 없다. 다만 AMI 디플로마 0-3세 수업 중 의학 부분을 들으며 태내의 중요성을 공부하다 보니 아이를 임신했던 기간 동안 다리를 다쳐 깁스에 휠체어를 타느라 내 몸 하나 건사하기도 힘든 상태여서 제대로 된 태교를 하지 못한 부분은 아직도 아쉬움이 많이 남는다.

4) 몬테소리 교육을 실천하면서 변화된 아이의 모습

사실 몬테소리 교육을 실천하면서 가장 많이 변화된 건 아이가 아닌 아이 엄마인 내 자신이다. 아이는 변화했다기 보다 개월 수는 어리지만 자주적이고 열심히 노력하며 무엇이든 될 때까지 시도하는 아이로 성장하고 있다.

여느 부모들처럼 아이에게 많은 기회를 주고 좋은 환경을 조성해주자! 라는 의욕이 가득했지만 작은 것부터 실천하기 막막할 때가 있었는데 몬테소리 교육은 그런 막막함 속에서 왜? 어떻게? 에 대한 물음에 해결책을 깨닫게 해주었고 그런 교육 이념과 사상을 바탕으로 부모의 모습이 더 긍정적으로 변화하자, 아이 역시 더 긍정적으로 자신을 믿고 스스로 노력하는 모습을 보여준다.

5) 내가 몬테소리 교육을 실천하면서 소개하고 싶은 아이템 혹은 활동

첫번째로 아이가 들고 이동할 수 있는 아이 사이즈의 다리가 짧고 등받이 있는 가벼운 의자를 추천한다. 나는 다원몬테소리 의자를 사용하고 있는데 아이가 의자에 앉아서 혼자 배변팬티 및 바지를 입고 벗기도 하고, 양말 및 신발을 신고 벗기도 하며, 거울 앞으로 의자를 혼자 이동해서 머리 빗질도 하는 등 다양한 활동에 활용하고 있다.

두번째로 이케아 둑티그 주방놀이를 추천한다. 아이 사이즈로 적당한 높이의 주방놀이인데 아이가 스스로 식기도구들을 수납하고 간식을 준비하는 등 다양한 주방활동을 할 수 있다. 아이 발달사항에 맞게 시기별로 필요한 것들을 배치함으로써 일상에서 익히는 몬테소리 활동을 상시 실천하기 수월하다.

세번째로 스탠리주니어 가드닝 툴세트들을 추천한다. 우리 아이는 8개월 때부터 텃밭과 흙 위에서 많은 시간을 보내왔고 걸음마를 하기 시작했을 때부터 삽, 호미, 수레 등 다양한 도구들을 사용하며 자연을 접하고 있다. 매일 하는 산책을 제외하고 흙에서 매주 16시간 정도를 보내는데 자연에서 많은 시간을 보내서인지 아이가 매우 유순하고 짜증이나 떼를 쓰는 경우가 거의 없다. 가드닝 도구들을 사용하면 아이의 대근육 및 소근육 발달에도 좋고 야외에서 활동하게 되기 때문에 아이 정서에도 좋다.

김은영

22개월 남자 아기를 키우는 엄마이다. 아이가 태어나서 만 3년의 0-36개월 기간이 인생에서 아주 중요한 시기임을 알고는 있었지만 어떻게 부모로서 아이를 키우며 도움을 줄 수 있을지 막연하였던 시기에 몬테소리 교구를 알게 되고 유튜브를 통해서 AMI 오리엔테이션 교육이 있다는 것을 알게 되었다. AMI 오리엔테이션 과정을 이수한 후 더 깊이 있는 교육이 필요하다고 생각되어 AMI 디플로마 과정 까지 듣게 되었다.

1) 내가 생각한 몬테소리 교육이란?
아이 중심의 교육인 것 같다. 우리 어른들은 어른의 입장에서 교육을 생각하게 되는데 철저하게 아이의 관점, 아이의 입장에서 이루어지는 교육인 것 같다.
내가 올 봄에 여러가지 색깔의 튤립이 핀 거리를 걸을 때였다. 빨간 튤립을 지나 노란 튤립, 흰색 튤립 정말 가지각색의 아름다움을 뽐내는 듯했다. 나는 그 전에 몬테소리 교육은 빨간 튤립인데 교육을 잘 받으면 노란 튤립이 될 수 있다고 생각했던 것 같다. 그런데 자세히 보니 올해 가뭄이 들어서 제대로 수분이 공급되지 않아서 키가 작고 꽃이 피지도 못하는 튤립도 보았다. 내가 가지지 못한 것을 바라는 것이 아니라 내 안에 가지고 있는 것을 정상적으로 피워낼 수 있게 도움이 되는 것이 몬테소리 교육이 아닐까 하고 생각했다.

2) 내가 생각한 몬테소리 교구란?
아이가 아침에 눈을 뜨고 저녁에 잠이 드는 순간까지 아이가 접하는 모든 것이 교구가 될 수 있을 거 같다. 우리가 교실에서 볼 수 있는 교구회사에서 판매하는 상업적인 교구는 10% 이하인 것 같다. 처음에는 그 10%가 전체 교구 100%라고 생각했던 것 같다. 지금은 90%를 어떻게 채울지 일상생활에서 조금씩 적용해 보려고 하고 있다.

3) 내가 아이를 양육하면서 후회가 되는 것은?
아이가 태어나기 전에 몬테소리 교육을 받았더라면 그리고 좀더 전문가가 되어서 아이에게 바로 실천할 수 있는 준비된 엄마가 되었더라면 어땠을까 상상을 해본다. 아이가 하루가 다르게 커가고 있는데 아직 배우는 단계이다 보니 제대로 하지 못하는 것 같을 때가 있다. 그리고 아이가 순한 편인데 나 또한 순한 기질이라 서로 편하기는 하나 자극이 적었던 것 같다. 대근육 운동이나 언어 등에서 조금씩 늦는 편인데 적절하게 자극을 주는 것이 나의 숙제이다.

4) 몬테소리 교육을 실천하면서 변화된 아이의 모습

아직 제대로 갖추어진 몬테소리 교육환경이 아니라서 점점 정상화 되기를 바라고 있다. 아이 스스로 할 수 있는 환경이 조금씩 늘어나고 있고 집안이 차분하고 간소화되고 있다. 처음에 책장에 수백 권의 책을 꽂아 두었는데 그때는 어려서 엄마가 읽어주는 책만 읽었다. 오리엔테이션 과정을 듣고 수십 권으로 줄이고 아이의 손이 닿지 않는 곳에 배치해 두었다. 그리고 닿는 곳에는 5~6권만 두었다. 책을 보는 시간이 하루 중에 비중이 있는 편이어서 속으로는 좋다고 생각이 들었다. 어느새 아이가 자라서 손이 닿자 여러 책을 끄집어 내어서 대충 보기만 하거나 장난칠 때도 있었다. 그래서 모든 책을 창고에 두고 5~6권만 보여주자 조금 더 집중하여 책을 읽었고 하루 중 책을 가지고 노는 시간이 줄었다. 이걸 보면 아이는 책을 이해하고 보는 것이 아니라 그동안 장난감으로 생각했던 것 같다.

5) 내가 몬테소리 교육을 실천하면서 소개하고 싶은 아이템 혹은 활동

아직까지 나의 수준은 수업시간에 배운 환경도 아직 실천하지 못하는 부분이 있어서 기본에 충실하자는 생각이 있다. AMI 디플로마 과정 중에 있었던 일이다. 매일 집근처에 아이와 산책을 나갔는데 아이가 위험하다고 생각하고 아직 걷다가 넘어지고 해서 내가 앞장서서 아이를 이끌어 주었다. 좀더 좋은 산책 코스를 가고 싶고 더 멀리 가서 아이에게 더 많은 것들을 보여 주어야 한다는 강박이 있었던 거 같다. 그날은 왠지 나의 태도가 수업시간에 들었던 몬테소리 교육에 맞는 태도가 아닌 것 같다는 생각이 들었다. 그래서 아이를 먼저 앞장서게 했다. 나는 뒤따라 가다가 위험한 순간에만 개입을 하기로 했다. 아이는 멀리 가지도 못했고 내가 생각하기에 가볼만한 곳으로 가지도 않았다. 하지만 짧은 거리를 이동했지만 스스로 관찰하는 시간이 늘었다. 예를 들면 내가 앞장서서 이끌어 주었을 때는 꽃을 보라고 하면 아이는 그 꽃을 보긴 했지만 과연 자신에게 각인 시키고 집중이 되었을까 라는 의문이 들었지만 아이가 앞장서는 것을 따라가 보니 자신이 관심이 있는 것에 집중을 하기 시작했다. 내가 생각하는 것과 전혀 다른 것에 관심이 있었다. 똑같은 장소에서 산책을 하는 것인 데도 이끄는 주체를 아이에게 넘기니 전혀 다른 산책이 되는 경험을 하였다.

안선미

강원도에서 나고 자라 서울에 자리를 잡은 30대 중반의 엄마이다. 어릴 적 엄마 손 잡고 처음 들어간 '유치원'이라는 곳이 바로 몬테소리 유치원이었다. 어머니는 몬테소리가 좋다는 이야기에 아이를 보냈지만, 유치원에서 뭘 했냐고 물어보면 "오늘은 책상을 닦고 걸레를 빨았어요", "오늘은 신발을 닦았어요"라는 대답에 항상 물음표 하나가 머릿속에 함께했다고 하셨다. 교실에서 청소만 한 것은 아니었다. 일주일에 한번은 산으로 들로 나가 곤충을 관찰하고, 논으로 나가 쌀의 소중함을 배우며 거머리에도 물려 보기도 하고, 달리다 넘어지면 스스로 털고 일어날 수 있도록 용기를 북돋아 주시고, 그 시간을 기다려 주셨다. 지금의 서울에서의 생활은 그 시절 강원도와는 차이가 있겠지만, 내 아이가 생기고 난 뒤 내가 경험했던 즐거운 생활을 아이도 경험하면 좋을 것 같다는 생각에 몬테소리 교육을 찾아보게 되었다.

1) 내가 생각한 몬테소리 교육이란?

표면적으로 드러난 아이들의 문제를 정상화시키는 것이 아니라, 문제가 생겨나기 전, 그 이면의 원인과 본질에서부터 정상화되기 위한 노력을 미리부터, 그리고 가장 효율이 좋은 시기에 실행할 수 있도록 준비된 어른이 먼저 되는 법을 알려주는 주는 '부모교육'이자 육아 철학이라 생각한다.

2) 내가 생각한 몬테소리 교구란?

몬테소리 교육으로 아이를 길러보는 것이 어떨까 하는 생각을 하며 몬테소리를 검색해 보면 가장 먼저 나오는 것들은 모두 교구회사의 광고였기 때문에, '몬테소리 교육을 위해서는 교구가 기본으로 준비되어야 하나보다'라고 생각했다. 실제로 어릴 적 원에서 만지던 교구들이 떠오르며 그것이 몬테소리였구나 하는 생각도 들었다. 하지만, 가격도 쉽지 않았고, 과연 이 좁은 집에 저 많은 교구를 들이는 것이 상황에 맞는 것인지 확신이 서지 않았다. 수많은 광고들 사이 옥석 같은 정보를 찾아 보다 AMI를 알게 되었고, 몬테소리에 대해 직접 공부해 본 후 결정하기로 했다. 그렇게 오리엔테이션 코스를 들은 뒤 교구에 대한 나의 생각은 완전히 바뀌었다. 교구는 그저 커다란 몬테소리 철학의 한 부분일 뿐이라는 것을 깨닫게 되었다. 또한 원에서의 교구와 가정에서의 교구는 달라야 한다는 것을 깨닫게 되었다. 우리가 쉽게 접하는 몬테소리 교구는 실제로 단체를 위해 만들어진 교구이며, 생활에서는 아이가 호기심을 갖는 실제의 물건으로도 충분히 생활 교구를 제공할 수 있었다. 더 나아가 오히려 생활에서의 몬테소리 활동과 교구는 원에서 제공하는 교구와 활동과는 달라야 한다고 깨닫게 되었다. 몬테소리에서의 교구는 원에서 사용하는 말 그대로의 교구도 있겠지만, 넓은 의미로는 아이가 알고 싶고, 사용하고자 하는 모든 안전한 것들이라 생각되었다.

3) 내가 아이를 양육하면서 후회가 되는 것은?

첫번째는 아직도 때때로 시간을 넉넉히 잡지 않아 아이가 체득하고자 하는 소중한 시간을 배앗는 경우가 많이 있다. 아기가 어린이집 가기 전 준비에 필요한 시간은 1시간이 아니라 2시간이고, 다 준비한 뒤 현관에서 신발 신고 나가는 시간은 5분이 아니라 15분이다. 내가 생각한 시간의 2배~3배만큼 넉넉하게 아이의 시간을 고려해야 한다는 점을 명심하고, 실천으로 옮기는 것이 내 목표다.

두번째로는 아이 앞에서 불안한 환경을 조성했던 순간이 제일 후회된다. 제아무리 좋은 교육이라 할지라도 가정이 화목하지 않으면 그 모든 것의 근간이 흔들리는 일이라 생각한다. 아기를 낳고 달라진 가치관과 생활양식에 서로를 아껴주던 부부 사이가 예민해지고 날이 서 있었다. 아이가 있는 공간의 공기를 차갑게 얼리고, 아이 등 뒤에서 서로에게 모진 말을 내뱉기도 했었다. 지금도 서로를 이해하는 과정 중에 있지만, 그래도 서로 아이 앞에서는 정말 정신 차리자며 많이 바뀌었다. 우리를 위해 그리고 아이를 위해 불안한 환경이 조성되지 않도록 양보하고, 사랑하고, 이해하며 행복한 가정을 만들고 싶다.

4) 몬테소리 교육을 실천하면서 변화된 아이의 모습

사실 나는 오리엔테이션 코스를 듣고 있을 때가 아기가 이제 막 걸음마를 떼고 이유식에서 유아식으로 넘어가려던 시기였기에, 아기가 어떤 것이 달라졌는지 가늠하기 어려운 시기였다. 하지만 잘 생각해보니 그 차이가 느껴지는 한 가지 모습을 찾을 수 있었다. 그 전까지는 유아주도 이유식을 생각도 하지 않다가, 수업 이후 시도하게 되었다. 전에는 아기가 한 끼에 300ml 양의 이유식도 먹이면 먹는 대로 다 먹는다며 좋아했는데, 막상 자기주도 이유식을 해 보고 나니 200ml도 채 먹지 않았다. 엄마 젖을 먹으며 본인이 조절하던 음식을 다른 사람의 조절에 의해 처음 먹게 되어 항상 본인의 의지보다 과식을 하고 있었던 것은 아닌지 미안했다.

5) 내가 몬테소리 교육을 실천하면서 소개하고 싶은 아이템 혹은 활동

막 잡고 서기 시작할 무렵에 사용하던 러버 메이드의 가정용 안전 사다리를 소개하고 싶다. 이 사다리는 실제 몬테소리 교실에서 '피클러 트라이앵글' 이라는 이름의 교구로 많이 접해봤을 수도 있다. 하지만 가정에서 사용하기에는 크기가 작지 않고, 무게가 무거워 옮기기 쉽지 않다. 하지만 이 가정용 사다리는 삼각형의 안정적인 모양과, 기동성 좋은 무게로 가정에서 사용하기 참 좋았다. 게다가 가정용 안전 사다리다 보니 모든 부분이 둥글게 마감되어 있었고, 성인이 올라가도 끄떡없는 견고함이 있어, 아기가 잡고 설 때부터 올라가서 놀 때까지 오랜 시간 잘 사용하였다. 가정용 사다리다 보니 사용하지 않을 때는 접어서 한 켠에 둘 수도 있어 공간활용도 용이했다.

안진희

24개월 아이와 함께 하고 있는 엄마이다. 대학의 전공과 직장 모두 교육과 무관한 곳이라 생각했는데, 돌아보니 그 속에서 교육에 대해 계속 관심을 유지하고 있었다. 아이를 임신하고 어떻게 하면 아이를 잘 키울까? 에 대한 막연한 생각으로 여러 책을 읽어봤지만 속 시원히 답을 내리지 못한 상태에서 아이가 태어났고, 그 후에도 막연하게 책, 교육법, 교구 등을 찾아 헤맸는데, 우연히 AMI 오리엔테이션 과정을 알게 되었다. 짧지만 강했던 교육을 통해 눈이 번쩍 뜨였고, 무엇보다 아이를 한 인격체로 존중해야 함을 배웠다. 그럼에도 불구하고 여전히 실천적인 면에서 방법이나 제대로 알지 못하는 부분들이 많아 디플로마 코스를 수강하면서 몬테소리 교육에 대해 더 깊이 알아가는 중이다.

1) 내가 생각한 몬테소리 교육이란?

"Help me to do it by myself"

스스로 자라는 아이를 돕는 것이 어른의 할 일이라는 것을 매 순간 느낀다. 어른은 아이를 소유한 사람이거나, 아이의 시절을 먼저 거쳤다는 이유 만으로 아이에게 권위를 드러내는 사람이 아니라 단지 아이보다 먼저 태어난 안내자Guide로서 아이가 자신의 내면의 힘을 잘 따라가도록, 자신의 행복을 찾아 스스로 자라도록 돕는 사람이라는 것을 배웠다. 또 아이의 성장을 지켜보면서 어른인 나도 새롭게 깨닫고 배우는 것이 많아 서로에게 영향을 주는 것이 몬테소리 교육이라고 생각한다.

2) 내가 생각한 몬테소리 교구란?

오리엔테이션 과정을 거치기 전에 몬테소리 교구는 아이의 손을 많이 움직이도록 해서 두뇌 발달을 돕는 도구라고 만 생각했다. 몬테소리 교육을 공부하면서 그것은 하나의 결과일 수 있지만, 더 중요한 것은 아이가 속한 사회와 문화에 잘 적응하기 위해 일상 생활을 잘 꾸려 나가기 위한 디딤돌 역할을 하는 것이 몬테소리 교구가 아닌가 생각한다.

3) 내가 아이를 양육하면서 후회가 되는 것은?

좀 더 일찍 몬테소리 교육에 대해 알았더라면, 탄생 후부터 아이를 꼼짝 못하게 하는 조직적인 힘에 아이를 가두지 않았을 것이라 생각한다. 태아일 때부터 아이를 믿고 아이를 제대로 보는 데 집중하지 않고, 다른 이야기들에 현혹되어 이런 저런 방법으로 아이를 괴롭혔다는 생각에 조금 괴롭기도 하다. 더 이상 실수하고 싶지 않아서 아이를 깊이 관찰해보려 노력 중인데 쉽지는 않다.

괜찮아, 우리도 몬테소리가 처음이야

4) 몬테소리 교육을 실천하면서 변화된 아이의 모습

그 동안은 아이에게 눈이 멀어(?) 무엇이 잘못되었다고 크게 느끼지는 못했지만, 24개월에 접어들어 아이의 개성이 드러나면서 본인이 원하는 것을 얻기까지 떼를 쓴다든가 하는 변화가 필요한 부분을 느끼는 중이다. 몬테소리 교육을 실천하면서 앞으로 아이와의 관계가 좀 더 다이나믹 해질 것이라 예상하며, 아이가 36개월쯤 되었을 때 어떤 모습일지 기대가 된다.

지금까지의 모습 중에서는 아이에게 하면 위험한 행동들에 대해 꾸준히 설명해주는 부분들에 대해 (예: 책장은 올라가는 곳이 아니예요 등) 어느 순간 알아듣고 잘 하지 않는 모습이 변화된 부분이다. 어쩔 수 없는 충동은 남아있지만, 한번 생각을 해보는 것 같다.

5) 내가 몬테소리 교육을 실천하면서 소개하고 싶은 아이템 혹은 활동

여러 훌륭한 교구들이 많지만, 집 주변을 산책하면서 바깥에서 관찰하는 활동을 할 때마다 아이가 가장 많이 성장한다고 느낀다. 집 안에서도 엄마가 요리를 할 때 아이에게도 실제 사용하는 주방 도구들을 주었더니 옆에서 무언가를 하면서 노는 것을 좋아한다.

이은진

20년 1월생 아이를 키우며 영유아 교육에 관심을 많이 가지게 되었다. 교육학을 전공하여 교육철학에는 관심이 많았으나 이론과 실전이 많이 다름을 깨닫고 내 아이에게 가장 적합한 교육법이 무엇인지 찾아보던 중 오리엔테이션 강의를 듣게 되었다. 이후 AMI 0-3세 디플로마 과정을 들으며 아직 많이 부족하지만 아이를 양육함에 있어서 몬테소리 철학을 잊지 않고자 노력하고 있다.

1) 내가 생각한 몬테소리 교육이란?

몬테소리 교육은 자신만의 진도에 맞춰 스스로 자신의 발달을 지시할 수 있는 어린이의 타고난 능력을 강조하고 아이를 매우 존중하는 교육 방식이라고 생각한다. 몬테소리 교육은 단순히 사실로 아이들을 채우는 것이 아니라 지식, 이해 및 존중에 대한 어린이의 자연스러운 욕구를 육성하기 위해 노력한다. 몬테소리 교육의 효과는 아이들에게 바로 보이지는 않을 수 있지만 나중에는 분명해질 것이라고 믿는다.

2) 내가 생각한 몬테소리 교구란?

정형화된 교구 뿐만 아니라 몬테소리 환경 내에 있으며 아이들이 안전하게 다룰 수 있는 다양한 물건들이라고 생각한다. 몬테소리 환경에서 실제 물건들을 사용하며 어린이들에게 실제와 같은 경험을 제공하고 아이가 물건들을 가지고 활동을 할 때 제 방식대로 하지 않으면 물건들이 깨지거나 망가질 수도 있고 이것은 아이에게 자연스럽게 원인과 결과에 대한 교훈을 제공할 수도 있다.

3) 내가 아이를 양육하면서 후회가 되는 것은?

아이에게 일상을 연습할 기회를 적게 주었다. 책의 권수를 늘려 나가기 보다는 조금 더 일찍 외부 시간 및 실제 일상 생활을 위한 연습을 하며 아이도 가족 구성원으로서 역할을 할 수 있도록 가이드 했어야 했다는 후회가 남는다.

4) 몬테소리 교육을 실천하면서 변화된 아이의 모습

스스로 할 수 있는 것들이 점점 많아졌다. 아이가 부모에 의해 수동적으로 일과를 보내기 보다는 능동적으로 해야 할 것을 찾아서 하게 되었고 일과에 규칙성이 생기게 되어 보다 안정적인 모습을 보이게 되었다. 자기 주도적인 활동을 많이 하다 보니 부모나 친구들에게도 본인이 먼저 나서서 먹을거리나 외출준비를 도와주며 자신감이 생긴 듯한 모습을 자주 발견한다.

5) 내가 몬테소리 교육을 실천하면서 소개하고 싶은 아이템 혹은 활동

아이가 스스로 어린이집 가방을 준비하도록 가이드 해 줄 것을 추천한다.

괜찮아, 우리도 몬테소리가 처음이야

아이가 어린이집 가방을 챙기는 것을 스스로 준비하면서 등원 거부 현상이 많이 줄었다. 당일에 필요한 손수건, 물병, 도시락, 숟가락, 젓가락, 포크, 여벌 양말 등을 챙기고 꼭 읽고 싶은 작은 책을 한 권 씩 가방에 넣는다. 본인이 주도적으로 등원 준비를 하니 빨리 나가고 싶은 마음에 옷도 스스로 찾아 입게 되고, 신발도 먼저 신는 모습을 보여주었다. 스스로 만든 음식을 더 잘 먹듯 등원 준비도 스스로 하게 하니 보다 더 즐거운 등원길이 되었다.

이은혜

나는 21개월 아이를 키우는 엄마이다. 디자인과 미술교육을 전공했고 출산 전까지 미술교사로 일했다. 나는 몬테소리 교육을 운명적으로 만난 것 같다. 아기가 백일이 지나고 처음으로 밖에 나와 풍경 좋은 카페에 갔을 때였다. 빨간 코트를 입은 키가 큰 할머니가 아기를 보고 멈추더니 기이한 말을 남기셨는데, 그 내용은 집에 거울을 두어 아기가 스스로를 관찰할 수 있도록 할 것, 낮은 침대에서 재울 것, 교구는 6개 이상 놓지 말 것 등이었다. 이 분의 말에 비밀이 있다는 게 느껴졌다. 알고보니 그분은 대학원에서 몬테소리 공부를 하신 분이셨다. 그 후로 나는 몬테소리 교육 관련 책들을 찾아보았고, 결정적으로 '행복한 아이들'이라는 영화를 신랑과 보고 감동을 받아 우리 아이도 저렇게 키우자고 결심하며, AMI 오리엔테이션 코스와 디플로마 코스를 듣게 되었다.

1) 내가 생각한 몬테소리 교육이란?

아이를 존중하며 행복하게 자랄 수 있도록 돕는 방법적인 교육이라고 생각한다. 몬테소리 교육의 주체는 아이이기 때문에 교사는 아이를 가르치는 것이 아니라 스스로 작업할 수 있도록 환경을 고려하며 돕는 역할이며, 아이는 내면의 힘에 이끌려 자유롭게 탐색하며 스스로를 성장시키는 교육이기 때문이다.

2) 내가 생각한 몬테소리 교구란?

어떤 물건도 몬테소리 일상교구와 언어교구가 될 수 있다고 생각한다. 정교하게 고안된 몬테소리 정통교구는 의식적 흡수기에 발달을 세련화 할 수 있어 필요한 교구라고 생각하지만, 혼합 연령이 함께 작업하는 환경이 주어져야 동기부여가 되고 이타적인 몬테소리 교육이 될 수 있다고 배웠다.

3) 내가 아이를 양육하면서 후회가 되는 것은?

디플로마 공부를 하면서 공생기간이 얼마나 중요한지 알게 되었다. 나는 조리원에서 몸조리를 하고, 조리원을 나와서는 산후도우미 선생님이 오셨었는데, 나는 그때 내 몸이 힘든 것만 생각했다. 디플로마 공부를 하면서 아이 시선에서의 상황을 그려보게 되어, 반성이 되었다.

4) 몬테소리 교육을 실천하면서 변화된 아이의 모습

아이가 잘 웃고 행복해 보인다. 부모가 가르치려 하지 않기 때문에 아이는 자유롭게 하고 싶은 일을 한다. 아이에게 내면의 선생님이 있기 때문에 부모는 아이를 믿고 신뢰할 수 있어 마음이 편안하다. 어른이 생각하는 것보다 아이는 더 조심성 있게 움직이고, 반복과 오류를 통해 바른 방향을 찾아가며, 지금 시기에 꼭 필요한 활동을 반복하며 성장해간다. 몬테소리 교육을 통해 아이도 행복하고 부모도 행복해지는 것을 느낀다.

5) 내가 몬테소리 교육을 실천하면서 소개하고 싶은 아이템 혹은 활동

나는 아이가 어디든 가고 싶은 방향을 향해서 내면의 이끌림에 따라 마음껏 걸어보거나 원할 때는 멈춰서 아름다운 자연을 탐색할 수 있는 환경이 주어져야 한다고 생각한다.

러닝타워 : 러닝타워는 아이를 어른의 영역에 초대하는 사다리 같은 역할을 한다. 아이는 부엌의 조리대에 러닝타워를 타고 올라와 엄마가 손질하는 야채의 모습을 관찰하거나, 함께 요리에 참여한다. 아이가 관찰하는 대부분의 것들이 실제 음식이므로, 몬테소리 언어교육에서 실제의 생물을 적용해 보여주고 말해주기 가장 좋은 곳이 조리대였고, 러닝타워에 올라오는 것으로 아이는 즐겁게 그 시간을 보낼 수 있다.

최미란

대학원에서 교육공학과 교육학을 전공하고, 교수학습법을 연구하는 일을 했다. 현재는 26개월 아기를 가정보육 중이고, 작년 AMI 몬테소리 오리엔테이션 코스를 이수하며 몬테소리 교육에 매료되어 더 깊이 공부하게 되었다.

아이의 독립성과 자기주도성, 그리고 집중할 수 있는 능력들을 키워주고 싶어서 몬테소리 교육에 관심을 갖게 되었고, 몬테소리 센터수업이나 방문수업으로는 채워지지 않는 부분들이 있어서 AMI 코스를 등록하게 되었다.

배움은 나눔으로 완성된다고 생각한다. 내가 AMI 코스를 통해 얻고 있는 몬테소리 철학과 가르침을 많은 아기 엄마들과 나누고 싶은 마음이다.

1) 내가 생각한 몬테소리 교육이란?

아이를 하나의 인격체로 존중하고, 준비된 환경을 마련해주고, 아이 스스로 할 수 있게 도와주며 기다려주는 교육이라고 생각한다.

2) 내가 생각한 몬테소리 교구란?

값비싼 교구들보다는 일상 생활에서 아이가 쉽게 접할 수 있고, 관심을 가질 수 있는 아이의 주도성과 목적 의식을 길러주는 실제의 물건들이 몬테소리 교구가 될 수 있다고 생각한다. 그리고 교구는 관찰을 통해서 아이의 흥미와 발달단계에 맞도록 제공되어야 할 것이다.

3) 내가 아이를 양육하면서 후회가 되는 것은?

너무 많은 것들을 아이에게 제공했던 것이 후회된다. 소위 육아템이라고 하는 것들을 필터링하는 과정 없이 맹목적으로 준비해서 노출시키며 아이에게 피로감과 무질서를 전달하지 않았을까 후회한다.

4) 몬테소리 교육을 실천하면서 변화된 아이의 모습

처음에 나는 아이에게 모든 것을 해주는 엄마였다. 밥을 차려주고, 밥을 떠먹여주고, 옷을 입혀주고, 신발을 신겨주고, 가방을 들어주고, 원하는 물건을 찾아서 건네주었다. 그러나 AMI 오리엔테이션 과정을 통해 에디슨의 하루를 접하고 깊게 반성한 뒤 아이가 스스로 할 수 있는 환경을 만들어주는데 집중했다. 아이의 물건을 아이가 스스로 꺼낼 수 있는 위치에 놓아줌으로써 아이 스스로 식사 준비를 할 수 있도록 하고, 옷과 신발도 선택하여 입을 수 있도록 해주었다. 이런 과정을 통해 아이에게 독립심과 스스로 할 수 있는 능력, 그리고 정리하는 습관, 질서감 들을 길러주었다고 생각한다. 더불어 동식물을 아끼고 소중히 여기는 마음, 친구를 배려하고 양보하고 기다려주는 모습 또한 몬테소리를 통해 길러지지 않았나 하는 생각이다.

5) 내가 몬테소리 교육을 실천하면서 소개하고 싶은 아이템 혹은 활동

식물 키우는 활동을 추천한다. 식물을 보호하고 아끼는 마음을 알게 해주고, 무언가를 돌보는 활동을 하면서 자기효능감 또한 길러 줄 수 있다.

첫째는 나뭇잎 닦아주기 활동이다. 이 활동을 통해서 아이는 식물의 소중함을 느끼고 집중력, 그리고 눈과 손의 협응력 또한 발달시킬 수 있다.

둘째는 나무에 물 주기, 흘린 물 닦기이다. 적당량의 물을 주는 활동으로 집중력과 자기통제력, 눈과 손의 협응력 또한 발달시킬 수 있다. 더불어 흘린 물을 닦고 정돈하는 활동으로 자신의 환경을 청결하게 가꾸는 등의 질서감을 형성할 수 있다.

박성희

현재 23개월 아들을 키우고 있는 엄마이다. 몬테소리 교육은 대학 때 보육교사 자격증을 취득할 때 들어본 적이 있다. 그때는 3-6세 아이들을 위한 교육이라고 생각했는데, 아이를 낳고 아이를 위한 교육을 알아보던 중 유아교육 박람회와 여러 인스타그램들을 통해 0-3세에도 몬테소리 교구를 통해 아이를 교육한다는 것을 알게 되었다. 그래서 교구를 비교하여 가성비가 좋다고 생각한 제품을 들이고 방문선생님과 몬테소리 방문 수업을 시작하게 되었다. 교구수업을 진행하면서 다음 단계의 교구를 들여야 하는 건지 다른 육아방식을 선택해야 되는 것인지 고민하게 되었고, 방대한 육아법과 교구들 사이에서 중심을 잡고 싶다는 생각을 하게 될 즈음에 AMI 몬테소리 오리엔테이션 교육을 알게 되었다. 그리고 이 교육을 통해 아이를 존중하는 어른이 가져야할 태도에 대해 많이 배우고 반성하게 되었다.

1) 내가 생각한 몬테소리 교육이란?

많은 부모님들이 아이들이 자존감이 높고 본인의 삶을 사랑하는 아이가 되길 바란다. 몬테소리 교육은 부모에게는 이런 아이를 키울 수 있도록 방향성을 아주 자세히 알려주는 교육이라고 생각한다. 아이를 존중하는 어른들이 어떤 것이 아이를 존중하는 것인지 어떤 것을 하지 말아야 하는지 자세히 알려준다. 그리고 아이들에게는 현실을 살게 하고 자신이 하는 모든 활동을 즐길 수 있도록 도와주는 교육이라고 생각한다. 0-3세의 몬테소리 교육은 일상생활과 관련된 활동들을 하다 보니 단순해 보이는 걸레질을 하고 나서도 만족해하는 아이를 종종 볼 수 있다.

2) 내가 생각한 몬테소리 교구란?

처음에는 유명한 교구 회사에서 만든 교구여야 하고 소근육을 위한 교구들이 진짜 몬테소리 교구라고 생각했다. 지금은 일상생활의 모든 물건들이 몬테소리 교구가 될 수 있다고 생각한다. 오히려 만들어진 교구를 가지고 교구활동을 할 때보다 물조리개, 청소기 등 일상생활 용품을 가지고 활동할 때 아이의 집중도도 높고 아이의 만족감도 더 높다는 것을 알게 되었다.

3) 내가 아이를 양육하면서 후회가 되는 것은?

신생아 시절부터 아이가 스스로 하는 움직임들이 많다는 것을 몬테소리 오리엔테이션 교육을 통해서 알게 되었다. 손을 올리고 내리고 입에 넣어보고 하는 움직임들이 있다는 것을 관찰 수업들을 통해서 알게 되었고 신생아의 움직임이 신비롭게 느껴졌다. 그런데 실제 우리 아이는 그런 움직임이 있었나 생각해보면 항상 속싸개에 쌓여있던 아이만 떠오른다. 속싸개가 없었다면 우리 아이는 어떤 움직임을 보였을까 하는 아쉬움과 좀 더 일찍 몬테소리 공부를 하지 못했던 게 후회가 된다.

4) 몬테소리 교육을 실천하면서 변화된 아이의 모습

몬테소리 교육을 통해 아이가 좀 더 협조적이고 자신의 공간을 사랑하는 아이가 된 것 같다. 처음에 책육아를 하려고 거실에 엄청 큰 책장을 두고 지냈었는데, 몬테소리 교육을 실천하겠다고 시작한 후로 책장부터 치우고 거실을 단순화했다. 그전에는 아이가 혼자서 거실에 있는 것을 별로 좋아하지 않아서 아이가 큰 공간에 대한 불안함이 있다고 생각했다. 그런데 거실을 정돈하고 나니 아이가 혼자 거실에 있어도 무서워하지 않았다.

23개월쯤 되니 스스로 교구를 가지고 와서 같이 하자고 하고, 매번 정리하진 않지만 정리하자고 얘기하면 또 스스로 교구를 제자리에 가져다 둔다. 그리고 어른들의 모습을 더 많이 관심을 가지고 도와주려는 모습을 많이 보인다. 단순한 집안일이지만 엄마가 하고 있으면 와서 같이 하려고 하고 무거운 가구를 옮길 때 꼭 와서 함께 들어주려고 한다.

5) 내가 몬테소리 교육을 실천하면서 소개하고 싶은 아이템 혹은 활동

단순한 집안일들을 아이와 많이 하는 편이다. 세탁기에 빨래 넣기, 청소기 돌리기, 바닥 걸레질하기, 재활용 쓰레기 버리기, 집안 가구 옮기기 등 모든 집안일들이 아이와 함께 하기 좋은 몬테소리 활동이라고 생각한다.

화장실과 부엌이 혼자 접근하는 게 어려워 아이가 걷기 시작했을 때는 이케아 둑티크 주방놀이를 개조해서 손씻기와 이닦기를 그곳에서 했었다. 수도꼭지에 충전식 워터펌프를 설치해 주어 아이 스스로 물을 틀고 잠그고 하는 활동을 할 수 있다.

고은비

20개월 여자 쌍둥이를 키우는 엄마이다. 인터넷 매체를 통해 몬테소리 교육에 대해 알게 되었고 스스로 할 수 있는 아이로 키우고 싶다는 생각과 몬테소리의 교육관이 부합하여 몬테소리 교육에 입문하게 되었다. 오리엔테이션 과정을 듣고 난 뒤 몬테소리 교육에 대해 더 많이 알고 싶어 디플로마 과정을 신청하게 되었다. 결과적으로 아이들보다 엄마인 내 스스로의 마음을 다잡는데 도움을 받고 있다.

1) 내가 생각한 몬테소리 교육이란?

아이 스스로 문제를 해결 할 수 있는 능력을 키워주는 교육이라고 생각한다. 몬테소리 교육에서는 어린 나이부터 스스로 선택하고 책임질 수 있도록 환경을 제공한다면 아이는 자기 조절력과 독립심을 가진 아이로 성장할 수 있다고 한다. 또한 다양한 연령대의 아이들과 함께 지내면서 협동심과 공동체 의식을 키울 수 있는 교육이라고 생각한다.

2) 내가 생각한 몬테소리 교구란?

몬테소리 교육을 공부하기 전에는 한국에서 일반적으로 인식되는 몬테소리 교육은 교구수업이라고 여겼다. 몬테소리 교육은 교구 없이는 진행할 수 없다고 생각하여 무조건 교구부터 구입해야 하는 것 아닌가 하는 마음이었다. 하지만 0-3세 아이들에게는 정형화된 교구의 사용뿐 만 아니라 일상생활의 영역까지 분야가 다양하며 이를 통해 아이들은 질서감과 독립심을 키울 수 있다는 것을 알게 되었다.

3) 내가 아이를 양육하면서 후회가 되는 것은?

몬테소리에서는 아기의 탄생과 공생기간(태어나서 약 2달)을 매우 중요하게 여기며 아이의 애착관계 형성에 큰 역할을 한다고 강조하고 있다. 이를 미리 알았다면 좀 더 세심하게 아이를 배려했겠다는 생각이 든다. 또한 몬테소리에서 지양하는 장난감을 아이가 좋아할 것이라는 엄마의 마음으로 제시했다는 점이 아쉽다. 아이의 독립심과 자립심 발달을 위해서는 쏘서나 점퍼와 같은 아이의 움직임을 제한하는 장난감 사용을 자제했어야 했는데 이를 미리 알지 못한점이 후회가 된다.

4) 몬테소리 교육을 실천하면서 변화된 아이의 모습

몬테소리 교육을 가정에서 실천하기 위해 가정환경을 준비된 환경으로 꾸미기 위해 나부터 변화하기 위해 노력하고 있다. 주방 서랍 제일 아랫칸에 아이들을 위한 식기류를 두었더니 식사시간에는 직접 숟가락과 젓가락을 상에 세팅하고 밥 먹을 준비를 하게 되었다. 옷 입기와 신발 신기의 경우에도 내가 직접 입혀 주기보다는 아이 스스로 할 수 있는 기회를 제공하였더니 20개월인 지금 어느 정도 스스로 바지를 입고, 신발을 신을 수 있게 되었다.

5) 내가 몬테소리 교육을 실천하면서 소개하고 싶은 아이템 혹은 활동

아이 스스로 옷을 입고 신발을 신을 수 있도록 아이 손이 닿는 곳에 옷장과 신발장을 마련해 두는 것을 추천하고 싶다. 자기 주장이 강해지는 시기의 아이들은 무조건 자기 스스로 해보고 싶어한다. 이점을 잘 활용하여 스스로 연습할 수 있는 기회를 주는 것이 아이에게도 만족감과 성취감을 줄 수 있다고 생각한다.

박은민

나는 현재 몬테소리 센터에서 두 돌 전후의 친구들을 만나고 있으며, 집에서는 현재 36개월 갓 지난 여자아이를 키우고 있는 엄마이다.

대학교와 대학원에서 아동학을 공부한 뒤, 아이를 낳기 전까지 놀이치료사로 일하면서 일탈된 행동으로 힘들어하는 아이들과 부모님들을 꾸준히 만나왔다.

아동기, 학령기 친구들의 일탈행동과 그들이 가진 문제를 따라가다 보면 결국 그 원인은 영유아 시기로 거슬러 올라가게 된다. 그러다 보니 자연스레 영유아 시기의 중요성에 대해 많은 고민을 하게 되었고, 아이를 임신하고서 내 아이의 영유아 시기에 나는 어떤 엄마로서 내 아이를 도울 것인가에 대한 답을 여러 서적들을 통해 적극적으로 찾게 되었다. 그러다 만난 것이 몬테소리 교육이다. 처음에는 전공서에서 스쳐갔던 한 챕터 정도로 나에게 다가온 '몬테소리' 교육은, 내가 가진 많은 질문들에 대한 해답들을 알려주었고, 내가 어떠한 엄마가 되어 어떤 태도로 아이를 마주해야 하는지를 알려주었다. 한 두 권의 책을 통해 접하기 시작한 몬테소리 교육을 본격적으로 배우고 싶어, AMI 오리엔테이션 과정을 수강하였다. 그리고 알면 알수록 더 모르는 것이 많아지고, 그 깊이 있는 내용에 조금이라도 더 다가가 제대로 몬테소리 교육을 알고 싶고, 일을 하며 만나는 아이들과 엄마들에게 조금 더 제대로 된 몬테소리 교육을 알려 주고 싶은 마음으로 디플로마 코스를 공부하게 되었다.

1) 내가 생각한 몬테소리 교육이란?

아이가 이 세상을 구성하는 한 사람으로서, 주도적이고 자율적으로 세상을 바라보고 탐색할 수 있도록 도와주는 교육이라고 생각한다. 자신과 주변 사람, 환경을 잘 돌보며 스스로의 몸과 마음을 컨트롤하면서 가꾸어 나갈 수 있도록 옆에서 지지해 주는 교육이라고 생각한다.

2) 내가 생각한 몬테소리 교구란?

우리가 흔히 떠올리는 몬테소리 교구들은 정말 좋은 교구들이다. 그러나 그것들은 공동체에서의 교육을 위한 교구들이며, 몬테소리 교구의 일부분이라 생각한다. 우리 주변의 모든 것들이 준비된 어른과 환경을 통해 올바르게 제시된다면 좋은 몬테소리 교구가 될 수 있다고 생각한다.

특히 감각 탐색이 매우 활발한 0-3세 시기에는 일상생활의 다양한 물건들(예- 유리, 도자기, 스텐 등 다양한 재질과 모양의 아기 사이즈에 적합한 그릇들)을 적절하게 마련해 주는 것을 통해 아이가 스스로 탐색하고, 그것을 통해 성취감과 기쁨을 느끼면서, 다양한 근육과 감각을 발달시키는 등 신체적, 정신적 발달을 도와줄 수 있다.

3) 내가 아이를 양육하면서 후회가 되는 것은?

많은 부모들이 그렇듯, 가장 먼저 조금 더 일찍 이 공부를 하지 못한 것이 아쉽다. 물론 알았다고 모든 것을 실천할 수는 없었겠지만. 그리고 가장 아쉬운 부분은 이러한 공부들을 남편과 함께가 아닌, 나만 했다는 것이다. 나만 열심히 공부하고 책을 읽으면 될 줄 알았는데, 남편과 함께하는 육아에서 그것은 결국 반쪽짜리였다. 교육철학을 함께 나누지 못한다면 내가 준비한 환경들이 어떤 의미와 목적을 가지고 있는지 남편은 알지 못한다. 그리고 부모가 아이의 행동에 대해 일관된 반응으로 마주하는 것은 매우 중요하기 때문이다. 따라서 다시 임신 시절로 돌아간다면, 남편과 함께 책을 보거나 함께 강의를 듣는 등의 방법을 통해, 함께 몬테소리 교육에 대해 공부하고 이 교육철학을 꼭 알려주고 싶다.

4) 몬테소리 교육을 실천하면서 변화된 아이의 모습

우선 나의 아이는 굉장히 액션이 큰 편으로, 가만히 앉아있기보다는 늘 뛰어다니고, 한 곳에 집중하는 시간이 길지 않은 편이다.

그러나 몬테소리 교육을 실천하면서 스스로 할 수 있는 것들이 점차 늘어나고 이제는 집안의 대부분의 것들을 스스로 하게 되면서 어떤 행동을 할 때 한 번 더 생각하고 행동하는 듯, 이전과 비교하여 보다 천천히, 차분해진 모습을 보이고 있다.

물론 아이의 기질적 특성상 모든 행동에 있어 아주 차분히, 천천히 하지는 않는다. 다만 자신이 스스로의 몸과 마음을 통제(컨트롤)하게 되면서 그 기쁨과 그것에 대한 성취감을 아이 스스로도 느끼는 것 같아 보는 나도 뿌듯하고 기분이 좋다.

이런 질문과 관련하여, 놀이치료를 할 때도 그랬고, 현재 몬테소리 교사를 하면서도 어머니들께 비슷한 내용의 질문을 많이 받는다. "이 치료, 교육을 하면 아이가 바뀌나요?" 나는 사실 그 질문에 대해 무조건 "네"라고 하지 않는다. 부모들이 생각하는 그 변화와 직접 느껴지는 그 변화된 모습은 다를 수 있다. 이 교육을 통해 아이의 타고난 기질이 바뀌는 것이 아니다. 까다롭고 예민한 기질의 아이가 쉽고 조용한 기질로 바뀌는 것이 아니다. 까다롭고 예민한 기질의 아이에게는 그 아이가 가진 특성을 활용하고 또 그 아이에게 맞는 환경을 준비해 주어 그 속에서 주도성과 자율성을 경험하며 스스로의 몸과 마음을 통제할 수 있고, 그로 인해 일탈행동이 줄어들며 그것에 대한 기쁨과 성취를 스스로 느끼는 것이 바로 이 교육을 통한 아이의 변화임을, 많은 부모님들이 함께 알고 나눌 수 있으면 좋겠다.

5) 내가 몬테소리 교육을 실천하면서 소개하고 싶은 아이템 혹은 활동

아이 키에 맞는 선반이다. 가정집에 많이 비치되어 있는 것 중 위로 높이 되어있는 선반이나 책장이 많은데, 그 중 아래 칸은 아이, 위 칸은 부모가 쓰는 것도 좋은 방법이기는 하지만, 나는 가능하다면 부모의 선반과 아이의 선반을 따로 두는 것도 좋은 방법이라 생각한다. 아이가 '내 것'이라는 생각으로 보다 주도적으로 그 영역을 정리하고 원하는 대로 물건들을 배치하고 바꿀 수 있으며, 아이에게 눈에 보이지만 손에는 닿지 않는 호기심의 영역-금기 영역이 따로 없이, 아이에게 완전한 주도성과 성취감, 자신감을 심어줄 수 있는 좋은 가구라 생각한다.

이선주

나는 인천 송도에서 20개월 딸을 키우고 있는 엄마이다. 대학에서 전공은 패션디자인을 했지만 어릴 적부터 영어 과외 아르바이트를 했던 일이 재미있어 영어강사를 오래했다. 나 자신도 몬테소리 키즈로 자랐기 때문에 아이를 임신했을 때 아이교육에 대한 준비 및 공부를 몬테소리 서적들로 준비했던 것 같다.

1) 내가 생각한 몬테소리 교육이란?

당연하지만 당연하지 않은 것들이 일반화되고 있는 요즘이다. 몬테소리 교육은 그런 인간의 삶의 당연한 것들을 잃지 않고 아이들에겐 능동적인 삶의 힘을 길러주고 양육자에겐 아이를 믿고 기다려 줄 수 있는 힘을 길러주는 교육이라고 생각한다. 아이를 교육한다는 것은 아이와 함께 사는 매일을 의미하고, 단거리가 아닌 장거리 라이프 스타일이라고 생각한다. 영어강사로 있을 때 수많은 학부모님들께 매번 드렸던 상담의 조언은 아이를 믿고 조금만 더 기다려주자는 것이었다. 몬테소리 교육은 아이 스스로의 힘을 길러주는 교육이기 때문에 엄마의 기다림이 중요하다. 장거리 교육 시작에 몬테소리 교육이 기다려 줄 수 있는 엄마의 주춧돌이 될 수 있다고 생각한다.

2) 내가 생각한 몬테소리 교구란?

몬테소리 수업을 받기 전까지는 교구가 몬테소리 교육을 의미하는 건 줄 알았다. 하지만 교구는 그저 일부일 뿐 아이들에게는 그보다 더 교구같이 '다룸' 곧 '작업'을 할 수 있는 실제의 물건들이 많다는 것을 알았고, 이제 내가 생각하는 몬테소리 교구는 우리 집안에 원래 있었던 모든 사물이라고 말할 수 있겠다.

3) 내가 아이를 양육하면서 후회가 되는 것은?

가장 후회하는 것은 아이를 낳고 병원과 조리원에서 아이와 오래 떨어져 있었던 것이다. 우리나라에서 병원에서 아이를 낳고 약 2주 정도 조리원에서 조리하는 스케줄은 너무나도 흔한 일정이지만 몬테소리를 배우고 나니 그 2주가 얼마나 집에 돌아와서 아이를 육아할 때 영향을 끼쳤는지 싶어 후회가 되는 부분이다.

4) 몬테소리 교육을 실천하면서 변화된 아이의 모습

아주 철저히 몬테소리 교육을 했다고 할 수는 없을 것 같다. 아이가 돌이 지난 후에야 몬테소리를 더욱 실천하려고 노력했기 때문이다. 그럼에도 불구하고 몬테소리 철학으로 아이를 양육하며 아이가 무언가에 집중하거나 매료되어 있을 때 아이를 방해하지 않고 그 집중이 다 끝날 때까지 기다려 줬다. 그것 때문인지 우리 아이는 다른 아이들보다 조금 더 사물에 몰입하는 순간이 더 많았고 뭐든 엄마와 함께 하

괜찮아, 우리도 몬테소리가 처음이야

려고 "엄마, 엄마" 찾기 보다는 스스로가 탐색하는 시간을 즐기는 것처럼 보이는 시간이 많다.

5) 내가 몬테소리 교육을 실천하면서 소개하고 싶은 아이템 혹은 활동

집에 엄마가 아이를 위해 마련해 준 책장에 책이 많다면 쌓여 있는 책장의 책들은 모두 다른 공간에 옮겨 정리하고, 아이 손이 닿기 쉬운 책장에 4-5권의 책만 배치해주는 방법을 소개하고 싶다. 책장에 적은 수의 책을 놓아 매번 바뀌는 책에 대한 아이의 관심을 유도할 수 있다. 부모님들은 주로 종일 아이가 어지럽힌 장난감, 책 등을 정리한다. 정리하면서도 때론 힘든 육아 삶에 아이에게 부정적인 언어와 표현을 하기도 한다. 사실 집에 물건이 많다 보면 어른조차 제 위치가 어디였는지 알기 어려울 때가 많은데, 하물며 아이는 정리의 부담이 정말 클 것이라고 생각한다. 적은 수의 책을 놓아 다양한 책의 관심을 유도하고, 정리의 힘도 길러줄 수 있어 추천하고 싶다.

김수경

캐나다 토론토에 거주하며 몬테소리 철학을 바탕으로 육아하는 워킹맘이다. 딸이 한 살 무렵 우연한 기회에 AMI 가이드인 시몬 데이비스의 책을 읽고 몬테소리 철학에 반하였고 아이를 하나의 인격체로 존중하고 지원하는 몬테소리 철학에 따라 집안 환경을 아이 크기에 맞게 구성했다. 개인적으로 이 과정에서 어려웠던 점은 환경 구성보다는 아이가 본인의 성장을 위해 온전히 노력하고 성취하는 그 순간을 위해 기다려주는 것이었다. 나는 소위 말해 '캐치가 빠른'엄마였기에 언제나 아이의 필요나 요구보다 한 발짝 앞서 필요 이상의 도움을 주던 것에 익숙했던 터라 쉽지 않았지만 'Help me to help myself'라는 Dr. 몬테소리의 메시지를 가슴에 새기며 아이가 스스로 내적, 외적 성장을 이룰 수 있도록 노력했다.

내 아이가 스스로의 노력으로 얻어내는 눈부신 성장이 참 뿌듯했지만 어느 날 문득 내 아이 하나만 잘 키우는 것만이 육아의 정답은 아닐 것이라는 생각이 들었다. 그 길로 온라인에서 마음 맞는 부모님들과 함께 책을 읽고 몬테소리 철학을 가정에 적용해 보며 회비는 한국심장재단에 기부하는 북클럽 운영을 시작했다. 총 50가정에서 아이를 있는 그대로 바라보고 지원해 보려는 엄마들의 노력과 작은 환경의 변화로 다양하고도 공통된 '몬테키즈'들을 만나게 해주었다.

이후 더 깊은 배움을 위해 정이비 교수님께서 주관하시는 AMI 보조교사 과정, 그리고 현재는 정교사 과정을 공부하며 훗날 토론토에 몬테소리 교육을 경험하고자 하는 부모와 아이들을 위한 작은 학교 설립을 꿈꾸고 있다.

1) 내가 생각한 몬테소리 교육이란?

우리 가족은 몬테소리 교육을 '삶의 방식' 즉 라이프 스타일의 하나로 받아들이고 있다. 많은 분들께서 단순 조작 교구에 대한 인상으로 몬테소리 교육을 먼저 접하셨을 수도 있을 테지만 나는 가정에 잘 적용될 수 있는 책의 형태로 먼저 접해서인지 가정에서 이루어진 '스스로 할 수 있는 환경' '긍정어 사용'이나 '두 가지 선택법' '경계 존중' 등에 대한 인상이 결국 가정 - 이웃 - 환경으로 확장되어지는 것을 딸을 통해 직접 경험하였다. 유치원 입학을 앞두고 있는 딸을 위해 토론토 내 AMI 인증 기관을 찾아 몬테소리 교육을 이어 나갈 계획에 있다. 단순히 지식을 습득하고 똑똑해지는 교육이 아니라 딸 아이가 가정에서 나이와 성별에 관계없이 자신의 몫을 다했던 경험을 바탕으로 앞으로는 공동체에서도 더 큰 경험을 해볼 수 있을 것 같다.

2) 내가 생각한 몬테소리 교구란?

아이의 연령에 따라 답변이 달라질 수 있겠지만 0-3세의 몬테소리 교구는 역시나 아이가 마주하는 '현실' 그 자체가 교구가 되지 않나 생각해 본다. 이미 지난 경험으로 많은 정보를 가지고 있는 어른들과 달리 서서히 알아가는 아이들의 세계를 가끔은 이

괜찮아, 우리도 몬테소리가 처음이야

해하기가 어렵다. 예를 들어 우리 딸의 경우 한동안은 각종 양념통을 열어 맛을 보던 시기가 있었고, 손을 씻어야 하는데 물놀이를 하거나 장소에 관계없이 끊임없이 오르고 내리려는 경향을 보이던 시기가 있었다. 하지만 결국 충분한 탐색 후에는 더 이상 그러한 반복 행동이 보이지 않는 것을 보니 '교구'란 아이가 이 세상을 감각적으로 알아갈 수 있게 도와주는 하나의 도구이구나 깨닫는다.

3) 내가 아이를 양육하면서 후회가 되는 것은?

앞서 언급했듯이 나는 아이의 요구와 필요에 빨리 반응하고 미리 준비해주는 엄마였다. 언제나 아이의 작은 몸짓에도 호응하고 눈 마주치고 누구보다 열심히 육아하고 있다고 생각했는데 지금 딸 아이가 돌이 되기 전 영상을 보면 참 '틈을 주지 않았구나'라는 생각이 든다. 그만큼 딸 아이가 스스로의 내적 동기로 탐색해 보고 노력해 보아야 하는데 내가 아이의 손과 발이 되어 늘 수발을 들었던 것이다. 요즘은 한국의 대부분의 가정에서도 보이는 아기 침대를 사용하고 충분한 모유수유로 아이가 안 물려던 고무 젖꼭지를 나의 편의로 재우기 전에 일부러 물려보려고 노력하던 그 순간들의 에너지들이 참 아깝다는 생각이 든다. 바르게 알았다면 조금 더 쉽게 육아를 할 수 있었을 것 같다는 생각이 들면서 미래를 보고 불안해하는 어른들과 달리 '지금 이 순간'에 충실한 아이들의 시간표에 맞춰 함께 성장해야겠다는 생각이 든다.

4) 내가 몬테소리 교육을 실천하면서 소개하고 싶은 아이템 혹은 활동

걸음마 전에는 몬테소리 모빌을 적극 추천한다. 국민 타이니 모빌은 아이의 속도를 고려하지 못한 채 부모의 편의를 위해 만들어졌다. 그리고 밸런스 잡기에 아주 좋은 활동인 밸런스 바이크도 추천한다.

이새해

나는 유아교육과를 전공 후 유치원에서 근무했다. 출산 후 아기에게 모유수유를 하며 읽을 책을 집에서 고르던 중 '몬테소리, 스스로 생각하고 행동하는 어린이로 키우기, 사가라 아츠코' 책이 보였다. 이 책을 읽으며 내가 유아교육 현장에서 느꼈던 한계들과 아이들이 진정으로 필요로 하는 것이 무엇인지를 구체적으로 알게 되었다. 내가 추구하는 교육가치관이 맞아떨어지는 것 같아 그때부터 몬테소리 교육에 대해 알아보았다.

1) 내가 생각한 몬테소리 교육이란?

인간의 '인간됨'을 되찾아주는 교육이라고 생각한다. 우리는 인간의 사고와 능력을 대체하는 디지털•미디어 시대에 살고 있다. 로봇청소기가 바닥을 쓸고, 식기세척기가 그릇을 닦는다. 이런 기술 발전이 인간에게 주는 이로움도 크지만 지금의 영유아들에게도 같을지 의문이다. 대부분의 교육을 영상매체로 대신하고 있는 요즘은 몬테소리 교육이 필요하다고 생각한다. 인간이 살면서 갖추어야 하는 기술과 태도를 아이 스스로 갖출 수 있도록 도와준다. 또 부모 자신에게도 많은 도움이 된다. 아이를 부모의 소유물이 아닌 인격체로 존중하고 배려하게 된다. 요즘 유행하는 핫한 육아 문화 대신 엄마와 아기, 둘만의 안성맞춤인 축복의 시간을 갖게 된다.

2) 내가 생각한 몬테소리 교구란?

우리 주변에 있는 모든 것들이 교구가 된다고 생각한다. 아이가 컵에 담긴 물을 따르고 싶어하면 컵과 물이 교구이다. 아이가 성장(반복)하고 싶어서 만지는 것은 모두 교구가 될 수 있다고 생각한다. 엄마가 준비해 줄 수 있는 교구는 제한적일 수 있지만 자연이 아이에게 줄 수 있는 교구는 다양하고 창의적이다.

3) 내가 아이를 양육하면서 후회가 되는 것은?

운이 좋게도 첫째는 르봐이예 인권분만 후 24시간 모자동실을 하였고, 둘째는 첫째아이와 함께 있기 위하여 조리원에 가지 않았다. 아기와 함께 있었던 것, 여러 후회들 중 그것만은 감사하게 생각하고 있다.

- 손 싸개와 속 싸개를 사용하여 아이의 움직임과 탐색을 제한했던 것.
- 산후도우미가 바운서에 태워 재워야 좋다고 해서 둘째를 바운서에 늘 올려두었던 것 (AMI 교육시기는 둘째아이 10개월부터였다.)
- 아이를 돌보는 시간이 내가 무엇을 못하고 있는 손해 보는 시간이라고 생각했던 것
- 틈만 나면 휴대폰을 보며 아이를 관찰하지 못했던 것(현재도 휴대폰을 안 보려 노력 중이다)

괜찮아, 우리도 몬테소리가 처음이야

4) 몬테소리 교육을 실천하면서 변화된 아이의 모습

'아기가 걷게 되면 지옥이 시작된다'는 말 대신 '위대한 탐험가'라는 몬테소리의 말에 감명을 받아 기쁜 마음으로 걷고 싶은 환경을 자주 만들어주었다. 일회용 기저귀를 오래 채우지 않고 천기저귀를 사용해 대소변의 불쾌함을 느끼게 해주었다. 또 이유식시기에 빨대컵 대신 컵으로 물을 마시게 했다. 몬테소리 교육은 현재 문화와 반대로 걷는 교육인 것 같다는 생각이 든다. 아기라고 옆에서 다 해주지 않고 기다려 주는 우리 가족의 모습들을 옆에서 지켜보는 주변 사람들이 신기해 한다. 아이가 나이에 비해 스스로 할 줄 아는 게 많다며 방법이 무엇인지 묻는다. 물론 아직도 갈 길이 멀고, 부족한 모습도 많지만 현재 AMI 몬테소리 교육을 배우고 있음에 감사한다. 부모가 먼저 변화하고 성장하여 아이의 길을 인도할 수 있다는 것에 감사하고 있다.

5) 내가 몬테소리 교육을 실천하면서 소개하고 싶은 아이템 혹은 활동

첫째, 몬테소리 식탁매트이다. 코팅지에 수저, 포크 사진을 붙이기도 하고, 식탁보에 매직으로 그림을 그려 사용했다. 아이는 식기류를 올려놓는 것에 즐거움(질서감각 존중 받음)을 느꼈고 스스로 식사를 했다. 후에는 매트 없이도 수저와 포크를 가지런히 놓고 식사한다.

둘째, 화장실에 아이 키에 맞는 거울을 부착한 것이다. 발 받침대를 밟고 세면대 앞에 올라서도 아이는 거울을 볼 수 없었다. 아이 키에 맞는 곳에 접착 거울을 붙여 놓자 아이가 만족해 하며 사용했다.

셋째, 디스펜서이다. 주방이나 화장실, 물이 필요한 곳에 비치하여 아이가 언제든지 물이 필요할 때 사용하게 해주었다. 물을 사용하는 방법(제한)을 함께 알려 주어야 한다.

넷째, 목적이 없는 산책이다. 어디 멀리 가지 않아도 집 주변을 아이와 느리게 걷거나 멈춘다. 아이와 함께 앉아서 땅 위나 나무에 작은 것들을 바라보면 그 속에 새로운 세계가 있음을 발견한다. 멋진 곳에 가지 않아도 가까운 곳에 있는 작은 보물들을 찾는 시간을 아이가 즐거워한다.

김난희

현재 세 아이와 함께 하고 있는 엄마이다.

4세였던 첫째 아이가 몬테소리 홈스쿨을 하고 있었는데, 인터넷을 통해 접한 몬테소리 교육의 원칙과 맞지 않는 부분들이 많이 보였다. 그래서 고민하던 중, 첫째는 36개월 끝자락, 둘째는 백일 넘었던 때에 보조교사 과정을 들으며 몬테소리 교육을 공부하게 되었다.

1) 내가 생각한 몬테소리 교육이란?

아이가 삶을 꾸려가는 데에 필요로 하는 것을 스스로 배울 수 있도록 지원하는 교육이다.

0-6세의 경우에는 특히, 그 시기 아이들이 필요로 하는 튼튼하고 안전한 울타리를 제공한다.

방법적으로는, 아이에게 필요한 때에, 아이가 하고 싶은 활동을, 스스로 할 수 있게 되어 있는 환경에서, 구체적이며 실질적인 방법을 알려주고 기회를 주어, 스스로 해낸 경험을 많이 쌓게 해주는 것이 특징적이다. 이 시간들은 구체적인 스킬을 익히는 데에 도움이 될 뿐 만이 아니라 아이들이 자신의 내면을 건강하고 단단하게 세워가는 밑거름이 된다. 또, 아이가 놓인 사회-문화적인 환경을 반영한 활동을 제공함으로써 아이가 사회에 적응하는 것을 돕는다.

2) 내가 생각한 몬테소리 교구란?

아이가 필요로 하는 활동을 스스로 할 수 있도록 사려 깊게 고안된 환경이다.

이 환경에는, 우리가 몬테소리 교구라고 말할 때 떠오르는 원목의 교구도 있지만, 책이나 악기, 어른도 포함된다. 손에 잡히는 구체적인 물품이 중요하다기보다, 그것을 어떻게 활용할지를 보여주는 어른이 더 중요한 교구라는 생각이 든다. 물론, 아이의 발달을 더 적절하게 지원하기 위해서, 깔끔하고 단정하며, 안전한 것, 또 아이의 마음이 끌리는 아름다움을 갖고 있는 것이 중요하다.

3) 내가 아이를 양육하면서 후회가 되는 것은?

첫째가 어렸을 때에 책대로 한다고 정해진 스케줄표에 아이를 욱여넣었던 것, 신생아 시기에 손싸개와 속싸개를 했던 것, 그 이후에도 운동의 기회를 충분히 주지 못한 것, 안전을 이유로 아이의 자율성을 침해한 것, 직접 해볼 기회의 중요성을 미처 몰랐던 것, 아이에게 말을 너무 많이 한 것, 물건을 너무 많이 산 것, 내가 혼자 할 수 없을 때에 다른 사람의 도움을 적절하게 구하지 못했던 것 등등… 너무 많다.

몬테소리를 먼저 알았더라면, 환경적으로 더 깔끔하고 심플하며, 조용하되, 아이에게 집중하고 있는 시간이 많지 않았을까 상상해본다. 예를들어 아기가 뭔가를 할 때 시끄럽게 뭐라고 계속해서 말을 하며 불필요한 자극을 주어 집중을 방해하기보다, 그 물건의 이름을 천천히 반복해 알려주고, 아이의 집중하는, 탐구하는 시간을 존중하는 장면 같은 것이다.

4) 몬테소리 교육을 실천하면서 변화된 아이의 모습

스스로 해냈을 때의 부듯한 표정들이 기억난다. 사실, 아이는 자라며 계속해서 변한다. 내 생각에는 아이가 어떻게 달라졌는지 보다는, 몬테소리 교육을 알게 된 이후 아이를 관찰하는 나의 시각과, 아이를 대하는 태도가 변화한 것이 더 중요하고 결정적인 것 같다. 아이가 자라며 또 다른 모습을 보이더라도 내가 그것을 해석하고 다루는 것이 달라졌기 때문이다.

5) 내가 몬테소리 교육을 실천하면서 소개하고 싶은 아이템 혹은 활동

몸 전체가 보이는 커다란 거울을 제공하는 것을 추천한다. 되도록 신생아 때 부터라면 좋겠다. 더 많이 자란 아이들도 거울 앞에서 자기를 비춰보는 것을 즐거워 한다. 이 활동은 아이가 자기를 인식하는 데에 큰 지원이 된다.

박이슬

22개월 아이를 키우고 있는 엄마이다. 까페에서 바리스타로 일하다 아이를 낳고 우리 아이에게 몬테소리 교육을 접목하려 배우다 보니 내 아이 뿐만 아니라 다른 아이들에게도 이 교육 방법을 적용하기위해 현재는 보육교사 및 AMI 디플로마 교사 과정 수업을 듣고 있다.

수면교육을 할 때 아이를 독립적인 인격체로 대해 주며 그 아이에게 원하는 것을 다 해주고도 울면 그 울음을 인정해주고 눕혀서 재워야 한다는 말이 아이의 정서에 큰 문제가 될 까봐 너무 걱정되었다. 그리고 아이의 울음은 부모가 무조건 달래줘야 한다라고만 생각했는데 그것을 인정해준다는 것이 어떤 것인지 궁금했다.

그래서 여러 육아서 유튜브를 보고 수면교육 외에 다른 육아 정보를 접하다 보니 정이비 교수님께서 인터뷰 한 내용이 너무 각인이 되었고 그 동기로 몬테소리 교육을 공부하게 되었다.

1) 내가 생각한 몬테소리 교육이란?

몬테소리 교육에서는 아이를 인격체로 대해야 한다. 아이를 독립적인 인격체로 대해주면 아이는 그렇게 자신의 감정을 존중 받으며 크고 남을 잘 배려해주고 자신의 감정을 잘 알고 독립적인 아이로 크는 것이라 생각했다. 더불어 아이를 독립적인 인격체로 존중해주기 위해서는 부모가 공부를 해야 하고 인내를 가지고 생활하다 보면 부모조차도 세상을 바라보는 시각이 많이 달라졌음을 느낀다. 인간관계에서도 상대방의 입장에서 다시 한번 생각도 해보고 왜 그랬을까도 느껴보고 그렇게 상대방도 존중해 주려 노력하다 보니 문제가 될 수 있는 일들도 좀 더 차분하게 대화로 풀어볼 수 있게 되었다.

그리고 아이가 이유식 시기 때 스스로 먹을 수 있는 것을 지원해주는데 그때 아이는 어른처럼 잘 먹지 못하기 때문에 정말 치워야 하는 일들이 많다. 그 기간을 계속 보내다 보면 어느새 부모가 적응이 되어서 아이를 기다릴 수 있는 힘이 생긴다. 이것들이 쌓여서 아이를 좀더 기다려 주고 관찰하고 인내할 수 있는 힘이 길러져서 부모와 아이가 서로를 이해하고 도와주는 관계가 되는 것 같다.

2) 내가 생각한 몬테소리 교구란?

집에서 부모님과 지내는 모습, 어른들이 사람들과 어울리며 지내는 모습을 보고 자신을 돌보는 모든 일상 활동이라 생각한다.

3) 내가 아이를 양육하면서 후회가 되는 것은?

아이를 낳기 전에 몬테소리를 알았다면 출산을 좀 더 기쁘게 준비했을 텐데 아이를 어떻게 키우기 위한 목표가 없어서 육아 기준이 없었던 게 너무 아쉽다.

괜찮아, 우리도 몬테소리가 처음이야

4) 몬테소리 교육을 실천하면서 변화된 아이의 모습

아이가 스스로 옷도 입고 신발도 신으면서 스스로 했다는 자신감 있는 모습이 생겼다. 본인의 의사가 엄청 확고해졌다.

5) 내가 몬테소리 교육을 실천하면서 소개하고 싶은 아이템 혹은 활동

첫째는 홈 카메라이다. 수면교육을 할 때 여러 정보를 얻고 아이 방에 홈 카메라를 달았는데 홈카메라가 있으니 아이는 스스로 자고 부모는 그것을 지켜보고 아이가 부모를 찾는 순간에 이것이 잠투정인지 부모를 찾는 것인지 잘 파악할 수 있게 되었다.

둘째는 러닝타워이다. 러닝타워를 가지고 부모가 주방에 있을 때 같이 주방일도 참여하고 스스로 할수 있는 것들은 잘 할 수 있게 되어 좋았다.

셋째는 이케아 주방놀이이다 이것을 물이 나오게 만들고 본인의 식기를 둘 수 있는 공간을 만들어 두어서 본인이 먹고 싶은 과일도 씻어 먹으면서 간식도 준비해보고 식사시간에 스스로 식기를 꺼내 올 수 있어서 좋았던 것 같다.

김홍선

근무하던 어린이집이 몬테소리 어린이집이라서 20대 초반에 몬테소리 교육을 처음 접하게 되었다. 대학교 평생교육원에서 진행하는 몬테소리 교육을 하면서 몬테소리 철학보다는 3-6세 과정의 교구 활용을 중점적으로 수업을 하고 공부를 하였다. 수학과 언어, 문화 등 모든 프로그램이 아이들의 인지발달을 도와주는 것에 큰 기쁨을 느끼고 수업을 하였으나 지속적인 수 교구 확장의 어려움과 끈기와 집중력 부족의 문제점은 해결되지 않아 많은 의문과 고민을 하였다. 30대에 3-4세 반의 어린아이들을 맡게 되어 일상영역과 감각영역 중심의 수업을 하게 되었는데 6-7세와 달리 하루, 하루 변화되고 작업에 몰입하는 모습이 정말 놀라웠다. 그동안 내가 알고 있었던 몬테소리 교육방법이 뭔가 잘못된 것이 아닌가? 하는 계기가 되었던 것 같다. 현재 디플로마 과정을 수강하면서 그동안 이해되지 않았던 많은 것들을 이해하게 되었다. 앞으로도 다양한 사례와 경험들을 공유하고 공부하면서 올바른 방법으로 몬테소리 교육을 실천하고 싶다.

1) 내가 생각한 몬테소리 교육이란?

"어린아이를 자유롭게 한다고 하여 방치할 뿐 환경으로부터 마음의 양식을 자유롭게 섭취하도록 해주지 않는 점은 근대 교육의 커다란 과오다. 몸의 양식을 위해 영양을 연구하는 영양학이 필요한 것처럼 마음의 양식에는 환경을 연구하는 과학적 교육학이 필요하다" -에머슨의 자립

여기서 말하는 과학적 교육학이 몬테소리 교육이라고 생각한다. 내가 생각하는 몬테소리 교육은 자기 자신의 내면의 평화를 이룰 수 있게 도와주는 역할을 한다고 생각한다. 준비된 환경을 통해서 우리 아이의 자립을 도와주고 아이에게 필요한 영양을 줄 수 있는 준비된 환경을 제공한다면 내면의 평화 뿐 만 아니라 나와 가족과 그리고 사회의 평화가 이루어 질 것 이라고 생각한다.

2) 내가 생각한 몬테소리 교구란?

인적 환경이 가장 중요한 것 같다. 올바른 몬테소리 교육의 철학을 이해하고 이를 전달하고 환경을 구성해 줄수 있는 어른이 가장 중요한 것 같다.

3) 내가 아이를 양육하면서 후회가 되는 것은?

첫아이와는 공생 기간을 포함하여 생후 2년간 애착 형성에 많은 노력을 하였다.
둘째는 하는 일 때문에 공생 기간 및 유대감 형성에 많은 노력을 기울이지 못했다, 0~3세 디플로마 과정을 들으면서 둘째의 예민하고 까칠하고 변덕스러운 부분들이 가장 중요한 기간에 주 양육자와 떨어져서 아이의 심리적인 부분에 많은 영향을 끼친 것이라 생각하니, 마음이 아프다. 바쁘더라도 조금 더 둘째와 많은 시간을 보낼

괜찮아, 우리도 몬테소리가 처음이야

수 있도록 노력했어야 하는데, 하는 부분이 가장 후회가 된다.

4) 몬테소리 교육을 실천하면서 변화된 아이의 모습

첫째는 무척이나 순한 기질의 아이이다. 밥만 주면 울지도 않고 보채지도 않고 잘 웃고 잘 자고 잘 먹는 아이였는데 발달이 조금씩 늦고 겁이 무척이나 많아 다양한 사물과 경험을 두려워하였다. 다양한 것들을 만져보고 탐색할 수 있게, 스스로 일상 생활 활동을 할 수 있게 자립을 도와주는 활동을 많이 제공하고 기다려주었더니 무척이나 적극적인 아이로 변하였다. 우리 아이가 12개월쯤 바닷가 모래를 만져보게 하더니 아이가 놀라며 울었다. 이후 집에서 하는 활동 중 콩을 국자로 옮겨 담는 활동에 모래를 넣어주었더니 한동안은 탐색만 하다 어느 순간 만져보고 국자로 옮겨보고 콩을 가지고 활동하듯이 모래를 가지고 작업하였다. 이후 2주 뒤에는 바닷가 모래를 만져보게 했더니 예전만큼 울면서 거부하지 않았지만 안겨서 모래를 계속 쳐다보고 이후로 4번을 더 바닷가에 간 후에는 맨발로 모래 위에 서 있을 수 있었다. 그후 일년이 지난 후에는 모래 및 비슷한 활동에도 큰 자신감을 갖고 활동하는 모습을 볼 수 있었다.

5) 내가 몬테소리 교육을 실천하면서 소개하고 싶은 아이템 혹은 활동

물 따르기, 숟가락으로 콩 옮기기, 빨대 끼우기, 빨래하기, 빨래 널기, 창문 닦기 같은 일상 영역 교구들은 정말 반복할수록 아이의 자립을 도와주는 중요한 활동들인 것 같다. 아이 또한 이런 일상영역교구들을 선택해서 활동할 때 집중력 및 성취감이 가장 높았다. 가정에서 몬테소리 교육을 해야 한다면 이런 일상영역의 교구들을 더욱 더 많이 할 수 있게 소개해 주고 싶다.

송영주

결혼을 하면서 직업군인인 남편을 따라 직장을 그만두고 아이를 낳아 키우는 30대 엄마이다. 3세 된 아들을 키우고 있으며 AMI 0-3세 디플로마 코스를 밟고 있다. 처음에는 아이를 잘 키우고 싶은 욕심에 몬테소리 교구를 들이며 사교육으로 접근했다. 그러다 집에서 교구를 제시해 주는 것이 어려워서 센터를 찾다가 AMI 센터를 알게 되었고 엄마가 선생님이 되어줄 마음으로 등록하게 됐다. 그런데 공부를 하면서 점점 더 교구에 치중되었던 몬테소리 교육이 잘못되었다는 것을 깨닫게 되었다. 엄마도 선생님이 아닌 안내자, 가이드로 아이를 바라보게 되는 연습을 하며 육아에 큰 도움이 되었다. 아이를 대하는 방법, 일상생활의 중요성을 알게 되면서 집안의 환경을 모두 바꾸고 "진짜 몬테소리" 철학을 집안에 녹이려고 애쓰는 중이다.

1) 내가 생각한 몬테소리 교육이란?

내가 생각한 몬테소리는 부모와 좋은 분리를 위한 교육, 스스로 자라는 아이를 지지해주는 것이 몬테소리 교육이라고 생각한다. 우리 아이가 기질적으로 많이 예민했고 엄마와 분리되는 것을 힘들어했는데 몬테소리 철학을 통해 내가 아이를 더 세심하게 관찰하고 자발적으로 스스로 할 수 있는 환경을 마련해주면서 아이가 점차 스스로 집중하는 작업을 통해 나와 떨어져 있어도 불안해 하지 않고 작업을 해내며 뿌듯해 하는 모습을 종종 발견했다. 또한 일상생활에서 아이가 스스로 할 수 있는 것이 많아지면서 가족의 일원으로 자신도 인정받고 있다는 것에 기뻐하며 엄마, 아빠의 일까지 도움을 주는 모습을 보였다. 정상화된 모습을 통해 스스로를 돌보고 또 주변까지 돌보는 모습에 몬테소리 교육과 철학에 다시한번 큰 울림을 느꼈다.

2) 내가 생각한 몬테소리 교구란?

몬테소리 교구 회사에서 파는 교구를 보면 풀세트가 있다. 그것이 전부인 줄 알았다. 그런데 공부를 하다 보니 그것은 풀세트가 아니라 조작도구의 일부일 뿐이라는 것을 알게 됐다. 일상생활에서 아이 스스로 할 수 있는 모든 것이 교구라고 생각한다. 요리를 하기 전 입는 앞치마부터 요구 도구, 식재료와 자신이 고른 양말, 옷 그리고 집안을 돌보며 사용하는 빗자루, 걸레, 유리창을 닦을 때 쓰는 스프레이 등 아이가 선택하고 또 아이 발달에 맞게 준비된 일상생활의 모든 것이 교구이며 그 작업을 통해 눈과 손의 협응력, 틀림의 정정 등 이 모든 몬테소리 철학이 녹여져 있다고 생각한다. 일상영역을 잘 해낸 아이만이 나아가 3-6세의 수, 감각, 언어 등의 교구들을 제대로 올바르게 작업할 수 있다고 생각한다.

3) 내가 아이를 양육하면서 후회가 되는 것은?

주변에서 물려주는 '국민템'을 다 받아서 아이에게 제공한 것이 가장 후회스럽다. 소리가 요란하게 무한반복되며 자동으로 돌아가는 모빌, 발로 차면 소리가 나는 아기 체육관, 손싸개, 고무젖꼭지 등 초보 엄마가 편한 모든 제품을 사용했다. 아이가 9개월 때 AMI 오리엔테이션 공부를 시작했다. 내가 사용한 제품이 전혀 아이를 배려하거나 발달상황에 맞지 않다는 것을 알게 됐고 물려받은 국민템을 모두 치우며 이 과정과 철학을 모든 초보 부모들에게 알려주고 싶은 생각이 들었다.

.또 그 당시 이유식에 관한 내용을 미리 배웠으면 하는 아쉬움이 많았다. 식습관을 고치는데 많은 어려움이 있었고 그 뒤로 스스로 먹을 수 있게 준비해 주려고 많이 노력했다. 아이가 변화된 집안 환경에 적응해 주기까지 오랜시간이 걸렸다. 이 과정을 통해서 교구가 전부인 한국의 몬테소리 교육을 바로잡고 제대로 된 몬테소리 교육과 철학을 많은 부모들이 알아가길 희망한다.

4) 몬테소리 교육을 실천하면서 변화된 아이의 모습

가장 추천하는 제품은 아이 사이즈에 맞게 나온 세면대이다. 어른이 사용하는 세면대와 거의 동일하고 함께 사용하는 공간에 마련해 둘 수 있는 작은 사이즈의 세면대이다. 우리 아이가 칫솔질을 싫어했는데 이 세면대를 마련해 준 뒤로 스스로 손 씻고, 양치질하고 세수를 하며 스스로 돌보는 일을 자연스럽게 하게 되었다. 3단계로 높이가 조절되고 물의 양은 양치질과 세수, 손을 한번 씻으면 끝나는 정도로 제한이 되어있어 물장난을 치는 일이 거의 없다.

이의진

20개월 된 딸, 10월에 태어날 아들과 함께하고 있는 엄마이다. 어렸을 때부터 아이들을 좋아하긴 했지만 몬테소리 교육을 접해본 적은 없었다. 결혼 후, 몬테소리 유치원을 운영하시는 시부모님과 교육을 전공한 남편을 통해 몬테소리를 알게 되었고, 교구만 구매하게 하고, 그마저도 선생님이 주도하는 몬테소리가 아닌 '진짜'몬테소리 교육을 찾아 다니시던 시댁 형님의 소개로 첫째 임신시절 AMI 0-3세 디플로마 코스 1기에 참여하게 되었다.

1) 내가 생각한 몬테소리 교육이란?

'조용한 아이들만 할 수 있는 교육', '비싼 교육' '아이들 교육이 거의 비슷하지 않을까? 몬테소리교육은 뭐가 다를까?' 였다. 하지만 0-3세 디플로마 코스를 이수하며 내 생각은 완전히 깨졌다. 몬테소리 여사처럼 아이를 잘 관찰한 사람도, 아이를 잘 이해하고 존중해주는 사람은 없구나 깨달았다. 몬테소리 교육은 먼저 아이의 육체적, 정서적 발달을 이해시킨 후, 각 발달단계별 특징, 단계별로 필요한 인적 물적 환경들을 제시한다. 나는 몬테소리를 공부하면서 아이를 '객관적'으로 볼 수 있게 되었다. 내 주관대로 보고 판단하는 것이 아니라, 객관적으로 바라볼 때 정말 아이에게 필요한 인적•물적 환경이 무엇인지 파악하고 제공할 수 있다는 것이다. 아이를 객관적으로 관찰하고 적절한 환경을 제공해주는 것. 이것이 몬테소리 교육의 기초이지 않을까 생각한다. 이 기초가 실현될 때 아이는 스스로 하는 아이로 자라는 것을 경험한다.

2) 내가 생각한 몬테소리 교구란?

활동적인 아이보다 차분한 아이들에게 더 적합한 교구라고 생각했었다. 하지만 산만한 아이도 자신이 에너지를 쏟을 수 있는 교구를 찾으면 집중하고 몰입하는 모습을 볼 수 있어 놀랐다. 또한 몬테소리 교구는 가격적인 면에서 부담이 되었다. 하지만 AMI 0-3세 코스를 공부하면서 가정에서 충분히 대체해서 제공할 수 있다는 사실을 들으면서 몬테소리 교육을 실천해 볼 용기가 생겼다. 물론 교구로 적합한 물건을 찾는데 시간이 걸리기도 하고, 시행착오도 겪고 있지만 내가 준비한 교구로 아이가 활동하는 모습을 보면 뿌듯하다. 하지만 무엇보다 가장 중요한 것은 아이와 함께하는 어른인 것 같다^^ 아이는 가장 먼저 어른을 통해 배우기 때문이다.

3) 내가 아이를 양육하면서 후회가 되는 것은?

감사하게도 아이가 태어나기 전 몬테소리 교육을 깊이 공부한 덕분에 아직까지 크게 후회된 적은 없다. 물론 육아가 처음이라 숙련되지 않은 나의 모습이 아쉬울 때는 있다. 그럴 때는 배운 것을 다시 생각해보고, 책을 들춰보며 재정비한다. 이렇게 아

괜찮아, 우리도 몬테소리가 처음이야

이를 대할 때 천천히 성장해가는 나와 아이를 보며 몬테소리 공부를 미리 할 수 있었음에 감사한다.

4) 몬테소리 교육을 실천하면서 변화된 아이의 모습

아이가 태어나면서부터 몬테소리 교육을 실천해보려 노력했기 때문에 변화된 모습이라고 말하긴 어려울 수 있지만, 원래 나의 기질? 성격대로 아이를 대했을 때를 상상해보곤 한다. (물론 지금도 내 성격대로 육아를 하기는 하겠지만..) 나는 아이가 좋아할 것 같은 것을 먼저 제시해주고, 아이가 아닌 내가 주도해서 아이와 놀아주는 편인 것 같다. 리액션도 과한 편이다. 하지만 몬테소리를 공부하면서 아이가 원하는 것을 선택하도록 기다려주고, 과도한 리액션은 자제하는 연습을 하게 되었다. 그래서 아이가 조금 더 자신에게 집중하게 되고, 다른 사람의 반응으로부터 얻는 기쁨이 아닌 스스로 해냈다는 성취감의 기쁨을 느낄 수 있다는 것을 볼 수 있었다. 결국 0-3세 시기에는 물리적 환경도 중요하지만, 인적 환경이 매우 중요하다는 것을 몸소 배워가고 있다!

5) 내가 몬테소리 교육을 실천하면서 소개하고 싶은 아이템 혹은 활동

개인적으로 러닝타워를 매우 잘 사용하고 있다. 아기가 기어 다니기 시작하면서 엄마 바짓가랑이를 잡고 늘어지는 일이 많았다. 특히 설거지 할 때, 요리할 때. 아기를 한 손으로 안고 요리하는 것도 한계가 있고, 설거지 하는 동안 아기가 기다리는 것도 한계가 있었다. 그래서 얼른 러닝타워를 구입했다. 내가 주방 일을 하는 동안 아이는 옆에서 구경하기도 하고, 요리에 쓰이는 재료들을 먹어 보기도 하면서 함께 시간을 보낼 수 있었다. 아이는 더 이상 보채지 않았다. 현재 20개월이 된 딸은 러닝타워에 스스로 오르내리며 엄마가 어떤 요리를 하나 구경도 하고, 싱크대에서 자기 컵을 씻어 보기도 하면서 가족구성원으로써 역할을 톡톡히 해내고 있다.

이도경

31개월 아기 엄마이다. 몬테소리 교육을 접하게 된 것은 유튜브와 아기를 키우는 친구를 통해 알게 되었다. 친구의 아기는 몬테소리 센터를 다니고 있었고, 몬테소리 교구는 고가이다 라고 했는데 당근마켓에서 5만원에 교구가 저렴하게 올라와서 구매했었다. 아이가 돌 전에 이론은 전혀 모르고 중고를 구입했는데 아기가 교구를 가지고 30분이상 노는 집중력을 보였다. 아이를 보고 몬테소리 교육이란 무엇인가 대해 궁금해져서 공부를 시작하게 되었다.

1) 내가 생각한 몬테소리 교육이란?
아이를 이해하고 존중하는 법을 배울 수 있는 교육이라고 생각한다. 그리고 아이가 스스로 독립할 준비를 할 수 있도록, 조력하는 방법을 구체적으로 알 수 있는 교육이라고 생각한다. 그리고 아이만을 위한 교육이 아니라, 어른과 아이 모두를 위한 교육이라고 생각한다.

2) 내가 생각한 몬테소리 교구란?
미시적 관점에서 아이의 지적 호기심을 채워주는 매력적인 교구라고 생각한다. 아이가 살아가면서 기본 생활을 할 수 있도록 기본적인 동작을 익힐 수 있는 잘 고안된 교구라고 생각한다. 거시적으로 보았을 때, 시중에서 파는 원목 교구만이 아니라 일상의 모든 물건들이 교구라고 생각한다.

3) 내가 아이를 양육하면서 후회가 되는 것은?
내가 임신 중 태교를 하면서 공부도 하고 준비를 했어야 했는데, 아기를 놓고 부랴부랴 사람들이 좋다는 국민템은 좋은 지, 안 좋은 지 확인하지 않고 사람들이 많이 사니까 다 좋을 것이라 생각했던 점이 후회된다. 바쁘고 힘들다는 이유로 아이에게 더 집중하고 관찰하지 못 했던 점이 후회된다.

4) 몬테소리 교육을 실천하면서 변화된 아이의 모습
아이가 자신의 생각을 잘 표현하게 되었고, 스스로 해보려는 적극적인 아이로 변했다. 부모가 먼저 바뀌니 아이가 같이 바뀌었다는 생각이 든다. 주변에서 흔히 부모는 티비보면서 아이에게 말로만 공부하라고 하는 부모가 아니라, 공부를 하는 모습을 보여줘야 겠다라고 아기 놓기 전에는 생각했었다. 그러나 막상 아이가 태어나고 남편과 나는 폰을 보는 시간이 많았고, 아이에게 영상보다 다른 활동들을 하기 원했던 모습을 발견했다. 그래서 아이와 있는 시간에는 폰을 내려놓고 아이와 시간을 보내니 아이도 영상을 찾지 않았다. 아이를 통해 모델링 제시가 중요하다는 것을 많이 느꼈다.

5) 내가 몬테소리 교육을 실천하면서 소개하고 싶은 아이템 혹은 활동

아직까지 주변에는 몬테소리 = 교구/교가라는 인식이 많은 데 돈을 많이 들이지 않고도 할 수 있다는 것을 알려주고 싶다. 그래서 일상에서 쉽게 구할 수 있으며, 굳이 많은 물건을 들이지 않아도 집에 있는 물건으로 활용할 수 있다는 것을 알려주고 싶어서 일상 활동 위주의 몇 가지 예를 들겠다.

첫째는 물 따르기, 가위질, 스스로 손 씻기, 이유식 매트에 자신의 숟가락, 젓가락 가져다 놓기, 요리 같이하기, 동식물 기르기(식물에 물주기, 어항에 먹이 주기 등) 등 몬테소리 활동이다.

둘째는 몬테소리 아이템으로 이유식 매트, 쟁반, 유아용 안전 식칼, 물 디스펜서, 스툴 등을 추천하고 싶다.

김계영

36개월 아이를 기르고 있는 엄마이다.

우리 아이는 매우 까다로운 기질에 새로운 환경, 물건, 사람, 음식을 죄다 강력하게 거부하는 아이였다. 밥 한 숟가락도 먹이기 힘든 아이가 14개월 쯤 되었을 때 육아가 너무 어렵고 지쳐 '우리 아이는 왜 이럴까'를 생각하며 수많은 정보 속에서 허덕이다 만나게 된 것이 몬테소리 교육이다.

엄마들의 입에서 자주 오르내리는 유명한 교육이 정말 많았지만 마리아 몬테소리의 '흡수하는 정신'이라는 책을 읽으며 나의 육아관, 교육관, 세계관을 전부 뒤흔들어 놓은 느낌이 었다. 나는 늘 "아이는 아이일 뿐이다. 손이 많이 가는 존재이고 도움을 줘야 하는 존재이고 하나부터 열까지 전부 신경 써서 챙겨줘야 하는 존재"에서부터 "아이를 이런 시각으로 바라봐야 한다고?" 라고 느끼며 충격을 먹었다. 책을 접한 후, 내 아이를 그저 까다롭고 이해 불가능한 아이라고만 생각했던 내 자신이 너무 무지했고 아이한테 정말 미안했고, 그때부터 아이가 다르게 보이기 시작했다. 내 아이는 질서감에 굉장히 예민한 아이였고 스스로 무언가를 해보려고 할 때마다 나는 전부 그것을 막아버렸기 때문에 일탈 행동이 나타날 수밖에 없었던 것이다. 아이를 한 인격체로 대하고 존중을 하니 삶의 질이 달라졌다. 무엇보다 힘들었던 육아가 너무 평화로워졌고 나와 아이의 관계도 너무 좋아졌다. 책 하나로 달라진 나의 생활이 너무 신기했고 몬테소리 교육에 빠져들게 되었다.

나는 '흡수정신' 책에서는 또 "몬테소리 교사는 일반 학교의 교사와 다르며 새롭게 다시 태어나야 한다. 기존의 유아교육(또는 관련 전공)을 했던 사람보다 그렇지 않은 사람이 몬테소리 교사로서 더 나을 수도 있다" 라는 내용이 인상깊게 남아 몬테소리 교사에 도전할 용기가 생겼다. 이렇게 좋은 교육을 널리 알리고 싶은 욕심이 생겼고 많은 아이들이 몬테소리 교육을 접했으면 하는 꿈이 생겼다. 그렇게 나는 AMS 3-6세 국제자격증을 취득하고, 그 이후 AMI 0-3세 보조교사 코스를 듣고 난 후, 뿌리 깊은 AMI 몬테소리 이론 철학에 매료되어 0-3세 디플로마 코스까지 왔고, 앞으로 AMI 3-6세도 밟아 나갈 예정이다.

1) 내가 생각한 몬테소리 교육이란?

새하얀 백지 같은 아이들을 양육자 또는 교사의 주도하에 "예쁘게" 그려지는 것이 아닌, 아이가 스스로의 색깔을 찾아가며 이 세상에 하나밖에 없는 자신을 만들어가는 교육이라고 생각한다. 아이를 한 인격체로서 존중하며 아이의 자존감, 자신감, 독립심을 내세워 내면이 평화롭고 양질의 삶을 살아가도록 돕는 교육이라고 생각한다. 모든 아이들이 이렇게 성장한다면 전쟁도 없고, 자연생태 파괴도 없는 세계 평화가 이루어지지 않을까 싶다.

괜찮아, 우리도 몬테소리가 처음이야

2) 내가 생각한 몬테소리 교구란?

몬테소리의 대표적인 감각교구, 수교구도 물론 너무 좋은 교구이지만, 그것에 앞서 선행되어야 할 가장 중요한 교구는 일상생활에서의 실제활동들을 할 수 있는 그 어떤 것이든 몬테소리 교구가 될 수 있다고 생각한다. 책상 닦기, 감자 씻기, 오이 껍질 까기, 바닥 쓸기, 바느질하기 등.

스스로의 생활을 할 수 있도록 기능적 독립을 도울 수 있는 일상생활의 활동, 일상생활의 도구들이 가장 좋은 몬테소리 교구라고 생각한다.

3) 내가 아이를 양육하면서 후회가 되는 것은?

"왜 임신 전에 몬테소리 교육을 몰랐을까?" 조금 더 일찍 알았더라면 얼마나 좋았을까, 늦게 몬테소리를 알게 된 것이 너무 후회가 되며 또 지금이라도 몬테소리를 알게 된 것에 고맙다.

가장 후회 되는 것은 육아에 무지했던 내가 사람들이 좋다는 소위 "국민 육아템"이라고 부르는 그것들을 집안에 전부 사들여 아이의 입장을 고려하지 않고 아이에게 마구 들이밀었던 행동들이다. 또한 아이의 노력하는 순간들을 저지했던 것, 나도 모르게 집중하는 순간을 방해했던 것, 모든 것을 엄마 위주로 아이를 대신하려고 했던 것, 아이가 매일 "이유 없이"울고 떼를 부렸던 이유가 모두 나 때문이었다.

4) 몬테소리 교육을 실천하면서 변화된 아이의 모습

우리 아이는 새로운 활동을 거부하는 대신, 한 가지 익숙해진 활동은 정말 오랫동안 반복하고 수일, 심지어 수개월까지 그 활동을 한다. 다른 아이에 비해 활동의 경험이 적어 느리지 않을까 가끔 조바심이 났지만 아이를 존중하고 기다려주고 그렇게 36개월이 된 지금은 어릴 때 수백 번 반복했던 활동에서 자신감을 얻었는지 점차 새로운 영역으로의 확장이 점차 많이 이루어지고 있으며 새로운 활동에 대한 거부감도 거의 없어졌다. 새로운 교구 제시에 흥미로운 태도를 보이며 누구보다 집중해서 몰입하며 애착을 가지는 모습을 보인다. 이유없이 울고 떼쓰는 일이 없으며 삶이 너무 평화롭다.

5) 내가 몬테소리 교육을 실천하면서 소개하고 싶은 아이템 혹은 활동

신생아 시절부터 가정환경 꾸미기 활동의 실천을 가장 중요하게 생각하며 번쩍거리는 국민장난감들을 대신하는 스스로 음식을 준비하고 식탁을 차릴 수 있도록 돕는 유아 주방용품과 같은 일상의 자연스러운 활동들을 전부 추천 드리고 싶다.

박수화

나는 46개월 된 딸 아이와 10개월 된 아들을 키우고 있는 엄마이다. 아이를 낳기 전에는 노래하는 일을 직업으로 삼아 '나'라는 존재가 중심이 된 삶을 살아왔지만 두 아이의 엄마가 되고 나서는 우리 곁으로 온 아이들을 양육하는데 대한 책임감이 더욱 더 생기면서 '어떻게 하면 자주적이고 행복한 존재로 키울 수 있을까?' 하는 생각이 들었다. 미국에서 첫째를 출산하고 아이를 13개월까지 양육할 당시 인터넷을 통해 가정에서 일상생활 몬테소리를 실천하는 모습을 접했는데 '스스로 하는 아이들'의 모습이 인상 깊었다. 하지만 한국에 와서 접한 몬테소리는 좀 더 교구에 집중되어 있었고, 부모로서 이 정도는 해줘야 한다는 인식을 강하게 받으면서 부담으로 다가오던 찰나에 AMI몬테소리 오리엔테이션 코스를 알게 되었고, 수업을 들은 후 좀 더 교육에 대한 방향성이 잡혔다. 하지만 여전히 해결되지 않은 궁금증들이 있어 현재는 AMI 디플로마 코스를 배우고 있다.

1) 내가 생각한 몬테소리 교육이란?

내가 생각하는 몬테소리 교육은 아이의 본성이 발현될 수 있는 환경을 준비해주고 부모로서는 인내하는 법을 배우며 아이를 존중해 주는 것이라고 생각한다. 어른은 아이를 보호해야 존재라는 인식은 어찌 보면 당연하다고 생각한다. 반면, '보호'라는 이름 하에 아이의 본성을, 아이의 자아를 존중해 주지 않는 것은 변화되어야 할 부분이라고 생각한다. 그런 점에서 몬테소리 교육은 우리에게 항상 아이의 입장에서 바라보고 존중해 주라고 이야기해 주는 것 같다.

2) 내가 생각한 몬테소리 교구란?

몬테소리를 제대로 알기 전까지는 교구회사에서 제시하는 수나 감각, 소근육을 발달시키는 그러한 교구들이 오로지 몬테소리를 대표하는 것이라고 생각했다. 하지만 몬테소리의 철학을 공부할수록 그러한 교구들은 주가 아닌 아이가 접하는 모든 자연물이나 환경 안에서의 것들이 교구가 될 수 있다고 생각한다.

첫째 아이는 성당에서 운영하는 몬테소리 유치원에 다니고 있는데 매일 숲에서 만나는 자연물과 몬테소리를 연결하여 수와 한글을 배우고, 미술활동을 하는 모습을 보면서 우리가 접하는 환경 안에서 모든 것이 교구가 될 수 있다는 것을 느꼈다.

3) 내가 아이를 양육하면서 후회가 되는 것은?

사실 후회가 되는 점이 한 두가지가 아니어서 어떻게 나열을 해야 할 지 모르겠지만, 아이를 위한 환경을 조성해 준다고 생각하며 들인 수많은 책과 교구들을 시기 적절하게 제공하지도 못한 채로 쌓아 놓은 점이 제일 후회가 된다. 이는 넘쳐나는 영유아 사교육 시장에서 중심을 제대로 잡지 못한 나의 잘못이 제일 크다고 생각한다. 그리

괜찮아, 우리도 몬테소리가 처음이야

고 다른 한 가지는, 아이를 혼자 두면 안 된다는 생각에 아이의 시간을 존중해 주지 못하고 아이가 집중하는 시간에도 끊임없이 옆에서 말로 반응을 해주며 방해했던 점이다. 종종 첫째 아이의 아기 때부터의 영상을 보곤 하는데 몬테소리 교육을 받고 나서 가장 크게 보이는 점이 아이가 집중하는 순간 내가 응원을 하거나 반응을 하면서 방해하고 그럼 아이는 그 행동을 멈추거나 집중이 흔들리는 모습을 발견했다. 좀 더 잘 알았더라면 아이의 시간을 존중해 주지 않았을까 하지만, 돌 전의 둘째 아이를 키우고 있는 지금도 성격이 급하고 차분하지 못한 나는 실천이 어려운 부분이다.

4) 몬테소리 교육을 실천하면서 변화된 아이의 모습
46개월의 첫째 아이는 소근육이 잘 발달되어 있어서 손으로 조작하는 것을 곧잘 한다. 그리고 손을 사용하는 활동을 할 때 굉장히 집중시간이 긴 편이다. 현재의 개월 수를 생각했을 때 '내가 하는 것에 대한 자부심'을 느끼는 시기인지는 모르겠으나 스스로 하는 것을 좋아하고 자부심을 느끼며 만족감을 표현한다. 원래는 스크린 타임에 대한 제한이 없어서 그 부분에서는 사실 조절이 잘 되지 않았는데, 몬테소리를 배우면서 티비를 없애고 환경을 변화시켜보니, 그 환경 안에서 끊임없이 무언가를 찾아 조작해 보고 일상생활에서의 활동이 늘어난 것을 발견하고 있다.

5) 내가 몬테소리 교육을 실천하면서 소개하고 싶은 아이템 혹은 활동
아이템으로는 아이의 크기에 맞는 이유식 테이블과 의자이다. 나조차 이유식을 시작할 때 흔히 하이체어를 먼저 구비해야 한다고 생각했는데, 이는 아이가 원할 때 올라가고, 내려오는 구조가 아닌 누군가의 도움이 있어야만 하는 것이 가장 크므로 스스로 접근이 용이하기 전까지는 아이에 맞는 낮은 테이블과 의자를 추천하고 싶다.

곽희재

2012년 모래놀이 상담사 자격을 획득하고 심리치료센터와 아동보호 전문기관, 네팔NGO에서 PTSD예방 프로그램을 진행하는 등의 심리상담의 길을 걸어오다 전문적으로 공부하기 위해 심리상담학 석사 과정을 이수하고 있으면서 41개월 남아를 키우고 있는 워킹맘이다.

아이가 24개월이 되었을 때 다양한 감각 영역에서의 민감함, 불안도, 감정 파악 부분에서 다른 아이들과 다르다는 것을 인지하고 기존에 내가 알고 있는 지식만으로는 부족하다는 것을 깨닫고 직장을 그만두고 여러 교육 방법들을 공부하고 찾아 보았다.

처음 몬테소리를 접한 것은 책이었고 더 알고 싶고 배우고 싶어지는 매력에 빠지게 된 이후 몬테소리 정보가 있는 곳은 다 찾아 다녔다. 3곳의 교구 업체들을 찾아다니며 교육을 듣고 자연스럽게 교구들을 사고 SNS에서 몬테소리 여러 모임에 들어가 공부를 해왔지만 내가 생각한 몬테소리는 이런 게 아닌 거 같은데라는 계속된 내면의 갈증이 있었다. SNS를 접하면서 많고 혼란된 정보 속에 몬테소리 여사가 만들었다는 AMI에 입문하게 되었다. 진정 AMI 교육과정 수업을 듣고 공부하면서 바로 이게 내가 찾던 몬테소리구나 느끼고 있다.

1) 내가 생각한 몬테소리 교육이란?

어른들의 기존 고정관념과 눈으로 아이를 바라보고 지도하는 것이 아니라 아이 자체를 믿고 기다려 주는 교육이다. '스스로 선택하고 스스로 생각해서 실행하고 스스로 책임지는 교육이다'라는 문구를 책에서 보았는데 확 와 닿았다. 규칙을 지시하지 않고 몸으로 보여주고 엄마가 아이를 믿고 기다려 주는 것이 얼마나 힘든지 몬테소리 교육을 공부하면 할수록 느끼고 있다. 나에게 아이를 기다린다는 것에 대한 의미를 깊이 고민해 보았고 얼마만큼 믿고 기다리고 있었는가? 기다림이 아니라 참아 주고 있었던 건 아닌가? 진지하게 성찰해 보았다.

왜 기다림의 중요성을 알면서도 기다리는 것이 어려운가. 우리는 신화에서부터 사회적인 문화에서 부모로부터 아이들은 가르치고 훈육받아야 하는 양육방법이 세대 전수되고 있다는 자료들을 찾아보며 근본 원인에 대해 조사해 보기도 하였다. 어느 선에서 어떻게 개입해야 아이의 자유를 존중하고 아이의 성장을 도모할 수 있는지 상황들마다 진지하게 고민하고 있다. 그리고 무엇보다 아이를 기다리려면 엄마가 여유가 있어야 함을 절실하게 깨닫고 있다.

몬테소리 교육은 정말 몸도 마음도 건강하게 자라게 도와줄 수 있는 과학적인 교육 방법이라고 사료된다. AMI 교육 과정을 알기 전에는 나도 교구가 중심이고 가르치는 수업에 우선 중점을 두었음을 고백해 본다. 교구를 어떻게 하면 잘 가르칠 수 있을까, 어떻게 교구를 배치하면 아이가 더 가지고 놀게 할까, 아이의 인지적 두뇌발달에 어떻게 도움이 될까가 우선 순위였음을 반성해 본다.

2) 내가 생각한 몬테소리 교구란?

정형화된 교구도 있지만 일상의 모든 것이 몬테소리 교구가 될 수 있다. 일상 생활 속에서 몬테소리 정신을 알고 일상에서 쉽게 구할 수 있는 생활 속 재료들로도 활용할 수 있음을 알리고 싶다. 그리고 몬테소리에 대해 제대로 알려주겠다는 이야기에 사교육 시장에서 남편 눈치 봐 가며 마이너스 통장을 이용해 교구를 샀고 매달 갚아야 할 금액에 압박을 느끼며 우리 아이에게 잘 활용해 보고 싶어 좌충우돌했던 엄마였음을 고백해 본다. 교구보다 중요한 것은 몬테소리 철학과 정신을 제대로 알고 적용할 수 있는 준비된 어른이라는 것을 값비싼 지난 경험을 통해 느꼈다.

3) 내가 아이를 양육하면서 후회가 되는 것은?

임신했을 때 앞으로 아이를 어떻게 교육할지 방향을 정하고 몬테소리로 정했다면 AMI 과정을 미리 공부를 해두면 좋겠다. 실제 아이가 태어나면 아이 양육과 함께 바로 몬테소리 이론을 적용할 수 있었다면 더욱 효율적이고 좋을 거 같다. 아이를 낳기 전에 충분히 알아보고 어떤 교육 방법이 우리 가정과 맞을지 충분히 알아보고 공부해 보는 시간이 필요한 거 같다. 아이를 양육하면서 일하면서 양육 관련 공부를 시간 내서 하는 것은 엄마가 여유가 없어지면서 아이의 불안을 더 자극하고 엄마와 노는 시간을 줄어들게 함을 깨달았다. 나의 에너지가 아이에게 그대로 간다는 것을 너무 잘 알고 있는 엄마로서 엄마가 너무 바빠지면 좋은 에너지가 아이에게 전달되기 어려웠다. 아이를 임신했을 때부터 몸과 마음, 지식을 미리 미리 준비해 두는 것이 정말 정말 필요한 거 같다.

4) 몬테소리 교육을 실천하면서 변화된 아이의 모습

아이의 변화

새로운 환경에 적응을 어려워 하고 불안감으로 필사적으로 반항하고 저항하였던 아이, 사소한 것이라도 힘들면 감정표현을 해야 하는 아이, 칭얼대고 돌봄이 많이 필요한 아이, 자기 주장이 강하고 이해하기 어려운 아이에서 집중력이 있고 생명력이 있는 아이, 좋아하는 활동을 선택하고 마음껏 펼칠 수 있는 개성 있는 아이, 새로운 환경이나 힘든 상황을 피하지 않고 표현하면서 극복하려고 하는 아이로 변화하고 있다.

아이의 양육 방법에 대한 나의 변화

1) 아이가 스스로 해결방법을 찾을 수 있도록 기다림의 여유가 생겼다.

나는 상담의 길을 걸어가고 있는 사람으로서 아이에게 자율적, 허용적, 민주적, 수용적인 태도로 아이를 키우고 있다고 생각했는데 이미 나는 결정을 해 놓고 제한된 선택 사항들을 물어보고 아이 스스로 결정하게 했음을 반성한다. 몬테소리를 공부하고 나서부터는 질문이 '어떻게 하면 좋겠어?' 하고 묻고 아이에게 해결 방법을 찾을 때까지 조급해 하지 않고 기다릴 수 있는 여유가 생겼다. 아이의 부정적인 감정 표현을 자유롭게 표출할 수 있도록 도와준다고 생각했지만 기다리지 못하고 엄마의 의견을 자주 제시했었음을 반성하고 기다림의 여유가 생겼다.

2) 엄마의 조급함을 내려놓을 수 있었다.
아이는 모두 저마다의 발달 속도가 있고 모두 골고루 잘 발달할 수 없다는 것을 받아들였다. 아이가 발달 과정상에 따라오지 못하고 있는 부분들을 엄마의 조급함에 가르치려고 하지 않고 감정 조절 연습을 하면서 다른 접근 방법을 찾아 아이가 그 활동을 성취해 낼 때 까지 기다릴 수 있게 되었다.

3) 아이가 좋아하는 활동에 관심을 갖고 아이의 내적 동기를 존중할 수 있게 되었다. 엄마가 함께 하고 싶은 활동(수영역) 보다는 아이가 선택해 오는 활동을 존중하고 그 활동에서 확장을 고민하고 연구하게 되었다.

5) 내가 몬테소리 교육을 실천하면서 소개하고 싶은 아이템 혹은 활동
집안일 함께하기를 추천하고 싶다. 몬테소리의 일상 생활 영역이기도 하면서 프로이트 이론에서도 안나 프로이트가 집안일을 하면 아이의 인지발달과 성장에 도움이 된다고 주장하여 연령에 맞게 아이와 함께 단계별 집안일을 하는 것이 중요함을 알 수 있었다.

괜찮아, 우리도 몬테소리가 처음이야

김소희

다섯 살 하경이의 엄마 김소희이다. 18년 6월에 만난 하경이와 50개월째 살고 있다. 3.36kg에 50cm의 작은 아기였던 아이는 14kg가 넘고 1m가 넘을 만큼 많이 자랐다. 계획보다 빠르게 임신을 하게 되었던 나는 갑자기 아기 엄마가 되었다. 대한민국 엄마라면 모두가 있는 노란 책에 담긴 정보와 소아과 원장님과의 상담에 의존해서 아이를 키웠다. 그렇게 5개월이 넘어 이유식을 준비하려니 아주 막막했다. 중요한 과정인 것 같은데 아는 게 없었던 차에 정이비 교수님의 이유식 강의가 열린다는 소식을 듣고, 교수님의 책을 읽었다. 몬테소리를 실천하며 관찰한 아이들의 이야기를 읽으면서 나의 마음은 경이로움으로 가득 찼다. 그리고 교수님의 강의를 들을 때는 가슴이 두근두근 댔다. 교수님께 팜플렛에 있는 '니도'가 무엇이냐고 여쭤며 그렇게 몬테소리에 입문했다.

1) 내가 생각한 몬테소리 교육이란?

몬테소리 교육이란 무엇일까? 5년째 몬테소리 교육으로 아이를 키우는 나에게, 주변의 많은 부모들이 묻는 질문이다. 나는 몇 초 동안 고민을 하다가 '독립' 이라는 대답을 한다. 엄마 몸에서 분리되어 신체적인 독립을 얻고, 부모와 밀착된 심리에서 점차 분리되어 정신적인 독립을 얻는 일. 그리고 그것을 '잘' 해내도록 아이를 '잘' 돕는 일이 어린 아이를 키우는 부모가 해야 할 도리라고 생각한다. 그러려면 어른은 아이에게 귀 기울여야 하고 아이를 잘 살펴보아야 한다. 아이 안에 길이 있기 때문이다. 아이를 살펴보면 아이에게 어떻게 잘 할 수 있을지 보인다. 그것을 실천하는 것이 몬테소리 교육이다. 몬테소리 교육을 통해서 아이는 스스로에게 집중하여 자신의 몸과 마음을 가지고 스스로를 얻게 된다. 그것이 바로 독립이다.

2) 내가 생각한 몬테소리 교구란?

몬테소리 교구를 떠올리면, 많은 사람들이 원목으로 된 단조로운 색의 장난감을 떠올린다. 나 조차도 그랬다. 교구 회사의 영업사원들을 집으로 불러 적게는 50만원부터 2000만원까지 교구를 고민하기도 했다. 가장 후회되는 시간들이다. 몬테소리 교육 환경은 물론 다양한 교구를 포함하고 있다. 하지만 교구의 정의를 우리는 다시 생각해보아야 한다. 어른이 가지고 놀도록 정한 물건이 교구일까? 아니면 아이가 흥미를 느끼고 스스로에게 집중할 수 있는 물건이 교구일까? 모두가 정답을 알고 있을 것이라고 생각한다. 아이들은 삶의 모든 것에 관심이 많다. 이 말은 즉 삶 자체가 교구라는 말이다. 매일 마시는 컵에 담겨있는 물, 나가기 위해 신는 신발, 계절에 따라 달라지는 자연, 그리고 아이와 사는 우리 어른이 교구임을 잊지 말아야 한다.

3) 내가 아이를 양육하면서 후회가 되는 것은?

몬테소리적인 삶을 아이와 살기 시작한 이후, 후회되는 일은 거의 없다. 하지만 몬테소리 교육을 모를 때에 내가 멋모르고 했던 행동들이 가끔 떠오른다. 아무 고민 없이 제왕절개를 선택한 일, 조리원에 가서 아이를 신생아실에 맡겨 두고 돌보지 않은 일, 모유 수유의 중요성을 몰랐던 일, 두 달이나 손 싸개를 씌워 뒀던 일, 첫 이유식 하던 날 아이가 숟가락을 만지지 않도록 바운서 벨트에 아이 팔을 넣어두었던 일… 몇 년이 지났는데도 그 순간이 또렷이 기억 난다. 무지한 부모였던 내가 박탈한 아이의 수많은 기회들이 생각나기 때문이다. 그 의미들을 알았다면 나는 절대 실수하지 않았을 텐데… 그래서 늘 겸손해지려 애쓰고 있다. 내가 모든 것을 다 알고 있다는 오만이 아이의 소중한 기회를 또 뺐을 수 있기 때문이다.

4) 몬테소리 교육을 실천하면서 변화된 아이의 모습

기질 이론에서 말하는 것처럼 아이마다 기질도 다르고, 아이마다 속도가 다르기 때문에 몬테소리에서 말하는 각 발달의 시기는 아이마다 다를 수 있다. 하지만 부모가 몬테소리를 실천한다면, 자연스러운 민감기에 따라서 이론에서 말하는 발달의 시기와 순서가 자연스럽게 실현된다. 생후 5개월부터 몬테소리를 실천한 결과, 이론에서 말하는 민감기와 운동, 언어의 발달 시기와 순서가 교과서처럼 아이에게서 일어나는 것을 경험할 수 있었다. 아이를 관찰해서 세운 이론이기 때문에, 이상적인 이론에서 끝나는 것이 아니라 정상화된 아이가 실현하는 현실이 된다. 더불어, 몬테소리 교육으로 자란 아이는 세상의 규칙을 잘 알고 있으며 사회 속에 잘 융화된다. 또한 자신의 내면의 소리에 늘 귀 기울이고 있기 때문에 어린 아이라도 몇 시간 동안 한 가지 일에 집중할 수 있게 된다. 그리고 아이는 늘 행복하다.

5) 내가 몬테소리 교육을 실천하면서 소개하고 싶은 아이템 혹은 활동

디플로마 코스를 들으면서 했던 과제 중에, 부모 교육 자료를 만드는 일이 있었다. 내가 만든 자료는 아이와 미술관 가기였다. 노키즈 갤러리가 만연할 만큼, 우리 사회에서 미술관과 아이는 함께 녹아들지 못할 것이라는 인식이 있다. 연장선으로 어린이박물관을 만들어 두고 아이들 만을 한정시켜서 입장시키기도 한다. 하지만 미술관과 전시회는 아이들이 스스로를 발달시키면서도 세상에 적응할 수 있는 아주 좋은 공간이다. 미술관의 조용한 분위기와 고급 매너, 그리고 다양한 감상과 문화를 경험할 수 있기 때문이다. 아이가 어린 시절 때부터 미술관에 가기를 제안한다. 사람이 너무 많지 않은 평일에, 아이가 편안하게 볼 수 있는 장르를 함께 보기를 권한다. 표를 사고, 티켓을 직접 내고 입장하고, 소곤소곤 이야기하며 천천히 걷는 것, 그리고 아이와 다양한 정보와 인상을 언어로 주고 받아 보라. 아이가 힘들어하면 잠시 나와서 쉬어도 좋다. 그리고 충분히 집중할 시간을 준다. 나는 아이와 행복한 시간을 그곳에서 참 많이 보냈다.

밤늦은 시간에 아기를 재우고 모니터 앞에 모여 앉아 열띤 토론을 벌이던 30인의 엄마들이 드디어 일을 내고 말았다. 각자 나이도 다르고, 살아온 배경도 다르고, 지금 살아가고 있는 모습도 각양각색인 아이 엄마들이 아이들 생각으로 의기투합하여 작은 열매를 맺은 것이다.

오랫동안 학생들 가르치는 일을 해왔던 내게 엄마들과의 만남은 특별한 시간이었다. 나도 딱 엄마들 나이에 몬테소리 교육과 인연을 맺게 되었다. 우리 아이가 막 백일을 지낸 후였다. 선배의 소개로 일본 동경에서 AMI 3~6세 과정을 공부하는 동안에도 아이는 무럭무럭 잘 커 주었으나, 한국에 돌아왔을 때는 마땅히 다닐 시설이나 기관을 찾지 못해 전전긍긍하였다. 내가 공부한 것을 실천하여 또 다른 아이들이 이리저리 끌려다니며 고생하는 일이 없도록 하겠다 마음먹었다.

그러나 현실은 만만치 않았다. 코앞에 닥쳐 있는 일들을 처리하느라 허둥지둥 살다 보니 젊은 엄마의 꿈은 희박해졌고, 아이는 훌쩍 커서 성인이 다 되었다. 그렇게 육아를 한 바퀴 돌고 나서야 정신이 들었고, 할머니로서 다시 육아에 관심을 갖기 시작하였다. 0-3세 몬테소리 과정이 있는 것은 알았지만 국내에서는 접해볼 기회가 없었는데, 뜻을 같이 하는 선생님들과 독서모임을 하면서 새로운 문이 열리기 시작하였다. 생각만 하던 일들이 하나둘 모양을 갖추기 시작했고, 이제 그 첫걸음으로 책이 완성되었다.

이 책은 동네 언니들과 우리 애가 이러했다 저러했다 자랑 같은 고백을 늘어놓는 시간이다. 한곳을 바라보는 선후배 엄마들이 서로를 격려하며 힘든 길을 즐겁게 가는 소풍 같은 시간이다. 가야 할 길이 설레어서 좋고, 지나온 길이 아련해서 좋다. 함께 하는 사람들이 있어 즐겁기가 그지없다. 새로운 것을 알게 될 때마다 지나버린 시간이 아쉬워 우리 아이가 더 어렸을 때 알았더라면 좋았을 걸 하는 말을 너도나도 한다. 무지도 죄라고 했던가? 모르고 저지른 실수가 마음에 걸린다. 다른 엄마들은 같은 실수를 하지 말았으면 하는 마음으로 책을 쓴다고 30인의 엄마들은 앞다투어 말하고 있다.

요즈음 여기저기서 육아의 어려움이나 육아 스트레스에 관한 이야기들을 많이 한다. 그러나 육아 스트레스가 아무리 커도 육아의 즐거움을 상쇄하지는 못하는 것 같다. 인생의 가장 기쁜 순간, 행복한 순간을 되짚어 보면 역시 아이들 얼굴을 떠올릴 수밖에 없다. 그만큼 소중한 우리 아이를 행복한 아이로 키우고 싶은 마음은 누구나 같을 것이다. 아이들은 어떤 때에 행복함을 느낄까? 무엇이 아이들을 행복하게 만들어 주는 것일까? 어른들의 입장이 아니라 아이들의 입장에서 행복한 삶이 무엇인지 생각해 볼 필요가 있다.

Dr. 몬테소리는 아이들을 관찰함으로써 아이들의 진정한 모습을 찾아내었고, 아이들이 진정으로 원하는 것이 무엇인지 알아차렸다. 우리 30인의 엄마들도 Dr. 몬테소리의 뒤를 이어 아이들의 본래 모습을 들여다보기 위해 노력하고 있다. 어쩌면 30인의 엄마들은 이미 아이들 안에 숨어 있는 값진 보물을 알아본 것 같다. 여기, 오늘 30인의 엄마들이 각자 가장 소중한 보물을 꺼내 들고 모였으니 여러분은 그 귀한 보물이 가득한 새로운 세상으로 문을 열고 들어와 함께 즐기기 바란다. 열려라 참깨!!!

곽혜경

(전 한중대 유아교육학과 교수)

요즈음 여기저기서 육아의 어려움이나 육아 스트레스에 관한 이야기들을
많이 한다. 그러나 육아 스트레스가 아무리 커도 육아의 즐거움을
상쇄하지는 못하는 것 같다. 인생의 가장 기쁜 순간, 행복한 순간을
되짚어 보면 역시 아이들 얼굴을 떠올릴 수밖에 없다.
그만큼 소중한 우리 아이를 행복한 아이로 키우고 싶은 마음은 누구나 같을 것이다.
아이들은 어떤 때에 행복함을 느낄까? 무엇이 아이들을 행복하게 만들어 주는 것일까?
어른들의 입장이 아니라 아이들의 입장에서 행복한 삶이 무엇인지 생각해 볼 필요가 있다.
Dr. 몬테소리는 아이들을 관찰함으로써 아이들의 진정한 모습을 찾아내었고,
아이들이 진정으로 원하는 것이 무엇인지 알아차렸다. 우리 30인의 엄마들도
Dr. 몬테소리의 뒤를 이어 아이들의 본래 모습을 들여다보기 위해 노력하고 있다.
어쩌면 30인의 엄마들은 이미 아이들 안에 숨어 있는 값진 보물을 알아본 것 같다.
여기, 오늘 30인의 엄마들이 각자 가장 소중한 보물을 꺼내 들고 모였으니
여러분은 그 귀한 보물이 가득한 새로운 세상으로 문을 열고 들어와 함께 즐기기 바란다.
열려라 참깨!!!

- 곽혜경

이 책의 집필에 참여한 30인의 엄마들

이미경 · 고경은 · 문지영 · 추교진 · 김혜미
김민영 · 김보라 · 김유리 · 김은영 · 안선미
안진희 · 이은진 · 이은혜 · 최미란 · 박성희
고은비 · 박은민 · 이선주 · 김수경 · 이새해
김난희 · 박이슬 · 김홍선 · 송영주 · 이의진
이도경 · 김계영 · 박수화 · 곽희재 · 김소희